Understanding Religious Conversion

宗教的回心の研究

ルイス・R・ランボー

Lewis R. Rambo

渡辺 学・高橋 原・堀 雅彦=共訳

BNP

ビイング・ネット・プレス

宗教的回心の研究

Understanding
Religious
Conversion

◉

Lewis R. Rambo

Understanding Religious Conversion by Lewis R. Rambo

Originally published by Yale University Press
This edition is published by arrangement with Yale Representation Limited, London
through Tuttle-Mori Agency, Inc., Tokyo

まえがき

本書は、現代の世界において信仰がいかにして可能かという問いに答えようとする学術的な企てであるとともに個人的な旅路でもある。人々に回心（conversion）を可能にする要因は何か。われわれはどのようにさまざまな回心を説明するのか。われわれは、どのように（あるいはおそらく、なぜ）回心の性質を評価するのか。こういった問いが私につきまとい、宗教的回心現象を理解しようとするようにと私を駆り立てる。

本書の内容について研究し本書を執筆する過程は冒険であった。私の回心研究は、十年以上も前にはじまり、手はじめに心理学の文献を幅広く読みあさった。まもなく、私は個人や集団の宗教的変化の本質を解釈するには心理学だけでは十分でないと感じはじめて、とりわけ「カルト」や「新宗教運動」の本質を探究するために社会学の研究に向かった。社会学の文献をさらに深く読むにつれ、文化的な問題の重要性を考慮しはじめたとき、社会学の限界もまた明らかになった。文化人類学に着手するようになってから、回心過程に新たな洞察を約束する興味深い学問分野が明らかになった。さらに、私は宣教学を見出した。宣教学とは、変化をもたらしている複雑な宗教的諸問題や文化的諸問題や社会的諸問題と日々直面している異文化交流的な状況の中で仕事をしている宣教師たちによってはじめられた学問領域である（皮肉なことに、もともと回心の宗教的でスピリチュアルな次元と関わっている宣教学者たちは、多くの場合、世俗の学者たちが宗教的な要因を過小評価しがちであると批判するが、この指摘はあながちまちがってはいない）。

これらの研究領域を掘り下げている間、私はまた、統一教会を信奉していた男女、キリスト教徒になったユダヤ人、ユダヤ教徒になったキリスト教徒、キリスト教徒になった日本の世俗主義者、（政府の公的な反対によって）

宗教的な背景をほとんどまったく持っていなかった中国人でキリスト教徒になった人々など、幅広い背景をもった回心者（converts）と数多くの面談を行った。さらに、私は広く世界を旅した。回心の経験と認知を比較対照するために日本と韓国へ行き、エルサレムのヘブライ大学で比較宗教学客員教授兼レディー・デイヴィス研究員として研究するためにイスラエルへも行った。私は、ジャネット・アヴィアド、スティーヴン・カプラン、ネヘミア・レヴツィオンのような著名な学者と意見を交換したり、ユダヤ教からキリスト教へ、また、キリスト教からユダヤ教へ改宗した人々同様、正統派ユダヤ教を採用した世俗的ユダヤ人とも面談したりする機会を得た。[1]

回心というテーマは、私の私生活や職業生活の多くを占めてきた（おそらく私はそのテーマに心を奪われてしまったのだろう）。この研究をするにつれて、私の視野や認知に対する自覚がはっきりしてきたので、最初に、私は、すべての学問が究極的にはある者自身の個人的な苦難の投影であるという見解に同意していることを表明しておきたい。[2]

私にとって真の回心とは何だろうか。これから明らかになるように、その問いに対する私自身のアプローチは、私自身の宗派上の経験に影響されているが、しかし、私は、「正真正銘」の回心とは、神の力による人格の全面的な変容であると考えている。この変容は、（本書で示すように）社会的諸力や文化的諸力や個人的諸力や宗教的諸力の媒介によって生じるが、私は、回心が人間の根本にまでしみ通るほど根源的であることが必要であると考える。私にとって、その根本は脆弱さの渦である。[3] 人間は無限の自己欺瞞を行うことが可能であり、われわれの性向が多くの場合、神に反するということをわれわれが受け入れるなら、われわれには、根本的で広範な変化が必要である。（私が見るように教えられてきたように）人間存在のあらゆる側面は、概してわれわれに悪の方向を指し示している「世界」の倒錯や影響によって腐敗している。私は、回心には私を陥れていると感じられる束縛から私を解放してくれる神による干渉が必要であると考えている。

私は、「キリストの教会」[訳注1]で育てられた。それは、「新約聖書のキリスト教」を再興することを目標に十九世紀に創立された宗教運動である。私の人生は五年前までこの教派のまわりを回っていた。私の意識は深い意味でこの経験によって形成されていた。母は弟と私を日曜日の朝と夜と水曜日の夜に教会に連れて行った。一年に二度、われわれは「福音集会」（キリストの教会版のリヴァイヴァル）に出席したが、その目的はわれわれの魂を救うためだった。この保守的な教派は、きわめて厳密な宗教的変化の概念を持っていた。われわれが教えられていたのは、救済が唯一可能なのは、福音を聞き、イエス・キリストを神の子と信じ、自らが悪であると断罪し、広範で決定的な罪の数々を告白し、われわれの個人的な救い主としてイエスへの信仰を告白し、全身の浸礼によって洗礼を施されることによるということであった。

私には「キリストの教会」が聖書の知識と神の意志への服従を強調していることがわかった。「正確な」知識と「正しい」行動が必須なのだった。喜びや平安や祝福などのような情動的な問題は、知識や行為に比べれば二次的でささいなこととみなされていた（しかしながら、知識や行為が恐怖や自己嫌悪や不安に動機づけられていたことが今の私にはわかる。何かあるとすればそれは情動的な問題なのだ）。

このような人格形成上の経験の最中、私にはテキサス州コマンチの小さな町のコミュニティに友人がいたが、彼らは南部バプテストやメソジストだった。私が吹き込まれたのは次のようなことだった。彼らは「道に迷っている」。なぜなら、彼らは永遠に救われるために、イエスを単に信じて心の中にイエスを招き入れるという「安易な」福音を宣言していたからだった。それに対して、われわれ「キリストの教会」の信徒は、真剣で熱心で恐れを知っていた。われわれにとって永遠に思われた唯一のことは、地獄の責め苦の脅威であり、救済ではなかった。それでも、われわれは、われわれこそ真理を手にしているのであり、そのことは聖書の特定の章や節を（くれぐれも単に抜粋の参照を引用するのではなく）逐語的に引用することによって証明できると信じていた。

当時、「キリストの教会」の信者にとって必要に思われたのは、救済のための熱烈な努力であった――いや今でもそうなのだ。「永遠の安心」というバプテストの観念が単なる希望的観測であるといって私たちは退けた。

他の教派の安楽な慰安や情動的な満足は欺瞞や誘惑とみなされた。私は何年もこのちがいについて友人たちと論争したり議論したりした。バプテストがあれほどまでに強烈な情動体験を享受することができるのに、「キリストの教会」が「真理」を持ちながら、そこからそれほどまでわずかな喜びしか引き出せないのはなぜなのか。
私は、ほんの四千人しか住民のいない町で、個人が救済の本質についてそれほどまでかけ離れた見解を持つことができるという事実に魅了されたし、今も魅了されている。これらのちがいがわれわれを形作ったのであり、究極的にわれわれを引き離したのである。神学的に何が「真理」であろうと、単独の信仰を持つ家庭教会共同体が個人の回心体験に決定的な影響を与えると、私は考えるようになってきている。多くの異なった救済経験があるのであり、どれ一つ取ってみてもこれが絶対だというものはない。ありていに言えば、回心とはある信仰集団がそうであると主張しているもののことである。

回心に対する私のアプローチはまた、人間科学に対する私の現在の志向性によって形成されている。私は、心理学や人類学や社会学を伝えたり習得したり批判したりしようと努めている。人間科学の私なりの受容によって、人間の苦難に対する感情移入や個人的経験や複雑さに焦点を合わせた、若干の特定のテーマやモチーフが現れる。
感情移入は、他の人間の肌の中に入ろうとする願望や能力であるが、私の研究の中で培おうと努めた能力でもある。私は、「他者」の視点から世界を見ることを支持する。私は、各個人や各集団の軌跡や歴史やエートスの重要性を肯定する。アントン・ボイセンは、「生きている人間の記録」について語っている。[4] われわれは、情報や洞察や経験や（あえて言えば）啓示の重要な源泉として、個人の生活と集団の生活のいずれをも見る必要がある。

私は、文献を読み、高名な専門家と話をし、学会やセミナーに出席し、多くの人々と意見を共有するにつれて、回心に関して出版された資料が、互いに平行に走る別々の線路で混み入った大都会の鉄道操車場に似ていると思うようになった。そこでは、各々個別の列車がそれ自身に割り当てられた線路を走り、他の線路にけっして入っては行かないのである。その主題は複数の線路によって横切られるのに、それぞれの線路上には複数の列車が走っているということを自覚している回心の研究者がほとんどいないのではないか、と私は思うようになった。

宗教と回心について人間科学の分野で書かれた多くのものが還元主義によって台無しになっているように思われる。人間科学に広まっている世俗的な前提は、宗教現象を「研究」すると称している人々によって多くの場合軽蔑めいた調子になっている。（すべてでないにしても）多くの宗教的な人々が、「宗教心理学」や「宗教社会学」や「宗教人類学」のことをせいぜい破壊活動のようなものであると見なし、最悪の場合にはまったくまちがっているとみなしているのも不思議ではない。人間科学の領域で出版された業績は、最初、疑いの目をもって見られ、それから、宗教の領域の専門家にとってのみ興味深かったり有用だったりするだけだと見なされることになる。

私は、本書が個人的な問題や社会的な問題や文化的な問題の重要性を組み入れながらも宗教的な視点を尊重しているので、宗教的な人々が本書のことを有用であり興味深いと思ってくれることを願っている。私はまた、本書が回心の宗教的解釈の地平を広げてくれることを期待している。他方で、私は、人間科学の研究者が学問的な観点から本書のことを重要であると考えて、回心における多様な宗教的要因の重要な役割を新たな仕方で証明してくれるものと信じている。

謝　辞

親友の一人のウォーレン・リーはいくども私に、人生の最も重要な美徳は感謝や謙虚さや希望であることを思い出させてくれた。私は本書が完成すると抑えがたいほどの感謝の念と謙虚さが湧き起こってきた。本書を生み出すに当たって直接間接に役割を果たして下さったすべての方々に適切な感謝の言葉を伝えようとするとき、目の前を過去と現在のさまざまな顔がよぎってくる。だれかをたまたま忘れたとしてもお許し願いたい。

アビリーン・クリスチャン大学がはじめて私に広い世界を味わわせてくれた。なかでも故ルモイン・G・ルイス教授、アンソニー・L・ラッシュ教授、ジェームズ・カルプ教授、エヴァレット・ファーガソン教授、デイル・ヘッサー教授がご指導下さり、私は心の生活と信仰生活が豊かな伴侶であることを理解するようになった。近年では、カーリー・ドッド、デイヴィッド・ルイス、ジャック・リース、チャールズ・シーバートが力を貸してくれた。長年にわたり、ジェームズ・フルブライトとフランシス・フルブライトが私に変わらぬ愛を注いでくれた。

エール大学大学院神学専攻では、なかでもジェームズ・E・ドッツ、ポール・ホーマー、アブラハム・マルハーブ、シドニー・アールストロームが知的な喜びを与えてくれた。シカゴ大学大学院神学専攻では、ドン・S・ブラウニング、ドナルト・キャップス（現在はプリンストン神学院）、ピーター・ホーマンズ、マーティン・E・マーティが最高の指導教員であり指導者であった。仲間の大学院生たち、なかでもゲリー・アレクサンダー、ルーシー・ブレッグマン、故トム・グリーン、リチャード・ハッチ、ロバート・ムーア、グレッグ・シュナイダース、ジュディス・ヴァン・ヘリックがつねに友情や新たな考えを提供してくれた。

シカゴ大学で学位論文を完成してから、私は三年間、イリノイ州ディアフィールドのトリニティ・カレッジで心理学の教鞭を執った。J・エドワード・ヘイクス学部長の力強い指導の下で学部がもりたてられていた。私は、愉快な同僚だったクラーク・バーシンガー、マーク・デンブローダー、カーク・ファーンズワース、マーク・ノルに感謝したい。私はまた、一九七九年にスタンリー講演に招待して下さったトリニティ・カレッジに感謝したい。私は、一九八〇年にアビリーン・クリスチャン大学でもスタンリー講演を行ったが、それが本書の最初期版を提示する機会を与えてくれた。私はスタンリー財団から与えられた励ましに感謝している。

私は過去十四年間、カリフォルニア州にあるサンアンセルモのサンフランシスコ神学院と連合神学大学院（Graduate Theological Union）で教える特権を享受してきた。どちらも私のことを大切に扱ってくれた。知的な興味、深い信仰、社会正義への情熱、多元主義の肯定などに関して、私はとりわけ、サンフランシスコ神学院の同僚、学生、スタッフ、理事会に負っている。神学院が私に研究費や研究休暇を与えてくれたので、長い期間、研究と執筆に集中することが可能になった。新旧学院長のアーノルド・コム、ボブ・バー、ランディ・テイラー、新旧学部長のスルギット・シン、ブラウン・バー、ウォルター・デイヴィス、ドン・ブテイン、ルイス・マッジが私のことをたえず励ましてくれた。テッド・スタインはとりわけすばらしい友人であり同僚であった。サンドラ・ブラウン、ジャナ・チルダース、ロバート・クート、ウォルト・デイヴィス、ロイ・フェアチャイルド、デイヴィッド・グリック、エリザベス・リーバート、ジェイムズ・ノエル、クリストファー・オッカー、スティーヴ・オット、ハワード・ライス、ハーマン・ウェットジェンは、私の人生を祝宴にしてくれた同僚である。スタッフのロエル・ミラー、パット・リスタ・デマリニス、メリー・ポレッティが事務能力を発揮して私を「救って」くれた。

バークリーの連合神学大学院は学問の驚くべき中心である。私は、ロバート・バー、ジュディス・バーリング、ローズメリー・チニッチ、ヴァレリー・デマリニス、クレア・フィッシャー、ドナルド・ゲルピ、ダニエル・マット、ティモシー・ラル、ベン・シルヴァ・ネット、アーチー・スミス、チャールズ・テイラー、クロード・ウェルチなど、信仰と学問の理解を豊かにしてくれたすべての学生に感謝したい。私は特に、研究費を与えてくれた

GTU、リリー基金、ルース財団に謝意を表したい。新宗教運動研究センターは、「代替宗教」の魅惑的な世界への入口を提供してくれた。

カリフォルニア州サンラフェルの「キリストの教会」の会衆は、信仰と養成の源であった。私が一九七八年から一九八五年に牧師として奉仕させていただいたのは光栄であった。

本書は、回心研究に身を捧げてきた学者の共同体によって提供された会話、読書、議論、会議、その他多くの活動の果実である。私は彼らから受けた恩恵に対してお礼の申し上げようもない。文献目録には、宗教的変化を研究する研究者の著作をいくつかを収めているが、それらがけっしてすべてではない。私はまた、注や文献に関して彼らの研究成果に負っていることをここに明らかにしておきたい。いかなる典拠の誤りもそれは私が見逃したためである。私はまた、さまざまなインタヴューや会合を通じて身を捧げてくれた個人や集団にも恩恵をこうむっている。これらの言葉を書いているうちに多くの人々が思い浮かんでくる。このプロジェクトに取り組むのに私をとりわけ励ましてくれたのは、ジェイムズ・ベックフォード、ウォルター・コン、H・ニュートン・マロニー、ラミン・サンネー、アラン・シーガル、アラチェリ・スザーラ、ガイ・E・スワンソンである。

私は、一九八五年と一九八六年の秋の研究休暇の間、イスラエルに行き、注目に価する人々の集団と交流することができた。ヤーコブ・アクシエル、ナイーム・アテーク、ベンジャミン・ベイト・ハラーミ、スティーヴ・カプラン、ネヘミア・レヴジオン、ルビー・リトル、ジョセフ・シューラム、ゲダリアフ・G・ストロウムサがとりわけ助けになった。一九八六年に私はエルサレムのヘブライ大学のレディー・デイヴィス研究員となったが、レディー・デイヴィス研究基金のスタッフの寛大さと親切に心からお礼を述べたい。私はまた、タントゥールのエキュメニズム高等研究所に感謝したい。ランドラム・ボーリング、ケネス・ベイリー一家、そしてスタッフが第二の家庭を提供して下さり、私をとりわけ育んでくれた。

私は一九八五年の秋に日本と韓国で過ごした。星野とも子はすばらしい友人でありホストであって、私は彼女と広範囲に接触をしたが、彼女が専門的な通訳をしてくれたので、その旅行が価値のあるものとなった。韓国では長老派神学院のチャン・ボク・チュンと梨花女子大学校のビョン・スー・キム、サンフランシスコ神学院とGTUの卒業生のジョン・ヒョン・チュンがみな、歓待してくれてガイドしてくれた。

文献として本書が持っている価値がどのようなものであろうと、それはサンフランシスコ湾岸地域のフリーランスの編集者たちのおかげである。彼らは過去三年間、私とともに働いてくれたのだ。彼らの名は、ドロシー・ウォール、エリザベス・L・モーガン、ローレンス・A・レー、コリーナ・チャンである。編集上の眼識に加え、忍耐力や励ましや洞察力によって私がこのプロジェクトを完了することを可能にしてくれた。執筆の現場で私とともに過ごしてくれたことに感謝したい。

本書の完成に当たってロイ・カーライル以上に感謝に値する者はいない。彼はだれよりも私を後押ししてくれた。彼の励まし、助言、尽きることのない支持がこのプロジェクトの間私を支えてくれた。

さらに、私の娘、アンナ・C・ランボー、私の大切な友人、ウォーレン・リーとコリーナ・チャンが、私に愛情や慰めやうなずきや信仰を提供してくれた。私の両親、ハロルド・J・ランボーとグウェンドリン・ランボー、兄弟のジェームズ・R・ランボーが、計り知れない愛を注いでくれている。シフェイ・ヘレン・チャンには、私たちが分かちあったものや喪失感に対して深く悲しんでくれたことに対して深く感謝したい。

最後に、編集者のチャールズ・グレンチとオットー・ボールマン、そして、エール大学出版局が興味と指示を与えてくれたことに対して感謝したい。彼らの努力によってこの長い旅路が大団円を迎えることが可能になったのである。

目次◉宗教的回心の研究

序　文

人々はどのようにして回心するのか、また、なぜ回心するのか。過去二十年間に合衆国だけでなく世界中で宗教の生命力が驚くほど復活してきている。ほんの四半世紀足らず前、たいていの社会科学者だけでなく、実際多くの神学者も、社会の世俗化を予言して神の死を宣告した。[訳注1] これらの予言と宣告は明らかにまちがっていた。宗教の生命力のさまざまな力は破壊されていなかった。単に再編されていただけである。[1] 宗教の力は世界の多くの地域でふたたび自らを主張している。中東などの地域でイスラームが復活してきているし、カリスマ派や解放の神学者によってキリスト教がふたたび活性化されたし、仏教にも新たな春が、その誕生の地に訪れている。合衆国や西欧でカルトや新宗教運動が何千もの若い男女を引きつけている。これらの発展は、回心過程の本質を再検討するように研究者たちを促してきた。

私が**出来事**よりも**過程**という言葉を選んでいるのは、個人的な解釈に基づく意図的な区別である。回心とは、一夜にしてすべてが変わってしまうような瞬間的かつ永続的な変容であるというポピュラーな神話があるが、そんなことはめったに起こらない。むろん、私は突然の回心の可能性を排除するわけではない。どんな経験でも常軌を逸していると断言すれば、意図的に包括的な概観は最初から見通しがつかなくなってしまう。同じように、「宗教的」(「制度的」の意)と「スピリチュアル(霊的)」(「個人的」)というポピュラーな二極化は、私見では、たいていの人々が現実にした体験と食いちがっている。われわれはみな、本来、社会文化的な世界を通して結びついているのであり、スピリチュアルな現実が一般に共有されているのであって特異なものでないことに気づいている。すべての回心(ダマスコに行く途上のサウロの回心でさえ)〔使徒言行録九章参照〕は、人々や制度や共同体や団体によって媒介されているのである。

われわれ人間はもろい存在である。人生における現実との直面は、恐怖だけでなく希望や疑念や夢のきっかけともなる。宗教的回心は、人間が自らの苦境と見なしている状況と取り組んだり、自らの起源や意味や運命の神秘を解決したりする方法の一つである。[2]

回心を通じて、個人は、何らかの究極的価値の感覚を獲得するかもしれないし、豊かな過去と秩序立った興味深い現在——その現在がエネルギーをもたらしたり信頼を呼び起こしたりする——の両方に個人をつなぐ信仰の共同体に参加するかもしれない。団体に加入したりある哲学を支持したりすることによって、養成や指導、忠誠の焦点、行動のための枠組が提供されるかもしれない。神話的で儀礼的で象徴的な体系への関与は、人生に秩序と意味を与える。同じような考え方をもった人々とこれらの体系を共有することは、より深い知的レベルと情動的レベルで他の人間存在と結びつくことを可能にする。

本書では**回心**(conversion)という言葉は、いくつかのことを意味するだろう——それらの意味には必ずしも特定の優先順位はなく、何らかの定まった価値体系を担っているわけでもなく、回心という言葉が同時にそれらすべてを意味するわけでは決してない。それは端的に、信仰体系の欠如からある信仰への献身への変化〔入信としての回心〕、ある信仰体系への宗教的所属から他の宗教的所属への変化〔改宗としての回心〕、一つの信仰体系の枠内でのある志向から他の志向への変化〔転派としての回心〕を意味するだろう。それは、迷信のでたらめから神の摂理へ、機械的手順と儀礼への信頼から神の臨在への深い確信へ、強迫的で懲罰的な裁きの神への信仰から、慈愛に満ちて支持してくれるような、最高善を願う神への信仰へという、人生における個人的な志向の変化を意味するだろう。それは、「この」世と結びついているあらゆることに悪と幻想を見ることからすべての被造物に神の力と恩恵を見ることへの人生の霊的な変容、聖なる来世を獲得するために、この世で自己を否定することや個人的な満足を探し求めることから神の支配が人間存在を成就するものであるという確信への人生の霊的な変容、また、何よりも個人的な福祉と連動した人生から万人のための共有された平等な正義への関心への人生の霊的な変容を意味するだろう。それは、霊的に活気がない人々を新たなレベルの集中的な気づかいや献身や関わりあいへと導くような根本的なギアのシフトを意味するだろう。

そのような意味の可能性の宇宙をたった一つの言葉で表現するとは何ということだろう。もちろん、回心の中心的な意味は変化である。回心研究者が最初に直面する問いは、『鏡の国のアリス』でアリスとハンプティ・ダンプティによって論じられた――ある言葉が与えられた信頼に足る特定の定義を持たなければならないかどうか、あるいは、それはある人が好んで選んだ意味を持つのかという――問題である。歴史と経験が教えているのは、アリスの義憤がアリスを「正しい」ものにするわけではないし、ハンプティ・ダンプティの多様な意味に対する開かれた態度が不安定ではあるが少なくとも現実味をもっていたということである。

ユダヤ・キリスト教の聖書では、回心と一般に同一視されているヘブライ語やギリシャ語の言葉は、文字通りに向きを変えることや元に戻ることを意味する言葉である。向きを変えることや元に戻ることの正確な意味は文脈によって決定される。同様に、本書では、回心は新たな宗教団体、生き方、信仰の体系、神性や実在の本性と結びつく様相などから向きを変えたり、それらへと向きを変えたりすることを意味する。しかし、その焦点は排他的な没入ではなく、以下の点にある。人々がいかにして、またなぜ、宗教団体への所属を変更するのかという点である。そのことには、一定の福音派や保守的なキリスト教団体の「ボーン・アゲイン」［新生］体験や他の団体の質的な「強化」体験も含まれている。期待されるように、さまざまな変化が特定の団体や宗教的伝統によって相当程度まで形成されている。

したがって、それは回心についても同じである。多くの状況にある多くの人々によるさまざまな回心の用例は、一定の個人や集団が望んでいる内容を意味しているにすぎないということを信じざるをえない。何世紀にもわたって回心現象に関心を抱いている研究者を互いに遠ざけてきたのは、その言葉（それと転じて経験それ自体―なぜならその言葉はその経験を表すときに現れるから）の自由放任な性格である。本来備わったこのあいまいさが、この主題を概観しようとする者にとって実際、以下のことを危険なものとしているのである。それはつまり、研究者に与えられたばらばらのさまざまな資料、研究の断片、逸話的な経験の小片、理論の一片、わずかな帰納的な論評や演繹的な論評の間に、パターンを規定したり関係を明らかにしたりするかもしれない相互に関連したモデルを適用しようとすることである。

私は、そのような広範な調査のアプローチが、ますます多元的になってきている宗教的な環境において必要かつ適切であると考えている。より専門的で規範的な回心の定義は、特定のスピリチュアルな団体の領域である。これらの狭い定義は増える傾向にあり独特である。なぜなら、考察の対象となる団体（さらに個人すら）の数が増大し、回心の意味を固定化することへの切迫感が強くなっているからである。そのような定義の試みはとらえどころがなく、究極的には本書のような研究で一般的な価値を持つにはあまりに専門的すぎる。

本書の目標は、多くの学問分野、主として心理学、社会学、人類学、神学からの学術的な視点を利用しながら、回心を頂点とする複雑で多様な体験を探求する――そしてそれを超えてそれらの体験の間に可能性のあるいくつかの相互連関を示唆する――ことである。これらの学問分野によって提供された各々の理論やモデルは、理想的には宗教的体系自身の回心モデルを考慮に入れたり、期待される変容のメタファーやイメージを評価したり、また、その目標を実現するために一定の宗教的共同体によって用いられる方法を描写したりすべきである。特定の理論や回心のモデルのいかなる評価も、研究者の仮説の長所や限界、また、解釈を形成している一次的なイメージ、さらに、回心の知覚に影響を与えている研究方法などを注意深く検討しなければならない。今までの回心研究のほとんどは、志向性があまりにも狭かったり、学問分野の視点においてあまりにも限られた形で理論を適用したり、仮説があまりにも深く宗教的伝統に根ざしていたりしてきた。[3]

あらゆる人間存在には、新たな人生や新たな愛や新たな始まりと結びついたような意味深さへの渇望がある。宗教的回心は何百万もの人々にその希望を提供し、それを現実にする。回心の正確な輪郭は、人により団体により異なるだろうが、しかし、説明や刷新を求める内的な要求は普遍的であり、変容の可能性は多くの人々にとって魅力あるものと映るようになっている。

第一章　モデルと方法

回心とは、人々、出来事、イデオロギー、制度、期待、志向などの動的な場において生じる宗教的変化の過程である。われわれは本書で、(一) 回心が単一の出来事ではなく時間のかかる過程であること、(二) 回心が文脈の中で生じるため関係や期待や状況の母体と相互に影響を与えあうこと、(三) 回心過程における要因が多様で相互作用するものであり累積するものであることの三つを理解するだろう。回心には唯一の原因や唯一の過程やその過程の唯一単純な帰結など存在しないのである。[1]

定　義

回心の定義はたくさんある。[2] 例えば、ユダヤ教やキリスト教の枠内では、回心は、信仰によって悪を拒否して神との関係を奉じるようにという根源的な召し出しを指す。人間科学の研究者は、回心を人々の信念や行動や所属の突然で根本的な変化に限定する。A・D・ノックのような他の研究者は、キリスト教徒やユダヤ教徒の回心と古代の異教世界の回心の形態を峻別するが、そのことが示唆しているのは、ユダヤ教徒やキリスト教徒の回心が根源的で完全で決定的なのに対して、異教の宗教的変化は、ある人の生活に対する単に「付着」や追加でしかないことである。[3]

矛盾した定義が広まっていることに加えて、だれが正真正銘の回心を定義するのかという問題が存在する。多くの場合、回心者は、回心がまじめで深遠なものであると考えるが、他方で、伝道者や宣教師（新たな宗教的選択の斡旋人）はそれが十分でないと考える。そのような問題は、宣教の古典的な問題である。西洋の宣教師たちは、「純粋な」回心者を見つけようとするが、回心者たち自身は、伝道者の命じるものに信仰を同化するのではなく、自分たちに即したカテゴリーの中で信仰を同化しようとするのである。

定義の問題を扱う最善の方法は、さまざまな区別がたいていは理念型に基づいていて、これらの定義がほのめかすほど純粋で単純な人々や状況はほとんどないということに気づくことである。純粋なタイプの回心を確立することは概念的にも学問的にも有用かもしれないが、われわれは、人々が回心として**経験**しているものの現実の世界の中でこれらのカテゴリーがどれほど有用なのかを問わなければならない。概念化の厳格さは、この学問領域の研究の質を下げる結果となる。[4]

回心の定義の規範的アプローチと記述的アプローチの間には重要な区別がなされる必要がある。規範的アプローチに従えば、真の回心は特定の伝統の神学的確信に従って公式化される。その伝統は、回心が妥当性をもっていると期待されるものや必要なものを彫琢する点で特定のものである。例えば、ユダヤ教への回心の場合、潜在的な信者は、ユダヤ教の律法に従って、水の中で全身浸礼を受け、ユダヤ人の生活と運命に参加し、（男性ならば）割礼を受けることに同意しなければならない。[5] 多くの保守的なキリスト教伝統では、回心は、罪の告白（つまりその人の過去の生活が神の意志に反していたことを意味する）、神の意志への服従、イエス・キリストが神の子であり救世主であるという真の信仰の肯定、個人の心にキリストが入ることへの誘いとして定義される。多くの教会はまた洗礼[訳注1]を要求する。

他方で、回心に対する記述的アプローチは、その集団のイデオロギーによれば生じているとされる事柄に対してほとんど関心を払わずに現象の輪郭を描こうとする。記述的アプローチは過程の本質を観察する。本書は主として規範的というよりも記述的である。言い換えれば、本書は特定の神学的な視点よりもむしろさまざまな回心を探求するだろう。回心過程では実際何が起きているのか。どんな行動が変えられるのか。どんな信念が変えられるのか。どんな種類の経験がその過程から引き出されるのか。われわれは、記述的なアプローチに焦点を合わせることによって回心を動的で多面的な変容過程として扱うことができる。ある人々にとって、その変化は突然で根本的なものである。また、他の人々にとって、その変化は個人の生活に対する影響の点でゆったりとしていて、とてもかすかなものでしかない。

回心研究者にとって、伝道者と潜在的な回心者の両者の構造的な要求やイデオロギー的な要求や神学的な要求や個人的な要求に応じて変動する現象として回心を認識することは避けられない。回心が突発的か段階的か、全面的か部分的か、積極的か受動的か、内面的か外面的かということをめぐる議論は、回心がこれらの極のどこででも生じることがあるということをわれわれが受け入れる場合にのみ有用である。それらの極は、回心研究者と回心者自身の両者によって構成されてきた。先に指摘したように、回心は過程であって特定の出来事ではない。おそらく、**converting**［convert（回心する）の動名詞］という言葉の方がその過程の現象学をよりよくとらえているだろう。しかし、静的な現象を意味しているものの、読みやすさの点で、私は名詞形の**conversion**を採用する。われわれは、回心が宗教集団や、回心者や潜在的な回心者の願望や期待やあこがれによって**積極的に構成されている**ことに留意すべきである。

本書の目的のために、私は、回心とは集団や個人がそうであると**主張している**ものであることを示唆する。回心過程は、第一に、回心者のあこがれや要求や志向性、第二に、入信対象の集団の本性、第三に、これらの過程が生じる特定の社会的母体という三者間の相互作用の産物である。

ホリスティックなモデル

私が提案するホリスティックな回心モデルは、回心現象の研究者が広い範囲の問いや問題と直面することを可能にする探求上の志向性である。このモデルはまだ完全な理論ではない。それは、広範な文献調査や、回心者との多数のインタヴューや、参与観察調査に基づいた初期段階の枠組みにすぎない。いかなるモデルも現実全体を包括することはできないが、しかし、私の主張では、回心研究が最低限でも以下の四つの構成要素、つまり文化体系、社会体系、個人体系、宗教体系の四つを含まなければならない[6]。回心は、その豊かさと複雑さのすべてにおいて理解されなければならないから、人類学と社会学と心理学と宗教学のすべてが考慮されなければならない。政治学、経済学、生物学などの考察も注目されなければならないが、私は主として最初の四つの構成要素に焦点を合わせるだろう。私は、それらこそ回心の理解にとってもっとも決定的であると考えるからである。

これらの（文化的・社会的・個人的・宗教的）構成要素は、各々特定の回心においてさまざまな比重を占めている。ある場合には、集団管理の社会的メカニズムが強力で効果的なため、文化や個人や宗教の考察を凌駕する。他の状況では、宗教的な領域が支配的な力をなしていて、他のものを曇らせるかもしれない。しかしながら、それぞれの構成要素が重要性や能力の点で変わりやすいことに留意しながら、四つの次元のすべてを真剣に考察することが不可欠である。研究者は、他の要因の影響を免れない場合にさえ、自らの学問の視点に過度の比重を置く傾向が過去にあった。こうして、心理学者は主として改宗する孤立した個人に焦点を置く傾向があり、社会学者は社会的な制度やメカニズムによって形成されたり動員されたりしたさまざまな力の結果として回心を見る傾向があり、信心深い人は神の支配的な影響を強調して、他の要因の影響を過小評価するのである。人類学者は、一つの狭い視野によって制約される可能性がもっとも少ないのが通例であった。人類学はホリスティックな人間科学として、一つの視点に対する忠誠を要求したり、特定の次元だけを強調したりする視野の狭い学問分野に没頭するわれわれのためのモデルとして役立つ可能性がある。

文化的構成要素や社会的構成要素や個人的構成要素や宗教的構成要素を検討する際に、われわれは以下の問いを考察する必要がある。考察している特定の回心があったとして、どのような相対的な比重をそれぞれの構成要素に与えなければならないのか。これら四つの構成要素は互いにどのように相互に作用するのか。回心者はこれらの構成要素にどのような意義を付与するのか（これらの評価が異なるならば、われわれはその相違を探求しなければならない）。われわれは人類学、社会学、心理学、宗教学、神学の枠内でどの理論的志向を採用するべきなのか。考察中の研究で用いられている方法は何なのか。研究者の目標は何なのか（例えば、回心現象の擁護か、拒絶か、平板化か）。

文化

文化は、生活の知的雰囲気や道徳的雰囲気や精神的雰囲気を構成する。文化の神話・儀礼・象徴は、多くの場合、無意識的に採用されたり当然であると考えられたりしている生活の指針を提供する。現実に対する個人の中核的な感覚は言語に根ざしていて、言語は、文化的な知覚や価値の伝達のための中心的な媒体である。人類学者は文化を探求してその輪郭を描く。彼らの考えでは、文化は、人間的な創造性、また、個人や集団や社会の形成や更新における強力な力の現れである。人類学者は、文化の有意義な織物を紡ぎ出す通過儀礼や儀式や神話や象徴などのような現象を研究する。また、人類学者が調査するのは、文化の宗教的変化を表す象徴や方法であり、回心の文化的効果であり、文化が宗教的変化を妨げたり促進したりする仕方、特定の文化の中の新たな宗教的志向性の諸段階である。

社　会

社会学者は、回心が起きるさまざまな伝統の社会的制度的側面を調査する。社会学者が考察するのは、回心時点の社会的条件、重要な関係や潜在的回心の制度、人々が回心する宗教集団の特徴や過程である。また、社会学者が焦点を当てるのは、個人と環境の母体の相互関係であり、一方で個々人と他方で個々人が加入する集団の期待との間の関係である。

個　人

個人の思想や感情や行為の変化は心理学の領域である。心理学は、主観的側面と客観的側面の両者において自己と意識と経験の変容を考察する。回心の古典的な心理学的研究は、ウィリアム・ジェイムズの『宗教経験の諸相』である。[7] ジェイムズや他の初期の人物のモデルにしたがって、回心の典型的な心理学的研究は、回心の前には多くの場合、苦悩、動揺、絶望、葛藤、罪悪感などのような困難があることを強調する。心理学の理論家は、精神分析、行動主義、人間性心理学、トランスパーソナル心理学、社会心理学、認知心理学など、さまざまな心理学理論の視点から回心にアプローチする。

精神分析は、内面的な情動の力学に焦点を当て、とりわけ、それが親子関係を反映すると考える。行動主義者は、個人の行動を強調して、この行動と直接的な社会環境の報酬や処罰の間の一致の程度を判断する。人間性心理学者やトランスパーソナル心理学者は、回心が個人にもっと豊かな自己実現を与える仕方を強調し、回心に起因する有益な結果を強調する。最後に、社会心理学者や認知心理学者は、個人や集団に対する対人的な影響や知的な影響の効果を調査したり研究したりする。回心の心理学的な解釈がいかなるものであろうと、もっぱら個人に焦点を合わせる人々は限られている。回心は個人的なものとみなすことができるが、しかし、個人主義的なものとはみなされない。

宗　教

宗教は聖なるものである。多くの宗教によれば、聖なるものとの出会いは回心の源泉と目標の両者を構成する。宗教的な人々は、回心の目的が人々を神的なものとの関係に入らせ、彼らに新たな意味と目的の感覚を提供することであると主張する。神学者は、この次元が人間の変容の全過程にとって絶対に不可欠であり、他の過程がそれよりも下位にあると考えている。

宗教学者は超越に焦点を当てて、回心者たちの宗教的な期待や経験や世界観を研究する。近年、彼らは、回心が共同体に結果をもたらす進行的で相互作用的な過程であると主張してきた。回心はふつう一つの出来事ではまったくなく、個人の生活の多くの側面が影響を受ける発達過程である。

研究者がその原因や本性や結果の輪郭をどのように描くにせよ、回心は、本質的に神学的でありスピリチュアルである。他の力が働いているが、しかし、その意味や意義や目標は**回心者にとって**宗教的かつスピリチュアルであるか、宗教的かスピリチュアルかである。現象学的に言って、宗教的次元を否定する解釈は、回心者の経験を評価することができないし、その現象に対して不適切で敵対的でさえある解釈上の枠組にこの経験を当てはめようとする。回心に対する一部の心理学的説明や社会学的説明は還元主義的であり、回心者は、自分の経験が研究者によって拒絶されなかったとしても軽視されたときにまさしく狼狽するのである。にもかかわらず、研究者にとって回心の社会的個人的な力学を明らかにするために神学的次元を**括弧に入れること**には価値がある。よい学問は、現象の豊かな記述やその一貫性に対する関心からはじまらなければならない。他方で、ある宗教的な研究者たちは、スピリチュアルでないものをすべて悪魔的なものや無関係なものの領域に追いやって、回心研究をスピリチュアルなものにする傾向にある。

宗教の役割の探求は方法論的にむずかしい。部外者にとっては概して見えないものであったり、関係者にとって神秘的で聖なるものであったり、たいていの場合、伝統自身の枠内で議論の余地があったりするものを、われわれはいかにして理解したり予期したり制御したりすることができるだろうか。さらに、われわれ研究者は、宗教的な要因を真剣に考慮することに対して気が進まないかもしれない。なぜなら、それは、われわれの世界観を修正したり、われわれが道徳的な責任や従順を期待する神性に対して依存している可能性を突きつけたりするからである。[8]

回心の経験と現象に現象学的に忠実であるとすれば、われわれは宗教的領域を真剣に受け止めなければならない。われわれは、宗教的見地や神学的見地に屈服する必要はないが、しかし、われわれの分析に宗教を統合する方法を見つける必要がある。さもなければ、われわれの回心研究は一次元の状態に留まるだろう。われわれは、回心過程を形成する宗教的イデオロギーや、回心者の意識に影響する宗教的イメージや、多くの場合、回心が起こる母体となっている宗教的制度を考慮に入れることからはじめるかもしれない。宗教を真剣に受け止めることは信念を必要としないが、しかし、それは、回心が彫琢された一連の力や観念や制度や儀礼や神話や象徴を包含する**宗教的**過程であるという事実に対する**敬意**を意味している。[9]

歴　史

回心の歴史的次元を考察することもまた価値があるかもしれない。歴史学者は、回心の具体的な詳細を集めて統合する。歴史上の詳細に対して注意を向けることは、回心に関する情報の具体的で詳細なデータベースを提供して理論的なモデルを補足したり、時間をかけて回心の本性を追跡するのにも役立ったりするかもしれない。心理学や社会学は概して、先例に関係なく特定の時間に焦点を合わせるような、通時的というよりもむしろ共時的な学問である。歴史学のような通時的なアプローチは、時間をかけた変化とかかわる。歴史家は、回心が（特定の伝統の枠内でさえ）時間と場所によって異なる可能性を最終的に証明してきた。とりわけ、ウィリアム・ブリエットとラムジー・マクマレン[10]は、回心者たちが特定の歴史的文脈の中では、異なった時代に異なった動機をもっている可能性について説得力のある議論を行ってきた。例えば、新たな運動への最初の回心者となった人々は、運動がすでに成功しているときに回心する人々とは、動機づけの点でも人口統計上のプロファイルの点でも異なっている可能性がある。ブリエット[11]は、イスラームに最初に回心した人々が、長年にわたってイスラームに従った人々とは異なっていたことを示している。言い換えれば、回心は、それが革新的な運動であるか、あるいは、社会においてすでに尊敬と権威を与えられた強力な運動であるかによって、通常、現象学的に異なっている。これらの観察は、特定の回心の妥当性を疑問視することを意図したのではなく、歴史上、異なった時間と場所におけるさまざまな過程の輪郭を例証するのに役立つ。

ある研究者は、回心の形式と構造は普遍的であるが、その帰結が場所と時間の相違によって異なっていると考えている。ジェラルド・C・ブラウアーは、イングランド王国のピューリタンの間の回心が政治体制からの不同意を引き起こしたが、他方で、［アメリカ合衆国の］ニューイングランド地方での回心は法的地位のための必要条件とされたことに注意を向けている。[12]前者は革命的であるが、後者は承認を集めて一致を促した。異なった歴史状況では回心過程は異なっているとある歴史家たちが論じているし、私もそれに同意する。

回心のタイプ

回心の本性をよりよく理解する一つの方法は、さまざまなタイプの回心を記述することである。「理念型」は、多くの種類の回心の広がりとさまざまな特徴を理解する助けとなるように考案された知的な構成物である。この場合、私のタイプ論は、**ある者が回心者と認められるために社会的かつ文化的にどこまで到達しなければならないか**という観点から回心の本性を描き出す。[13]

背教（apostasy）ないし**離反**（deflection）とは、以前の成員による宗教伝統や信仰の否認である。この変化は、新たな宗教的視点の受容を伴わないが、多くの場合、非宗教的な価値体系の採用を示すことがある。デプログラミングは、カルトとみなされた宗教運動から人々を引き離すのにときとして用いられる徹底した方法であるが、強制的な脱回心や背教の一形式とみなされるかもしれない。私が背教を回心のタイプとみなすのは、信仰を喪失したり集団を離れたりする力学が今日の状況下では個人的にも集団的にも重要な形式の変化をなしているからである。

強化（intensification）とは、回心者が公式にせよ非公式せよ、以前に入信していた信仰への献身をふたたび活性化することである。そのことが起こるのは、宗教的制度の名目上の成員が自らの献身を人生の中心的な焦点にしたり、人々が深遠な宗教経験や、結婚や出産や臨死などの人生の移行を通じて信仰共同体への関わりあいを深めたりする場合である。

入信（affiliation）とは、それまである信仰を伴う制度や共同体に対してまったく宗教的な献身をしていなかったか、あるいは、最低限の宗教的献身しかしていなかった個人や集団が、全般的な関わりあいをするようになることである。入信は近年、議論の余地のある概念となってきている。多くの場合（統一教会やハレ・クリシュナなどのような）ある新宗教運動やキリスト教の原理主義的集団による操作的な勧誘戦略のことを指す。新宗教運動に対する多くの回心者は、宗教的な背景を少ししかもっていないか、まったくないので、入信したいという願望に対して相殺する力を持つものはあまりない。

制度移行（institutional transition）は、個人や集団が主要な伝統の枠内である共同体から他の共同体に移る変化を伴う。例えば、アメリカのプロテスタント教会におけるバプテスト教会から長老教会への回心がそれである。社会学者が「教派替え」と呼ぶこの過程は、（地理的に近いといった）利便性に基づいてある教会にただ入信するようになる場合もあれば、深遠な宗教経験に基づく重要な宗教的変化を伴う場合もある。

伝統移行（traditional transition）は、個人や集団がある主要な宗教伝統から他の伝統に移動することを指す。ある世界観、儀礼体系、象徴的宇宙、ライフスタイルから他のそれらに移動することは多くの場合、異文化間の接触や葛藤の中で生じる複雑な過程である。そのような運動は歴史を通じて生じたが、とりわけ大量の人々がヨーロッパの植民地拡大によってこの種の回心に巻き込まれた十八、十九、二十世紀に生じた。キリスト教とイスラームは、大規模な伝統移行によってはじまり利益を受けた宗教である。

回心のモチーフ

多種多様な回心過程へのもう一つのアプローチは、ジョン・ロフランドとノーマン・スコノヴドによって描かれている。彼らは、各々のタイプの回心を際立たせる経験を意味する回心のモチーフの概念を提案する。このモチーフの概念は、回心者の主観的経験と研究者のより客観的な「科学的」見解を結びつける。ロフランドとスコノヴドが論じているのは、回心がさまざまに知覚されたり記述されたりするのは、単にさまざまな理論的指向性の結果なのではなく、実際、回心経験を実質的に異なったものにする性質を記述しているということである。[14] ロフランドらは、知的回心、神秘的回心、実験的回心、情緒的回心、リヴァイヴァル的回心、強制的回心という六つのモチーフを区別する。各々のモチーフの広がりを評価するためには、潜在的な回心者に対する社会的圧力の程度、回心過程の時間的持続、情緒的興奮、情緒的内容、信仰―参加の連続を検討すればよい。

知的回心の場合、個人は重要な社会的接触を伴わない書籍、テレビ、記事、講演などのメディアによって宗教的問題やスピリチュアルな問題に関する知識を探求する。個人は積極的に選択肢を探求する。信仰は宗教的な儀礼や組織への積極的な参加に先立って起こる。

神秘的回心は、タルソスのサウロの場合のように基本型となる回心であると、ある人々は考えている。神秘的な回心は概して突発的でトラウマ的な洞察の炸裂であり、ヴィジョンや声などの超常的な経験によって誘発される。

第三のモチーフ、**実験的**回心は、二十世紀において回心の主要な手段として現れた。信教の自由が高まるとともにさまざまな宗教経験が手にできるようになったからである。潜在的な回心者は「証拠にこだわる」（show me）心性をもっていて、「この可能性を追求して、それがどんなスピリチュアルな利益が得られるか試してみよう」というわけである。多くの集団が疑似科学的な立場を歓迎することによってこうした態度を奨励する。潜在的な回心者は、信仰にこだわることなく、神学や儀礼や組織を自ら試してみて、自らにとってその体系が本物（つまり有益ないし有効）かどうか発見するように奨励されるのである。

第四のモチーフは**情緒的**回心である。このモチーフは、ジョン・ロフランドとロドニー・スタークが「世界救済者になること」という論文の中で確認したものであるが、回心過程において重要な要因として対人関係の絆を強調する。[15]それにとって中心的なのは、集団や指導者によって愛されたり養成されたり肯定されたりしたという直接的で個人的な経験である。

リヴァイヴァリズムは、ロフランドとスコノヴドが論じている第五のモチーフである。二十世紀においては十九世紀ほど顕著ではないが、この種の回心は、行動を誘発させるために群衆の同調を用いる。個々人は情動的に刺激されて、与えられた圧力によって新たな行動や信念が促進される。例えば、リヴァイヴァルの集会は情動的に力強い音楽や説教を特色としている。集団の経験に加えて、潜在的な回心者に直接影響を与えるために、家族や友人はときとしてそのような個々人を標的にする。[16]

第六の回心モチーフは**強制的**である。そのような回心が生じるためには特定の条件の存在が必要とされるので、ロフランドとスコノヴドは、この種の回心が比較的まれであると考えている。洗脳、強制説得、思想改造、プログラミングは、そのような過程の別名である。[訳注2]回心は、参加したり同調したり告白したりする個人に及ぼされた強烈な圧力のレベルに応じて、多少なりとも強制的である。食物や睡眠の剥奪は、集団のイデオロギーや服従的なライフスタイルに屈服するようにという圧力に抵抗できなくするかもしれない。恐怖や身体的拷問やその他の形の心理的恐怖が個人の生活を支配するために展開される。

ロフランドとスコノヴドのモチーフは重要な貢献であり、さまざまなタイプの回心の異なった経験やテーマや目標を区別している。彼らは、ある研究者が回心のことを単一の普遍的過程であるかのように語っているという事実によって、回心について理論化することの多くが複雑になってしまっていると述べているが、その主張は正しい。実際、回心のタイプの広がりがあり、どのタイプも一つとして基準とはならないのである。

段階モデル

私が手短に紹介したアプローチがあまりにも多様だったので、読者はこの時点で理論の点でも情報の点でも過多になったという感覚を覚えているかもしれない。十人の視覚障害者がゾウを「見」にいったという寓話の作者には申し訳ないが、ここまで描かれたことは、目の見える人々が――ゾウが入るぎりぎりの大きさの――暗室に別々の扉から入り、各々がペンライトを使って見出された動物を描こうとしている状態にとても似ているように思われる。われわれのここでの努力は、的確で有用ながら断片的なこれらすべての説明の努力が統合されるように、その動物全体を明るみに出す壁際の電灯のスイッチを見つけようとすることであるにちがいない。

より多くの光を当てたり、より離れたところから見たりすることは、いずれも役に立つし、また、回心が段階を追って生じるのを支持する発見的なモデルは、さまざまな学問分野の枠内で研究を統合したり、回心に伴う多層的な過程のより深くより複雑な理解を提供したりするための枠組を提供するかもしれない。ときには旋回効果、つまり段階の間で行ったり来たりする効果が生じることがあるが、段階モデルが適切なのは、回心が時間のかか

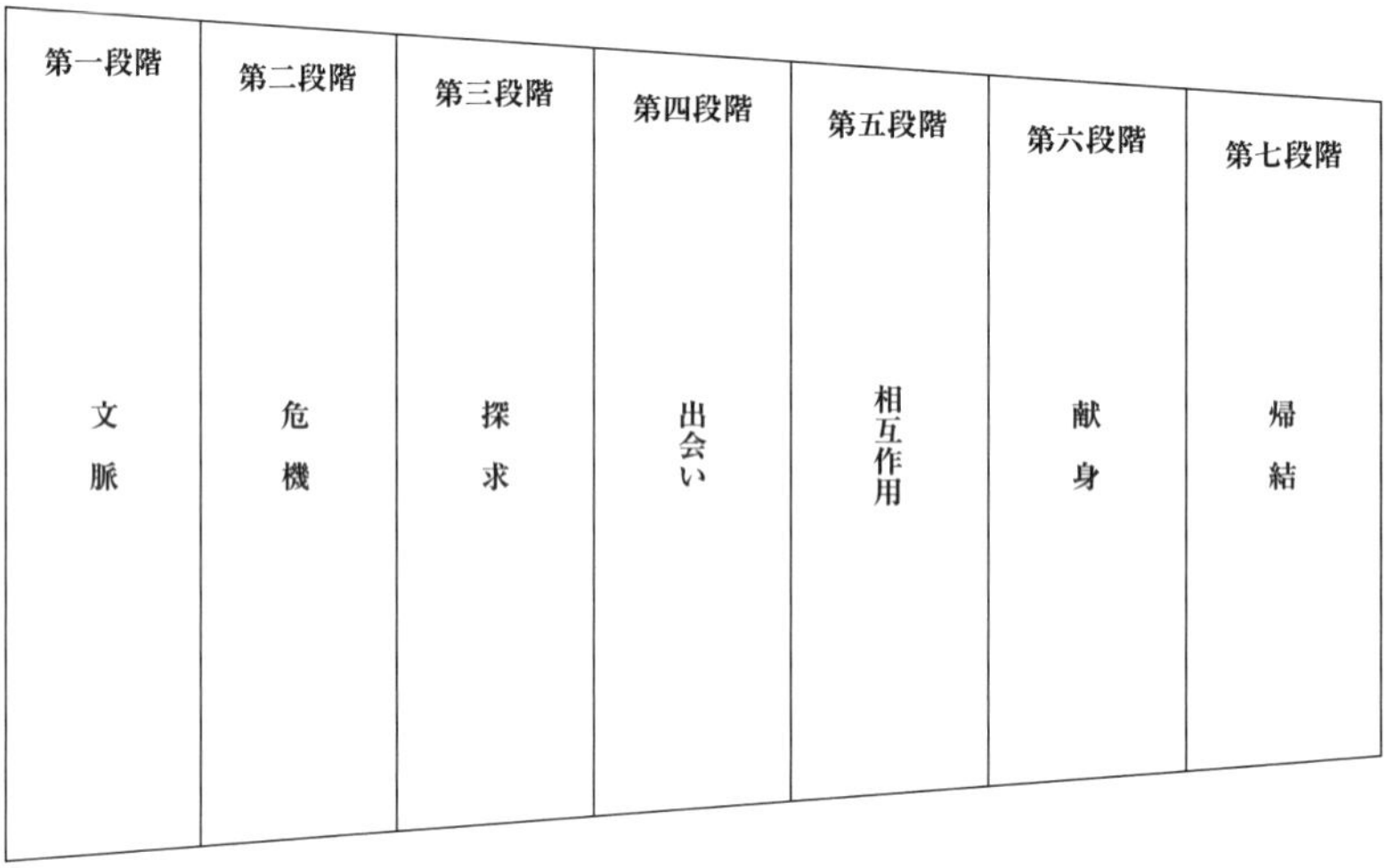

図１　継起的段階モデル

る変化の過程であって、概してさまざまな過程の継起であることを示すからである。各々の段階は、それを特徴づけるテーマやパターンや過程のかたまりである。回心に関する既存の文献がどのようにどの程度この枠組に当てはまるかを決定することによって、われわれは、より広い文脈で研究を見ることが可能になり、さらなる研究が必要とされている領域が明らかにされるだろう。

私が提案しているモデルは多次元的で歴史的なだけでなく、**過程を志向**してもいる。つまり、回心は、時間を通じて相互作用的で蓄積的な一連の要素としてアプローチされるのである。今までのところ、だれにとっても満足のいく単一の過程や段階モデルは存在しなかったが、しかし、ロフランドとスタークの研究やアラン・R・ティペットの宣教学的なモデルは有用な発見的なモデルを提供している。[17] 私が彼らの段階モデルの翻案を提案しているのは、複雑なデータを組織するための戦略としてであり、普遍的で不変な手段としてではない。回心の科学的な理解は、神秘の神と個人の間の出会いである現象を把握しようとする人間的な試みにすぎない——そして、そのような個人とは、果てしない潜在可能性や倒錯や驚くべき複雑さをもった存在なのである。

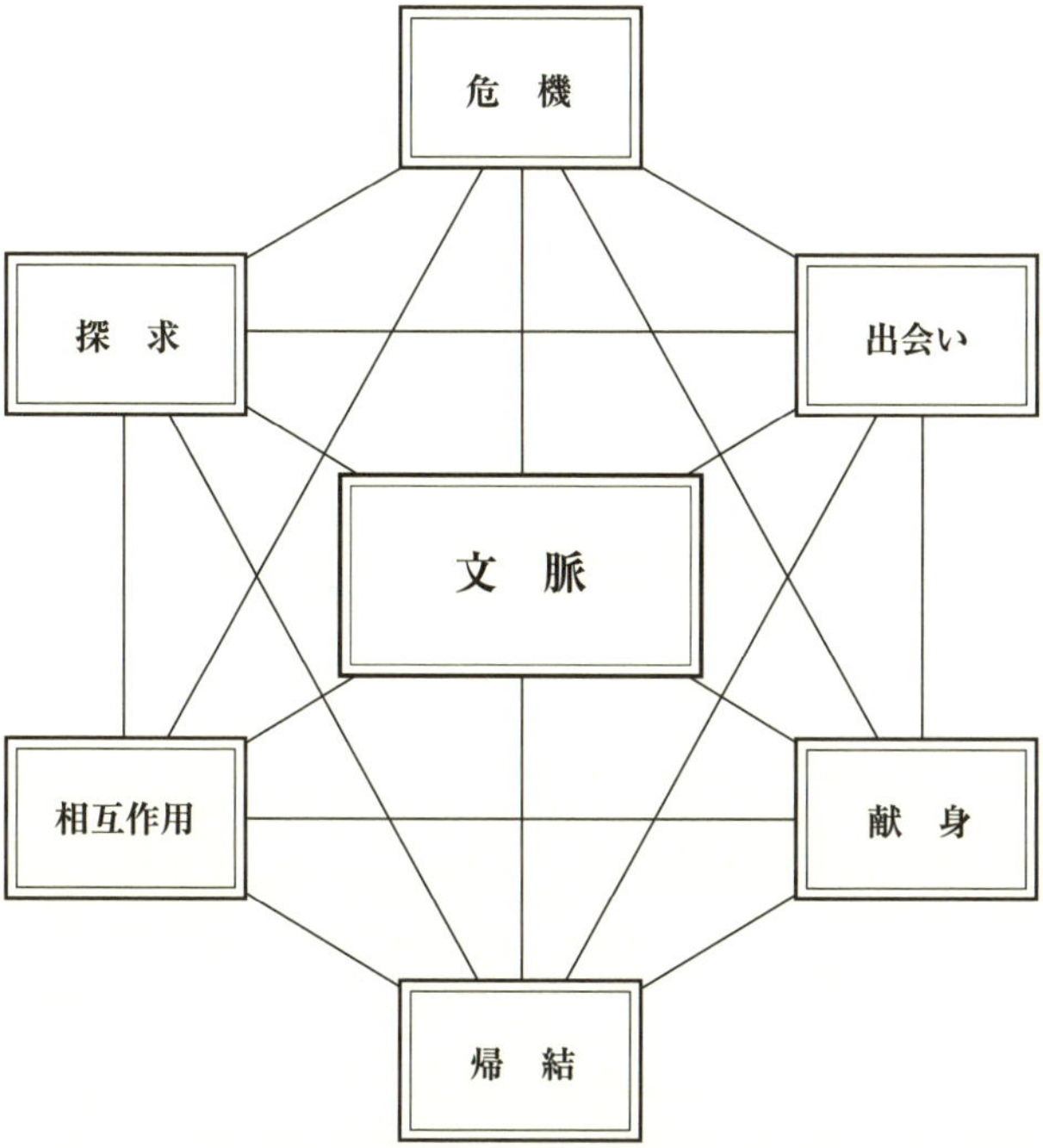

図２　体系的段階モデル

方法論

観察は明らかに、最初で最高位の方法論的なガイドラインである。しかしながら、新たな知覚やヴィジョンが可能になるように、研究者が個人的なバイアスから距離をとって精一杯注意深く客観的で組織的な観察を行っていない研究が散見されるのは、本当に残念である。

第二に、現象の**記述**が必要である。クリフォード・ギアツは「厚い記述」、つまり豊かで複雑で十全な記述を提唱している。[18]

第三に、**共感**が必要である。つまり、それは、研究対象となっている個人や集団の観点から世界を見たり感じたりしようとする試みである。共感はけっして完全ではないが、しかし、それは常に価値のある目標である。研究者自身の観点を可能なかぎり認めて自らのバイアスを括弧に入れることによって、研究者は、回心者の経験や思想や感情や行動に自由に関与して、ある意味で回心者の世界に近い（しかしけっして同一ではない）世界を見たり感じたりする能力が促進される。

第四に、ホリスティックに回心を研究する過程で中心となるのは**理解**である。理解は、われわれが研究している人々の生活状況を見るために、可能なかぎり彼らの志向性を利用して**彼らの**世界観や経験や認知体系を把握することであり、それ自体共感の能力を深める努力である。

第五に、いったんそれ以前の段階が誠実に貫徹されれば、**解釈**が生じる。解釈は、研究者の準拠枠によって回心過程や内容をさらに十分に理解されるようにする。研究者はここで回心者の視点から研究者自身の視点へと意図的な視点の転換を認識する――それに対して敏感である――ことが重要である。研究者自身の視点は重要かもしれないが、分析される対象の視点に対して本質的に優越しているわけではない。

第六に、**説明**は、もう一つの準拠枠の体系的な適用であり、回心者の体験世界からさらに遠ざかっている。説明は、さまざまな学問分野に由来する理論を利用して理論を現象に適用する解釈の一形式である。理想的には、説明は試験的で丁寧で繊細でなければならない。解釈と説明は密接に関連しているが、しかし、解釈は人文科学の観点にとって不可欠であるが、説明は社会科学にとって典型的である。社会科学は、宗教学や歴史学や神学の人文科学的なモデルよりも分析的で批判的で還元主義的になりがちである。説明的なモデルはより世俗的であり、人間的な意味やスピリチュアルな深みの次元に対してはあまり興味を抱かない傾向にある。

第二章　文脈

回心は動的な文脈の枠内で生じる。[1] この文脈は、回心過程を準備するとともに抑圧する要因、つまり葛藤したり合流したりする弁証法的な要因を広範囲にわたって包括する。広い視野から見れば、回心は、歴史上のさまざまな時代に渡り、地理的な拡張や収縮によって形成されている人間のドラマの一部である。文脈は、全般的な母体を包括していて、人々の力の場や出来事や経験や制度などはその中で回心に働きかけている。

文脈は最初の通過段階以上のものである。それはむしろ、回心が発生する環境全体なのである。文脈は他の回心段階を通じて影響を及ぼしつづける。逆もまた真である。つまり、非凡な力によるにせよ累積的な力によるにせよ、回心は文脈に対して相互的な効果を与えるのである。文脈は回心の本性や構造や過程を形成する。ジョン・グレイションは以下のように述べている。「本当の意味で回心は文脈の中にあり、その文脈は多面的であって、個人が回心の時点で生を営んでいる政治的な領域や社会的な領域や経済的な領域や宗教的な領域を包括している。こうして、回心の意味が何であろうとそれは文化的な文脈の外側ではけっして生じない[2]」。

グレイションは外的な文脈だけを主張している。しかし、回心は客観的で外的な力によってのみ影響される過程ではなく、主観的で内的な動機づけや経験や熱望によっても影響される過程である。どちらかを否定すること

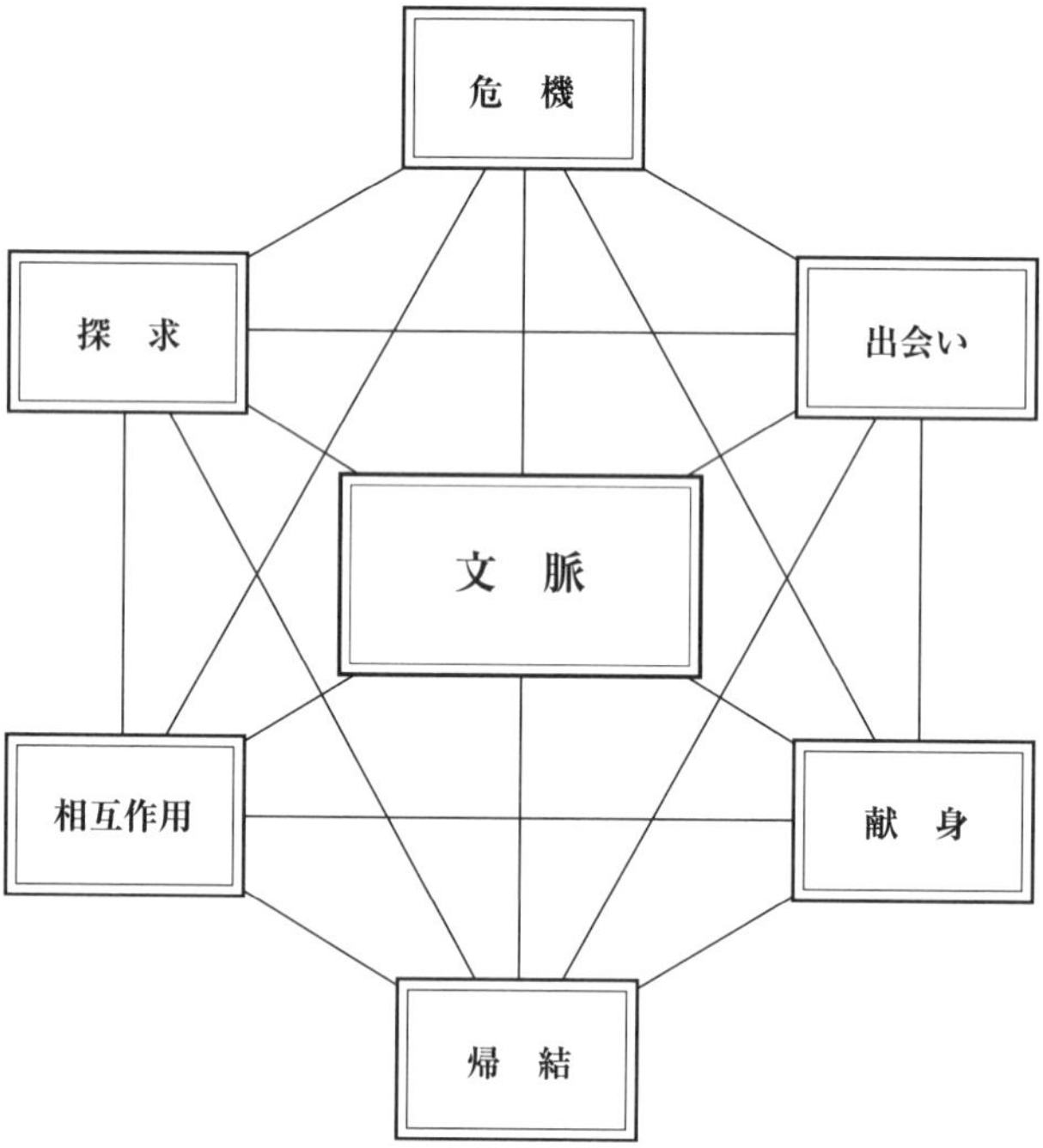

図３　段階１　文脈

は、われわれの回心理解を狭めることになる。

文脈は回心の上部構造と下部構造の両者の統合であり、それは社会的次元や文化的次元や宗教的次元や個人的次元を含んでいる。文脈的な要因が形成しているのは、コミュニケーションの手段であり、利用可能な宗教的な選択肢の広がりであり、人々の流動性や柔軟性や資源や機会である。これらの力は、回心する人や回心が起こる仕方に直接効果を与える。人々は多くの場合、個人にとって外的な要因の基盤に基づいて回心を受け入れるか退けるかをめぐって、誘われたり励まされたり妨げられたり強要されたりすることがある。これらの考察は、回心研究ではめったに描かれることがないが、しかし、私は、これらのパターンやテーマや問題がさらに明確になるように、この問題の研究者が文脈をさらに体系的に扱わなければならないと考えている。

巨視的文脈──「大きな視野」

文脈をよりよく理解するためには、**巨視的文脈**と**微視的文脈**を区別することが有用である。巨視的文脈は、政治体制や宗教団体や関連したエコロジカルな考慮や超国家的企業や経済体制のような要素を含む全環境に関連している。これらのさまざまな力は回心を促進するか妨害することがあるが、広い社会的な効果同様、個人的な効果もあるかもしれない。例えば、アメリカ合衆国や英国では、巨視的文脈は工業化や広範なマスコミやキリスト教の伝統的な影響範囲の減少を結びつけている。そのような状況は、絶大な選択肢、ときには圧倒的な選択肢を可能にした。多元主義は疎外や混乱を生み出すことがある。その結果、個人は、不安を減らしたり意味を見出したり帰属意識を獲得したりするために、新たな宗教的な選択肢を熱心に探求するかもしれない。

微視的文脈──ローカルな境遇

微視的文脈とは、個人の家族、友人、民族集団、宗教的共同体、隣人などの、さらに直接的な世界である。これらの直接的な影響は、アイデンティティや入信の感覚を生み出したり、個人の思想や感情や行動を形成したりするのに重要な役割を果たしている。微視的文脈と巨視的文脈は、さまざまな仕方で相互に作用している。そして、微視的文脈のいくつかの要素が（宗教団体が愛国的な価値観を強化する場合のように）より大きな文脈を肯定したり促進したりするが、他方で、他の要素が（ある集団が支配的な政治的価値観に挑戦する場合のように）巨視的文脈に反対したり変更しようとしたりする。微視的な文脈はたいへんな努力によって巨視的文脈の影響を無効にすることがある。例えば、ある宗教集団は意図的に広い世界から自らを隔離して、個人と集団の聖職者との関係に強く集中することを奨励するために、成員が外界とコミュニケーションをとったり相互作用をしたりするのを抑制する（あるいは制御する）。

文脈の輪郭

文脈を検討する際に考察されなければならない問題の範囲には以下のものが含まれる。巨視的文脈と微視的文脈の正確な本性は何なのか。それら二つはどのように相互に関連しているのか。それらは互いに促進したり培ったりするのか。それらは互いに邪魔をしたり妨害したりするのか。これらの領域の枠内ではどの程度まで統合や共同があるのか。

これらの問いに答えるためには、われわれは文脈の輪郭の特定の側面を検討しなければならない。第一に、文脈の文化的次元、社会的次元、個人的次元、宗教的次元に関する全般的な問題を検討しよう。第二に、われわれは、文化内在化（enculturation）、普及のさまざまな方法、抵抗や拒絶の諸力、受容性の飛び地（少数集団）、一致や合流の力学、さまざまなタイプの回心、回心のためのさまざまなモデルのような文脈の特別なメカニズムを調べなければならない。本章の目標は、回心過程を促進したり妨害したりする、回心を形成する諸力や動因の概観を描くことである。序文で述べたように、私は、文化や社会や個人や宗教を厳格に互いに分離することは人為的であることがわかった。人間存在のこれらの特徴は、解きほぐせないほど密接に絡み合っている。私がこれらの区別を行っているのは説明のためにすぎない。

文化と文脈

アンソニー・F・C・ウォレスの重要な論文、「再活性化運動」は、回心の文脈における文化的な側面を理解するのに中心的な役割を果たしている。[3] ウォレスは絶えず、文化のことを進行する動的な実体として見ている。彼の見解の本質は、エントロピーや危機があるときに文化が自らを刷新する内的な機制を内包しているということである。文化はすべての有機体と同じように生活史を持っている。文化が崩壊しはじめるとき、人々に彼ら自身の活性化されたヴィジョンを与えたり、生活を拡張し維持する新たな戦略を提供したりするような仕方で、中核的な神話や儀礼や象徴が破壊されたり再構成されたりする過程が生じる。

ウォレスが「迷路（mazeway）の再公式化」と呼ぶこの過程が生じるのは、個人が現在の状況に対してもっと適応できるように古いあり方を修正するようなヴィジョンや回心を有するときである。新たなヴィジョンは弟子たちに伝えられ、今度は弟子たちがより広い文化に対してメッセージを伝えるのである。この刷新過程が生じるのは、文化的な神話や儀礼や象徴がそれら自身の生命を持っていて、個々人の心の枠内に深く埋め込まれているからである。過酷な危機の際、これらの神話や儀礼や象徴が、再活性化の感覚を与える夢やヴィジョンや他の経験の形で個人の中に現れるかもしれない。だから、個人や集団は、新たなまとまった規則やヴィジョンや価値を彼らに与えてくれる変化の過程を経験するのである。

ウォレスは、キリスト教、イスラーム、仏教という三大世界宗教の教祖が文化的刷新のこのような動的過程の実例となっていると考えている。教祖は、再活性化の運動の創造に至る深い変容を体験したのである。教祖の回心や変容は、弟子たちのモデルや新たな共同体の創造のためのモデルを提供した。

ウォレスの再活性化運動の理論は主として、イロクォイ族の族長、ハンサム・レイク（ガニオダイイオ）という名の男の事例研究に基づいている。一七九九年、五十四歳になったハンサム・レイクはとても病んでいた。妻子が亡くなり、彼はアルコール中毒になっていた。彼は困窮していてうつ状態にあり死期が近づいていた。同年八月八日、ハンサム・レイクは一連のヴィジョンを体験しはじめた。八時間もの間、トランス状態になり、死んだかと思われ、埋葬が準備された。しかしながら、トランス状態から目覚め、彼のヴィジョンを人々に報告した。この一連のヴィジョンに深く揺り動かされて、ハンサム・レイクは、彼自身の人生を変えただけでなく、他の多くの人々の人生、結局はイロクォイ族全体の生活を変えたのだった。[4]

大衆運動に働いているこの種の再活性化過程は、ふつう個々人の人生の経験に由来している。『燃える魂』に描かれたエルドリッジ・クリーヴァーの重大な瞬間が、好例を提供している。[5] ブラックパンサー党[訳注1]のリーダーの一人だったクリーヴァーは、法律上の困難からアメリカ合衆国を逃れて、ついに彼と家族はフランスに移住した。[6] 数年間、国外に在住してみて、クリーヴァーは自分がブラック・パワー運動の役に立たないし、政治的社会的変化に影響を与えることができないと感じはじめた。ある晩、パリの家に家族を帰らせてから、彼は、カンヌ近郊のアパルトマンのバルコニーに一人座って、ピストルを膝に載せて地中海を見下ろしていた。クリーヴァーは以下のように回顧している。

私は……自殺することで人生に終わりを告げようと考えはじめた。私は本気だったのだ。私はある晩、一三階のバルコニーに座っていた——ひたすらそこに座っていた。それは美しい地中海の夜だった——漆黒の空間に空や星や月がかかっていた。私は思いにふけり、意気消沈し、絶望の淵にいた。私は月を見上げて影を見た。……そして、影は月の人になり、私は私自身のプロフィール（ブラックパンサー党のポスターに使っていたプロフィールであり私が千回も見たもの）を見た。私はすでに混乱し、このことにおびえた。私はそのイメージを見たとき、震えはじめた。それは、心の奥深くから来る震えであり、このムードがどんどん悪くなり、自分がその場で正気を失ってバラバラになるという脅威を伴っていた。このイメージを凝視していたとき、それは変化して、私は、かつての英雄たちが目の前を行進していくのを見た。フィデル・カストロ、毛沢東、カール・マルクス、フリードリッヒ・エンゲルスが次々と通り過ぎていき、まるで失墜した英雄のように各人が少しの間現れては見えなくなっていった。最終的に、行列の終わりに目がくらむようなきらめく光の中にイエス・キリストのイメージが現れた。それが最後だった。

私は崩折れて泣きはじめた。そしてひざまずき、手すりを握りしめた。こうして震えて泣いている最中に主の祈りと詩編二十三[訳注2]が心に浮かんだ。[7]

その晩、遅くなってからクリーヴァーは平安と希望と刷新が戻ってくるのを感じはじめた。その経験は彼の回心過程のはじまりだった。クリーヴァーは、彼が見たヴィジョンの中でイエスがどのように見えたのか、よく尋ねられた。彼の答えは、イエスが祖母の台所に掛けられた伝統的な肖像画のように見えたというものだった。クリーヴァーの体験は、文化的な象徴がもっている刷新する力の鮮やかな実例である。ある人が直接明示的に拒絶している象徴でさえ、その人の心の強力な一部でありつづけることがある。クリーヴァーの児童期のイエス像は彼の無意識に刻印されていて、癒しと変容の象徴として決定的なときにふたたび現れたのであった。

ウォレスの理論は、ウィリアム・G・マクラフリンの『リヴァイヴァル、覚醒、改革』に概説されているような刷新と再活性化のより大きな社会運動を理解するのに役に立つし、個々人の回心における文化的な象徴の力を理解するのにも役に立つ（ユング派の理論家、ジョン・ウィア・ペリーは、文化の変容に働いているのと同様の力学が、より親密で個人的なスケールではあるが、個々人の回心にも働いていると考えている）。[8]

同様のさまざまな力がクリフォード・ギアツの「原初的な革命」の理論の中で述べられている。[9] ギアツは、たいていの文化が革新を志向しているが、革新には限界があると考えている。これらの限界に到達したとき、社会と文化がこれらの構成的で形成的な象徴に立ち帰ることができるように、中核的な象徴がふたたび主張されることが必要になる。ある場合には、その回帰は中核的な象徴の再解釈や再概念化であるが、またある場合には、字義通りで原理主義的な様式で中核的な象徴をふたたび主張する試みである。これらの限界が侵されてしまうと、社会は中核への爆発的な回帰を経験して、えてして近代化の過程や動因に対する暴力的な拒絶が生じるかもしれない。原理主義的なイスラームの復活はこの理論の劇的な実例である。

社会環境と文脈

社会的文脈は並外れて複雑であるが、少なくとも密接に研究すべき要因が三つある。それらは、コミュニケーション、輸送手段のパターン、進展する世俗化である。

輸送手段とコミュニケーション

回心は、輸送手段や交易やコミュニケーションの経路によって接触できるようになった場所、とりわけ、軍事行動や商業行動やライフスタイルによって浸透された場所で可能になる。歴史的に見て、世界の軍事的な探検、経済的な探検、政治的な探検や支配や搾取のさまざまな力は、何千もの場所で先住民と接触する機会を宣教師に提供してきた。

例えば、十五世紀のいわゆる新世界の開放が、ポルトガル人とスペイン人（そして後にはフランス人、オランダ人、イギリス人）によって行われた探検が未曾有なほど増大したことによって可能になり、キリスト教の宣教事業が今日、南北アメリカ、中央アメリカ、アフリカ全土、日本や朝鮮や中国やフィリピン、その他多くの地域に拡大することを可能にした。ローマ・カトリックの宣教はスペイン、フランス、ポルトガルの探検家や植民者の跡をたどり、プロテスタントの宣教はオランダ、ドイツ、イギリスのそれらの跡をたどった。[10]

そのような接近や相互作用を可能にしたのは巨視的文脈であることに注意することが重要である。接触を停止したり妨げたりする政府の力や他の諸力は、少なくとも一時的に回心の可能性を減少させたり除去したりすることができる。例えば、イエズス会士が十六世紀のはじめに日本に到着したが、日本人はポルトガル人を追い出して無慈悲にも日本人のキリシタンを迫害した。中国人もまた、ある程度までキリスト教宣教師が人々と接触するのを統制することができた。初期の宣教師たちは北京、マカオ、広東に限られていた。後になってヨーロッパ人やアメリカ人が私的な交易同様、軍事的外交的な主導権を追求したときにはじめて、宣教師たちは他の地域にも到達することができた。[11]

今日、いくつかの国々が改宗活動を法的に禁止している。インド、イスラエル、ほとんどのイスラーム国家や共産主義国家はいかなる意図的な宣教活動をも認めていない。スーダンのような多くのイスラーム国家はイスラームを棄教することを禁じている。ある国々では背教（国家宗教の放棄）が法律で禁じられていてその刑罰は死刑である。[12] 死刑が対価である国では回心する（そして回心を呼びかける）ことが困難であることは、ほとんど指摘するまでもないだろう。イスラーム国家がそのような法律を執行することはまれであるが、しかし、それらの社会が、回心に対して世俗社会とはきわめて異なる態度をとっていることは確かである。[訳注3]

他方で、アメリカ合衆国では全般的な雰囲気は宗教の選択を含めて個人が自分自身の個人的生活の選択を決定することを認めて（奨励さえして）いる。ある人の家族は制限を加えるかもしれないが、新宗教に移ったり「宗教的なスーパーマーケット」を見て回ったりする自由が比較的あることは、宗教的な移動性や個人的な選択の雰囲気を促進するように思われる。

世俗化

回心過程に影響する二つ目の主要な社会的な力は世俗化である。過去百年間、宗教学者、とりわけ社会学者は、宗教が制度としても経験としても影響力を減らしていることを示唆してきた。[13] 特に西洋では、宗教はもはや、道徳の唯一の裁決者や教育の形成者や政治的な正統の監査役ではない。多くの国々では、宗教は、かつての権力や威信や影響力を持っていない。このことは、かつての共産主義国家という反宗教的社会に当てはまっていた。つまり、それらの社会の将来では禁令が崩壊して西側の世俗的な影響にさらされるにつれて、将来における宗教の役割がますます大きく流動化してきているのである。

ピーター・L・バーガーは、世俗化の主要な源泉が現代文化においては支配的で盛んな多元主義であると考えている。都市化、マスコミと科学技術、多くの生活領域の合理化の進展とともに、統一的な宗教的世界観はあまり信憑性がないように思われ、こうして、宗教は私的な領域に追いやられている。公的世界は政治と経済によって統制されている。私的な世界は、個人が家族の私生活や内的な体験を形成するのに用いている何らかの信念によって調整されている。

その中核において世俗化は、宗教的な制度や観念や人々が力や威信を失う過程である。ほとんどの世俗化理論は、千年以上にわたるローマ・カトリック教会による支配というヨーロッパの経験に基づいている。教育、政治、イデオロギー、経済、そしてもちろんスピリチュアリティが、至上権を持った教会によってすべて形成されていた。その命運は時とともに変化したが、広範囲にわたるその存在や影響から逃れることはできなかった。しかし、ヨーロッパが拡大したり、プロテスタントの宗教改革があったり、工業化が進展したり、近代科学が発展したりすることによって、ローマ・カトリック教会の影響力が減少していった。

世俗化をめぐる議論はきわめて複雑である。一方の極にはアンドリュー・M・グリーリーがいて、その概念全体を虚構として拒否する。[14] グリーリーは、宗教がいまだに大部分の人々にとって重要でありつづけていると論じている。他方の極にはブライアン・ウィルソンがいて、[15] 世俗化が実際広く行き渡っていると主張している。ウィルソンの見解では、宗教はいまなお何百万もの人々にとって重要ではあるが、その重要性は個人的な選択としてであり、より大きな社会的現実にとって何ら意味をもっていない。宗教は事実上、ある種の個人的な娯楽や余暇の活動なのである。グリーリーとウィルソンとは対照的に、デイヴィッド・マーティンは、世俗化の本質と結果に関する地域毎の評価において歴史的政治的諸力を精査している。[16]

私自身の研究はピーター・L・バーガーにもっとも影響を受けている。[17] バーガーにとってもっとも重要な世俗化の側面は多元主義である。現代のコミュニケーションや輸送手段のシステムのおかげで、人々は世界中に利用可能な多くの選択肢があることに気づいている。ヨーロッパがかつてイデオロギーや運命を統制する一つの普遍の教会によって支配されていたのとちがって、今日の人々は、他の宗教的伝統や政治的伝統のことを鋭く意識している。バーガーの考えでは、他の宗教的選択肢（と他の人々にとってのその実行可能性）に対する人々の知識が、ただ一つの「現実」が存在していたときに可能だった「当たり前の」現実をむしばむのである。

バーガーの視点はいくつかの理由で回心にとって適切である。第一に、現代世界では多元主義的な選択肢は、人々が生得権として与えられた宗教以外の宗教が選択可能なことを意味する。何百万人もの人々が広く旅行し、さらに何百万人もの人々が新聞や雑誌や書籍やラジオやテレビのおかげで他の可能性について知っているのである。バーガーは、『異端的命法』（Heretical Imperative）と題する著作の中で今日の宗教状況に対して明敏な判断を提示している。[18] 彼は、演繹、還元、帰納という三つの宗教的な選択肢ないし戦略が現在利用可能であると主張する。演繹的な宗教性とは、人生や神の「正統な」解釈を与えてくれる聖書や宗教的指導者のような何らかの権威に基づいている。支持者たちは、これらの権威に由来する啓示を認め、彼らの命令に明らかに従う。演繹的な志向性では、回心は、信念や行動や感情の変化のための特定の要件の輪郭を描く規範によって調整される。

今日の哲学的志向性や神学的志向性が、他のすべての志向性よりも認識論的にすぐれていると感じている人々が利用している戦略が還元である。こうして、伝統的で宗教的な観念や信念は、今日の慣用句に翻訳され、意味形成や解釈のために用いられる。還元的な志向性は、宗教的回心が追従や立場の強化や罪悪感の軽減のような非宗教的な要求によって動機づけられていると解釈する傾向がある。こうして、回心は宗教的な装いをまとった対処の機制であるとみなされる。

帰納が第三の選択肢である。人間存在と宗教伝統に対する深い尊敬の念があれば、そこに生じる弁証法が意味のある妥当な世界観、生活様式、信仰の共同体をもたらすだろうというのが、バーガーの見解である。帰納的な視点は、回心に対する現象学的なアプローチを奨励し多様性や複雑さを考慮する。帰納的アプローチが今日の状況に対してもっとも包括的で適切なものであるというバーガーの見解に私は同意する。

文脈の個人的次元

典型的なことに、心理学者は個人を強調しているため、宗教的回心の文脈に焦点を当てることがない。つい最近まで、心理学者は文化的変数や社会的変数を無視したり軽視したりしがちであった。しかし、われわれは、個人の心を文脈化せずにそれについて適切に語ることができない。小さな僻地で育った人は、社会的選択肢や道徳的選択肢や宗教的選択肢のスーパーマーケットがあるような都会の環境で育った人の世界とは異なった世界に住んでいる。インドの仏教徒と合衆国のキリスト教徒は、宗教生活を表現したり経験したりする上で異なった象徴や儀礼や神話をもっているだろう。

文脈は、個人の神話や儀礼や象徴や信念を形成する社会文化的母体を提供するだけではない。それはまた、新たな宗教的影響と接触するようになる通路や流動性や機会に関して強力な効果をもっている。例えば、現代社会で移動性が増加したことは、伝道者（宣教師）が宗教的イデオロギーを伝えるのに新たな地域に移動するのを容易にする。それはまた、潜在的な回心者が抑制的に感じられる社会関係の古いパターンから離れやすくして、新たな選択肢を見出すことを可能にする。

精神医学者のロバート・ジェイ・リフトンは、心理学的現実における巨視的文脈の役割を認識している。[19]現代世界における文化的伝統の浸食、高い確率の流動性、即時的なコミュニケーション・ネットワーク、世俗化の増大によって、自己はもはや明確に規定されず次第にもろくなってきていると、リフトンは論じている。彼は、社会文化的状況に順応性のある自己を描くのに「プロテウス」的人格という概念を展開している。[訳注4] 彼の示唆によれば、われわれの文化的文脈が多くの変化を促進しているので、この文脈の枠内にいる人々はアイデンティティと自己規定の大きな変動を経験するのである。

リフトンが描いている自己のもろさは、それが原理主義的なキリスト教や正統派のユダヤ教や原理主義的なイスラームや統一教会であろうと、保守的な宗教への回心のための強力な動機づけになりうる。明確な答えや信念の体系を提供する宗教に回心することによって、選択肢が圧倒的に多様な状態が軽減されたり、さまざまな方向に個人を引っ張る声がかなでている不協和音を除去することができる。それは、中心が失われた世界で生を営むための首尾一貫した中心を提供する。このような焦点によって提供されるのは、消極的に見れば選択肢の圧縮であり、積極的に見れば人生を豊かにしたり展開したりする安定した創造的な中心や不変の中核である。

心理学の理論家、フィリップ・クッシュマンもまた、個人的な回心に影響している文脈的要因を検討している。自由放任主義の子育ての実践、増加する流動性、社会的変化、統一された文化の浸食といった負の効果のような現代の生活のさまざまな要素を引き合いに出して、彼は、自己愛的で空しく確認を渇望するものとしての自己の見解を組み立てている。[20] クッシュマンの考えでは、養成を見出して内的なむなしさを満たそうとする衝動は、人々をカリスマ的な指導者や教理的な信念体系や厳格に統制されたライフスタイルに対して感化されやすくする。リフトンは一九六〇年代にプロテウス的人格の概念を展開し、クッシュマンは一九八〇年代に彼の概念を発達させたが、二人とも文脈的要因の重要性を認識して回心の心理学に対する同様のアプローチを提供している。心理学者がこの種の体系的な研究や理論に着手して、人格と比較的大きな社会文化的環境の間のつながりを明らかにすることが是非ともなされなければならない。

文脈の宗教的領域

人間の歴史には、聖なるものやその経験の探求、超越へのあこがれ、超自然的なものとの相互作用への願望が満ち満ちている。文化的領域や社会的領域や個人的領域と同様、宗教的領域は、回心が生じる動的な力の場という重大で複雑な次元である。宗教は、回心過程に対する巨視的文脈アプローチにおける決定的な力である。力強い宗教的動機づけが世界中で歴史を通じて回心体験にエネルギーを与えている。宗教的な体験や指導者や制度の力が回心の適切な理解にとって基本的に重要である。

仏教は、仏陀自身や弟子たちや彼らの制度によって霊感を与えられてきた宗教経験の力を通じてアジア中に広がった。[22] キリスト教はローマ帝国の至る所に広がり、その後、それ以外の世界各地に広がっていった。信者たちはナザレのイエスを通して神の啓示を深く信じたからである。[23] 展開された教理や儀礼や教会が救いの福音を与えるように企てられ、外的な反対や内的な浸食に直面した弟子たちを支えた。イスラームの拡大は、人々が新たな生や新たな社会構造へと向かうようにというムハンマドの聖なる神の啓示によって余儀なくされた。[24] これらすべての運動において、聖なるものや超越者体験、また、礼拝や連帯の共同体のヴィジョンの体験が指導者と信奉者の両者を駆り立てた。

社会学者のジェームズ・T・デュークとバリー・L・ジョンソンは近年、宗教的変化の巨視社会学的理論を展開している。[25] 彼らは、社会的変化が、性格上概して直線的というよりも周期的であると主張している。デュークとジョンソンは、デイヴィッド・B・バレットの『世界キリスト教百科事典』が提供しているデータに基づいて理論を構築した。[26] 彼らが論じているのは、さまざまな宗教が発達のサイクルを経て、支配へとのぼりしめ、確実

衰退	確立された宗教が影響力を失い、新宗教が発生し進化して既成宗教に挑戦する
支配	成長している宗教が——支配的な宗教に取って代わるか競争で優位に立つかによって——多数派の宗教として自らを確立する
持続的な成長	新たな多数派の宗教が地歩を固め、影響力を増大させる
移行	多数派の宗教が影響力の点で頂点を極めて衰退しはじめる
改革	衰退している多数派の宗教が成員の再活性化や新たな成員の改宗によって自らの損失を取り戻そうとする

図４　宗教的変容のサイクル

な成長を遂げて成長の頂点に至り、それから緩やかな衰退の道をたどるということである。ある宗教は、改革して衰退を食い止める力を展開することができる。他の宗教は、最初ゆっくりと衰退するが、それから、信徒数が激減するまで勢いが加速する。支配的な宗教の衰退は多くの場合、新宗教運動の発達を伴い、やがてそれが多数派の地位を獲得する。

デュークとジョンソンの視点が回心研究にとって重要なのは、それが宗教的母体や社会文化的母体のさらに広い文脈の枠内で回心を理解することを可能にするからである。回心のパターンは、デュークとジョンソンによって概説された各段階で異なっている。衰退している宗教は新たな成員を補充するのにあまりエネルギーを割くことができないし、背教者の増加に苦しむだろう。デュークとジョンソンは言及していないが、私の推測では、宗教的な両親は彼らの宗教が影響力を失っているときに、子どもたちを信仰の枠内に保ちつづけるのが困難だろう。力を増加させたり成長を維持したりする宗教は、人々を活発に回心させるだろう。上昇傾向にある宗教はまた、潜在的な成員にとってさらに魅力がある。移行の局面ではわずかの人々しか回心しないだろう。もし行われるとすれば、回心活動は本物の宗教的生命力によるのではなく、制度上の現状を護る必要性によって動機づけられているだろう。衰退の初期の局面を示すのは回心率の減少だろうし、回心率は時とともに急速にどんどん下落していくだろう。そして背教者の数が増加するだろう。衰退を防止するために、自分たちを改革しようとする集団が活発に新たな人々を回心させようとするだろうし、現在の成員の献身を深めようとするだろう。

回心が起こるのは以下のような場合である。（一）個人や集団が宗教的共同体の関係と結びついている場合。（二）宗教的な命令や目標と合致する体験や行為を培う儀礼が定められている場合。（三）生の解釈のレトリック体系が宗教的な準拠枠に変容させられる場合。（四）個人の役割や場所や目的の感覚が宗教的な感性や構造によって定められたり導かれたりする場合。

回心の本性はかなりの程度まで**宗教的な母体**から形作られている。言い換えれば、宗教伝統の観念やイメージや方法は回心体験の本性をなしているのである。また、宗教的な母体が重要なのは、宗教的な体系同士の接触を考慮するときであるというべきであろう。ある宗教伝統、とりわけ先住民の伝統や民間の伝統ははるかに折衷的であり、部外者に開かれている。ユダヤ教やキリスト教やイスラームはもっと排他的である。それらは、他のすべての宗教的な道の拒絶を要求し、信奉者から全面的な忠誠を要求する。そのような差異は明らかに、生じる宗教的な接触の本質や宗教的な回心の本質に効果を与える。A・D・ノックは、預言宗教（ユダヤ教、キリスト教、イスラーム）が概して他のすべての宗教の全面的な拒絶を要求するとともに、それら自身の体系に完全かつ専ら忠誠を誓うことを求めるということに最初に注目した者の一人である。したがって、これらの宗教のいずれかへの回心は多くの場合、新たな宗教を十分に信奉するために過去の宗教的な献身を明らかさまに放棄することを要求するだろう。後で見るように、そのような宗教的要求は環境によって宗教的変化のパターンにちがいが生じるだろう。[27]

回心に対する文脈的な影響

回心の文脈の幅広い輪郭を見てきたので、ここでは文脈の枠内で常に変化するさまざまな力の相互作用の決定的な特徴である特定の過程に焦点を合わせたいと思う。これらの過程は、文化的要素、社会的要素、個人的要素、宗教的要素などのさまざまな要素を回心の力強い形成要因へと融合するのである。

抵抗と拒絶

文脈の枠内のさまざまな力が回心を促進することもあるし、強力に妨げることもある。実際、回心の試みに対して抵抗することは、個人と社会の双方にとって正常もしくは典型的な反応であると言えよう。しかし、本書を含めてたいていの回心研究は、回心を強調して抵抗のことには少ししか言及していない。文献を注意深く読むと実際にはほとんどの人々が回心を拒んでいることは明白である。特別な境遇で回心した何千もの人々の報告を読むときでさえ、拒絶したすべての人々に対しては少ししか注意が払われていない。カメルーンに隣接するナイジェリア北東部のヒギ族の人々の間でキリスト教が驚くべき成長を遂げていることに関するクラフトの研究は、何千もの回心が生じたことを強調している。実際のところ、大多数の人々は新たな選択肢を拒絶したのである。クラフトによれば、同地のキリスト教徒は一九五八年に二四二人、一九六二年に二一三一人いたのが、一九七六年には約一万人になったとのことである。二十年足らずの間に成長率が急速に高まったことは言うまでもない。しかし、クラフトの推計ではヒギ族の人口は一五万人から二〇万人である。したがって、九〇%以上の人々がキリスト教を拒んだのである。[28]

ある状況では拒絶や抵抗や拒否が明々白々である。その最たる例が中国と日本の二つである。何千ものキリスト教宣教師が中国と日本で生活を送り、何百万ドルものお金が学校や病院や教会や孤児院を建設するのに費やされたが、反応はわずかしかなかった。日本ではキリスト教徒は人口の一%未満である。中国のキリスト教徒は一%余りでしかない。[訳注5] 中国と日本の文化は洗練され複雑であり弾性がある。彼らの文化は首尾一貫して強力で適応性があるので、何千年もの間、外的な脅威に対して抵抗したりそれらの脅威を同化したりしてきたのである。

少数集団

文脈はめったに均質ではない。概して、たいていの社会や文化はある程度、民族的多様性や文化的多様性や社会的多様性を持っている。彼らの価値観に対して敵意を持っている可能性がある環境に取り囲まれているにもかかわらず、比較的特異で独立した生活を送ることのできる集団が、世界中に分散して存在している。これらの少数集団は多くの場合、周囲の環境から言語や食習慣や儀礼の点で距離を維持している。西洋世界ではユダヤ人が好例である。他の例に含まれているのは、アーミッシュ、フッター派、ブラック・ムスリムである。[訳注6] これらの集団が思い出させてくれるのは、宗教的な志向性に対して多くの場合敵意のある巨視的文脈があったとしても、十分な活力と努力があれば、集団はより広い文化から自らを分離したり独立した生存圏を展開したりすることができるということである。これらの少数集団は、特別なタイプの回心が予期されたり培われたり栄えたりするような環境として役に立つか、あるいは、回心を促す勧誘者たちの試みに対する抵抗の強力な資源となる文脈的な要因として役立つかのどちらかである。

少数集団は、人種的なつながりや民族的なつながりのほか、宗教的信念や政治的信念、その他のアイデンティティによっても形成され、さらには強固に保持された哲学的信念によってさえ形成されることがある。ロバート・バルチとデイヴィッド・テイラーによれば、未確認飛行物体に興味を集中するカルトに人々を回心させる主な要因は、彼らが「カルト的環境」と呼ぶものである。部外者にとって、空飛ぶ円盤による救済を説く集団に回心することはまったくばかげたことだろう。しかしながら、バルチとテイラーが報告しているのは、彼らが研究したUFOカルトへの回心者はみな、形而上学的な思弁やオカルトの実践や他のさまざまな形のスピリチュアルな探求を長年してきた人々であったということである。バルチとテイラーは、通常の知覚を超えた存在の領域を信じている合衆国内のより大きなサブカルチャーを促進したりその要求を満たしたりする、何千もの人々、何百もの書店、多数の組織や集団、何百もの教師の存在を描いている。したがって、UFOカルトへの回心者は自らの信念を根本的に変えられてはいない。長年にわたって彼らが奉じてきた信念と新たな選択肢の間には連続性が存在しているのである。[29]

回心のさまざまな道

文脈が回心に影響を与える仕方の一つは、既存の社会や文化や民族や政治の線に沿って回心過程を形成することである。アラン・ティペットは、オセアニアの人々を研究して、回心の受容や拒絶が社会にすでに存在している社会的な裂け目に沿っていることを見出した。さらに、ティペットによれば、教派的な回心のパターンは、南太平洋の島々の特定の部族の交友や血族関係に従っていたとのことである。したがって、特定の仕方で特定の教会に回心した人は、宣教師が到着する前に確立されていた家族や社会的パターンによって、かなりの程度まで決定されていたのである。回心の形式は教派的な規範に応じて異なっており、不幸にも、教派間の葛藤は多くの場合、異なる部族集団という母体の中でできあがったものであった。[30]

一致

一致——新宗教の要素が既存の巨視的文脈や微視的文脈の要因とどの程度かみ合っているか——は、回心が生じるかどうかのもう一つの重要な決定要因である。クラフトによるナイジェリアのヒギ族の研究が好例である。彼は、さまざまな文化的要因の一致がいかにしてヒギ族のキリスト教への回心を促進したのかを描いている。ムスリムが周辺に住んでいたが、その地域のムスリムがヒギ族の伝統的な敵対者であるフラニ族であったので、ヒギ族はイスラームに回心することは考えもしなかった。事実、フラニ族は、以前仲間のアフリカ人を捕らえては奴隷として売り払った戦士であった。したがって、フラニ族との関連でイスラームを拒絶する傾向があったのである。他方で、ヒギ族の文化には白人に対して特別な敬意を払う強い傾向があった。ヒギ族には、「神をおそれよ、白人をおそれよ」ということわざがあった。キリスト教宣教師は白人であったのでとても尊敬された。さらに、宣教師の神は、ヒュエラタムウェというヒギ神話の形姿に対応するものであった。土地の伝統によれば、ヒュエラタムウェは、息子が殺されたために旅立った。人々は、神が行ってしまったところから来たキリスト教徒から話を聞くことを熱望した。言うまでもなく、神とイエスをめぐるキリスト教のメッセージはヒギの部族的な宗教的物語と深いレベルで共鳴したのであった。

これらのとても重要な一致点は、当時の他の出来事によっても強化された。一部のヒギ族はハンセン病にかかって八十マイル離れたガルキンダにある療養所に送られていたのであった。村に留まった家族や友人たちはハンセン病患者を死んだ者と見なし、彼らを二度と見ることはなかった。療養所のヒギ族の人々はキリスト教徒のハンセン病患者と接触するようになり、キリスト教の長所や短所について議論した。一九五〇年代にサルファ剤が開発されて、ほとんどのハンセン病患者が薬で治ったり病気を制御できたりするようになった。彼らが家に戻ったとき、家族や友人たちは死者がよみがえったように感じた。癒されたハンセン病患者たちは神の力や新たに見出されたイエス・キリストに対する信仰を証言したのであった。こうして、文脈の中のさまざまな要因の一致が、ヒギ族の間で回心を促進したり誘引したりするのに役立った。[31]

文脈における回心のさまざまなタイプ

文脈はどのようなタイプの回心が起こるかという点で重要な役割を果たすので、文脈の重要性を理解するもう一つの道は、それぞれのタイプの回心との関係において文脈を検討することである。概して**伝統移行**は、二つの異なった文化の間で接触があるときに生じる。もっとも一般的な例は外国の宗教が輸入される宣教の状況であろう。例えば、宣教師が現地の人々と接触が許されるのは、その宣教師がその地域を植民地化している強力な政府の代表であるからかもしれない。他の場合には、接触が可能なのは、潜在的な回心者の社会がすでに部外者の貢献に対して開かれているからか、もしくは、その社会があまりにも弱くて接触を避けることができないからかもしれない。[32]

制度移行は、既存の伝統の枠内で新たな宗教的選択に移ることを可能にする文脈の中で生じる。社会学的な観点からすると、メソジスト教会からローマ・カトリック教会に移ることは、個人が一つの教派を去るという選択をして他の教派に関わることに対して、制約が少ししかない都会の環境では比較的容易である。[33]

入信は、とても高いレベルの献身を要求する集団に加わることを伴うが、概してそれは、以前の集団に対して少ししか献身していない、もしくは、まったく献身していないときに生じる。例として挙げられるのは、ハレ・クリシュナ運動や統一教会に関わるようになる若者であろう。[34] そのような移動性を許容する文脈は、宗教的多元主義を奨励するか、あるいは、少なくとも強く思いとどまらせることがない文脈でなければならないし、集団を去って活発に回心させる自由があるだろう。

強化は、伝統の枠内で起こるので、とりわけ重要な文脈は運動そのものの環境である。強化の様相は、主に集団のイデオロギーと強化の方法によって決定される。現時点では、ヨーロッパと北アメリカで人気のある強化の形式は、**クルシッロ**運動[訳注7]であり、自らの信仰の理解や献身を深めたいと思っている、すでにキリスト教徒になっている男女を対象とした黙想会である。[35]

背教と**離反**は、宗教団体に参加することに対してほとんどもしくはまったく物質的な報いや社会的な報いがない場合、少なくとも合衆国や西ヨーロッパではとても一般的である。実際、多くの神学者たちが論じているのは、合衆国やヨーロッパの多くでは、イデオロギー的に現実の宗教的な構築を妨げる世俗的な様相の解釈の訓練を提供しているのが［公教育や高等教育などの］教育であるということである。[36]

文脈と規範的な回心

文脈が回心過程に影響を与える仕方の一つは、回心のためのメタファーやイメージや期待やパターンを提供することである。こうして、回心のあるモデルは、人々が正当な回心者になるために通過しなければならない規範的な形式であるととらえられる。回心の特別なモデルによって提供されるメタファーや期待は、個々人の意識と経験に強力な形成的な影響を及ぼすことがある。[37] オリーヴ・ストーンは、大西洋の（仮にリヴァー・アイランドという）島のへんぴな村の人々について報告している。（現地調査した一九四三年時点で）「教会の成員となるには「回心を経なければならず、回心はヴィジョンによって知らされる」[38]。リヴァー・アイランドには七四六人の住民がいて、七％を除いてその教会の成員であった。そのヴィジョンに関するストーンの詳細な分析はここでは重要でない。むしろ重要なのは、回心体験を証明するヴィジョンの必要条件が、実際にそのようなヴィジョンの産出を引き出したり形成したりしたということである。私が意図しているのは、さまざまなヴィジョンの妥当性を疑問に付すことではなく、回心のための文脈の必要条件が回心過程の実際の経験に影響を与えた仕方を強調することである。もちろん、ヴィジョンの詳細には多様性があったが、しかし、ヴィジョン体験そのものは本物の回心の証明として義務づけられていて、一般に報告されていたのであった。

ビル・J・レナードによる自身の南部バプテストの体験の報告は、社会的な条件付けや文化的な条件付けが回心過程において果たす役割のすぐれた事例である。[39] レナードは、特別な形の回心が唯一の「真」の回心体験とみなされる文化の中で育った。救われるためには自覚的な回心体験をしなければならなかった。必要とされる要素に含まれていたのは、罪悪感、「懺悔者席」に「進み出る」こと、罪人の祈りを唱えて自らの罪深さを認めること、回心者の心の中にイエスを招くことであった。

文脈から現れるさまざまな仮説

議論を促進し特定の問題に注意を集中するために、また、さらに研究を刺激するために、回心の力学についていくつかの仮説を提案したい。

1　安定して弾性のある有効な固有文化には回心を受け入れる人々がわずかしかいないだろう。
1・2　強い文化は一致に報いるが、逸脱を罰するだろう。
1・2・1　期待に従って行動する人々には恩恵がある。
1・2・2　何らかの仕方で文化を侵す逸脱者や部外者には処罰が強いられるだろう。
1・3　敵意に満ちた境遇で回心する人々は社会の周縁にいる成員である。
1・3・1　周縁性には多くの資源があるかもしれない。
1・3・2　周縁の人々は、何らかの仕方で伝統文化の力や支持の資源から分離されている。周縁になればなるほど回心する可能性が高くなる。
1・3・3　周縁性は多くの方法によって馴致される。
2　危機に瀕した固有文化には安定した社会よりも多くの潜在的な回心者がいるだろう。
2・1　危機の持続や強度や程度が受容性の程度に影響を与える。

2・2　極度の危機の際には文化の欠陥が多くの人々にとって明らかになり、こうして新たな選択肢に興味を抱かせる。
2・3　文化的な危機の際には、生じた危機が外的なものか内的なものかということが、回心のパターンに影響する重要な要因となる。
2・4　植民地の環境では、現地の人々が植民地保有国の力をどのように知覚しているかが決定的な変数となる。
2・5　文化的な危機では、もっとも有能で創造的な人々が回心の先頭に立つだろう。なぜなら、彼らは自分たち自身や集団全体にとっての利点に気づく可能性があるからである。
3　文化体系が――文化的接触の文脈の中で――協和していればいるほど、回心が生じる可能性が高い。不協和であればあるほど、回心が起こる可能性が低い。
3・1　協和と不協和の相対的な程度が回心率を決定するだろう。
3・1・1　中核的な価値観と象徴の協和は回心を促進するだろう。
3・1・2　価値と象徴の階層のうちでも高い価値や象徴の協和は回心を促進するだろう。
4　文化的多元主義の状況では、社会的文化的要因によって回心に対する反応に差が出るだろう。
5　強要の事例を除いて、回心者は自ら気づいた利点に基づいた新たな選択をする。
6　回心者は自らの要求を満たすために、選択的に新宗教を採用したりそれに適応したりする。
7　伝道者と潜在的な回心者との間の接触は動的な過程である。
7・1　伝道者と受け手の力関係が相互作用に影響を与える。
7・2　接触の状況が相互作用を形成する。
7・3　伝道者と受け手の特性が彼ら自身の文化（とりわけ周縁性や中心性）との兼ね合いで、相互作用に影響を与える。

われわれはここまで、文脈というものが、人々、制度、イデオロギー、そして人々が人間的な苦難に直面するグローバルな環境からなる動的な力の場によって構成されているということを見てきた。個々人や集団や共同体や民族集団や国民は、回心と抵抗のドラマの内容や形式に影響を与えるさまざまな上部構造や下部構造の枠内に位置づけられたり、それらによって形成されたりする。一致と葛藤は、さまざまな魅惑的な仕方で、時には危機的な段階の開始を抑止し、時には促進する。

第三章　危　機

回心研究者が直面する問題の一つは、回心過程を構成する出来事の連鎖を理解することである。たいてい回心に先立って何らかの形の危機が生じるが、このことは回心研究者の多くが認めている。そのような危機は、もともと宗教的なものであったり政治的なものであったり、心理的なものであったり文化的なものであったりする。研究者の意見が分かれるのは、志向性の喪失が勧誘者との接触よりも先に現れるのか、それとも後に現れるのかという点である。例えばルーサー・P・ガーラックとヴァージニア・H・ハインによれば、回心過程が当事者の身に生じはじめるのは、彼らがある伝道者、つまり世界と自分自身を新たな光のもとで眺めるように説得しようとするだれかと接触したときである。[1]これが回心過程に関する妥当な見解の一つであることは疑いの余地がない。しかしながら私見では、多くの回心者（実際にはそのほとんど）が回心過程において自ら能動的な主体としてふるまっているという想定もまた、同様に妥当なものであろう。本書の章立ては、この見解を反映している。つまり、文脈、危機、探求（もしくは新たな選択肢に抵抗してそれを拒絶する反応）、出会い、相互作用、献身、そして帰結である。

危機という段階をめぐる議論では二つの基本問題が争点となっている。一つは、文脈上の問題の重要性であり、

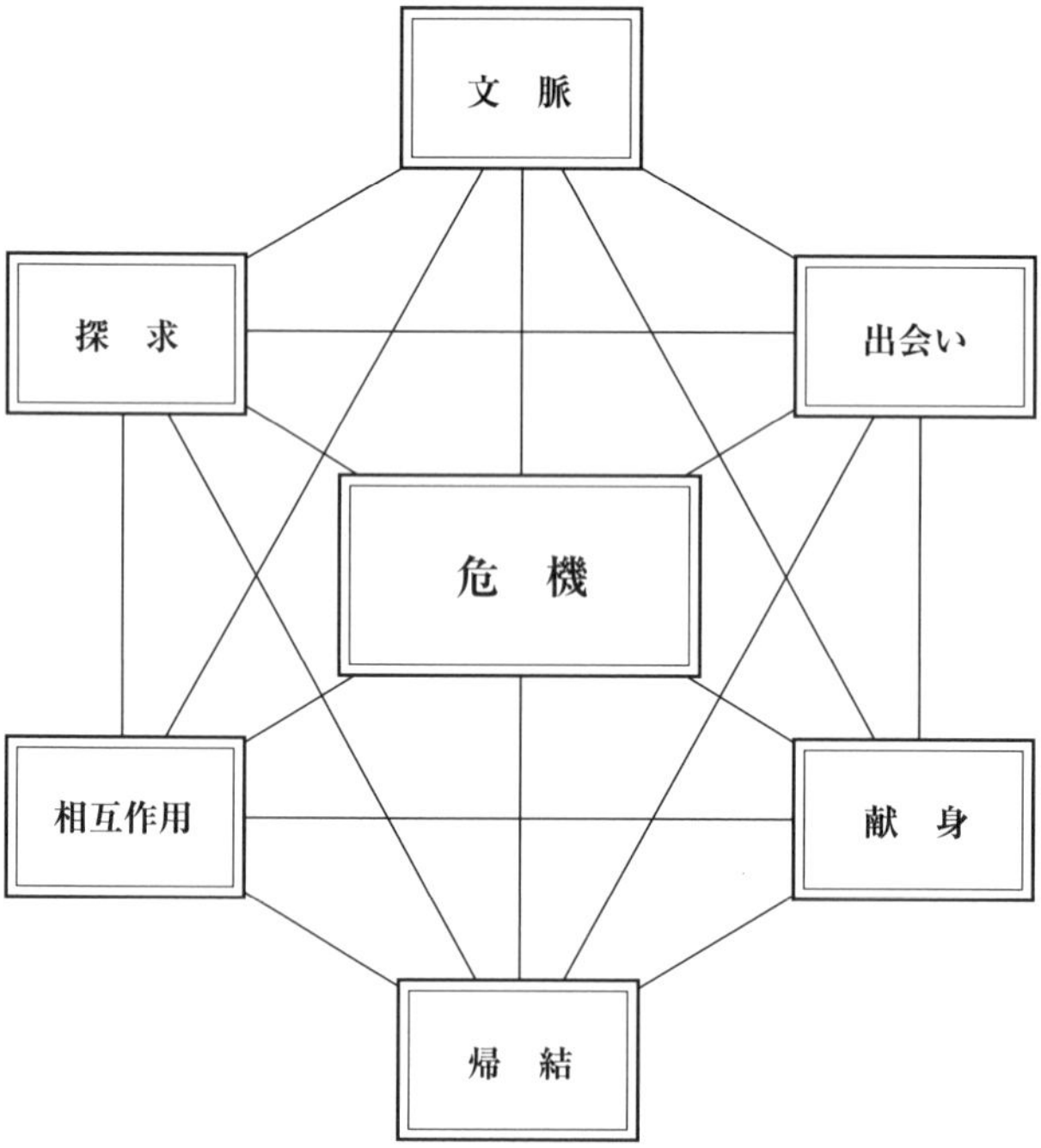

図５　第二段階　危機

もう一つは、回心者の能動性や受動性の程度である。第一の問題について、ここではキリスト教との関連で述べておきたい。アメリカ合衆国、西欧、その他（例えばフィリピン）のようにキリスト教が支配的宗教となっている地域では、キリスト教が文化の必須条件となっている。そこでは、人々が「救い」を求めるときにキリスト教に行きつくことは少しも珍しいことではない。しかし、キリスト教が支配的宗教でなく、さらに極端な場合には人々に知られてさえいないような社会文化状況では、キリスト教への回心は根本的に異なったものとなる。

宣教師がキリスト教について何も知らない人々を回心させようとする場合、その過程は、キリスト教が自明視されている状況下での回心過程とは大きく異なる。伝道者が回心過程を知っていたり制御したりするのに対して、定義から言って、潜在的な回心者は知識と力を欠いているため、伝道者よりも受け身である。しかしながら、ごくまれな状況を除いて、潜在的な回心者は何らかの力を保持していて、その力は主に新たな信仰に反応してそれを同化する仕方に表現される。そして、否と言う力が究極の抑制となる。

回心研究者はこれまで長い間、回心者が能動的か受動的かということに関して二分されてきた。実際には、これは「あれかこれか」よりも「あれもこれも」の要因であり、帯域に沿って多数のバリエーションがある。回心研究者を悩ませる他の多くの問題と同じように、こうした論争の解決は、両方の可能性を認め、連続に基づくさらに豊かな理解を探ることのうちに見出される。[2]

危機の本質

危機の段階は慎重に評価されなければならない。[3] 回心を刺激したり促進したりするような危機の本質は何か。すべての危機は回心過程にとって等しく重要なのか。危機の強度、期間、範囲はどうか。危機の厳密な性質よりもその深刻さの方が問題なのだろうか。回心者の能動性と受動性の程度の問題と同様に、危機もまた、絶対的な「あれかこれか」の状態よりも「あれもこれも」の連続に沿って存在するものと見なされるべきである。方向感覚の喪失と危機にはとても多様なタイプがある。人間科学の文献の多くは、社会的分裂、政治的抑圧、劇的な出来事を危機の誘因として強調している。しかし、危機は例えば、個人の罪を宣告する力強い説教に対する個人の反応のように、さほど劇的ではない何らかの要因によって引き起こされることもある。個人は、それをきっかけに自己探求の過程や救済の追求をはじめることもある。

二つの基本的なタイプの危機が回心過程にとって重要である。一つは、その人の人生に対する根本的な志向性に疑念を差しはさむような危機であり、もう一つは、それ自体はさほど過酷なものではないが、雨だれがついに石をうがつに至るようなタイプの危機である。死や苦悶その他のつらい経験がその人の人生の解釈を変え、すべ

強度：	ゆるい……………………………	きつい
期間：	短い……………………………………	長い
視野：	限定的 …………………………	広範囲
資源：	内面的 …………………………	外面的
新旧：	連続……………………………	不連続

図６　危機の輪郭

てを問いに付すということは見やすい道理だが、さほど重要に見えない出来事が最終的には引き金となることもある。後で振り返ってみて、はじめてそれが危機であったとわかるような場合である。累積的な出来事や過程が回心に関して決定的な意味を持つことは多い。「取りて読め」という子どもたちの声を耳にすることは些細なことであるが、それらの言葉が回心過程の頂点となっていたアウグスティヌスにとっては、その声は彼の宗教的探求において途方もなく重要な意義を持っていたのである。[4]

危機の**文脈**の柔軟性や弾性や創造性についても、考慮しておく必要がある。文化や社会、個人や宗教には過酷な危機に耐え、生産的な形でそれに適応することのできるものもあれば、外的な影響に対してもっともろいものもある。その土地の経済的権力や政治的権力や文化的権力に支えられ、高度に組織化され知的にも洗練された宗教の存在する地域では、回心はめったに生じないと、概して回心研究者のほとんどが論じていることを、ここで想起しておきたい。キリスト教がイスラームからの回心者を獲得することはめったにない。実際、いわゆる世界宗教から回心者が出ることはまれである。宣教に赴く環境としてもっとも「肥沃な」土地は、アフリカや南米やインドのさまざまな部族集団のような、いわゆるアニミズム信者たちの住む場所である。民族宗教は世界宗教、特にキリスト教やイスラームの前ではあまり抵抗力がない。アニミズム信者たちが自分たちの村の境界を越えてだれかとつながるような組織やイデオロギーを持っているのはまれである。その種の内的構造や外的資源を欠いているため、彼らは土着の思考様式や行動様式から容易に分断されてしまう。

危機の相対的重要性

緊張や危機が回心の誘因としてどれほどの重要性を持つかをめぐって、長きにわたって議論が交わされてきた。回心過程における危機の重要性を強調する社会科学者の第一世代として、ジョン・ロフランドとロドニー・スタークが挙げられる。[5] 彼らはこの種の危機を「人々が理想として想い描く状態と、自分が実際に巻き込まれていると見なしている状況との矛盾の感覚」として記述している。[6] 彼らは都市部における教団参加者を観察した結果、人々の生活の何らかの緊張が、宗教的探求のきっかけになることを見出した。

研究者の中にはロフランドとスタークの見解を確証した人々もいたが、他方で、緊張や危機を回心の必須の誘因と見なすことを拒む人々もいた。[7] ストレスの果たす役割についての研究のうち、統計学的にもっとも洗練された仕事の一つは、マックス・ハイリッヒによるものである。[8] 彼は、ローマ・カトリックの中のカリスマ派と非カリスマ派の対照群を、ストレスに関わるいくつかの要因に注目して比較している。いずれの集団も、さまざまな形のストレスや危機を経験していた。しかしながら、ハイリッヒの報告によれば、統計学的に見て有意な唯一の発見は、カリスマ派に属する回心者たちが「他方よりも何らかのストレスを報告することが多いというよりも、むしろストレス［の介在］を否定する傾向が他方より少ないこと」である。「ストレスは（中略）何が起きているかを説明するには不十分」であると彼は結論している。言い換えれば、回心者たちはストレスを意識しているが、自分の人生におけるその役割を否定する必要がないのである。ストレスや緊張や危機だけでは回心を説明するのに十分ではないが、多くの場合、ある種の触媒が回心過程の始動因となることは明らかである。まさしく危機の本質は、それを経験する個人によって、また、それが生じる状況によってさまざまであろう。

危機の触媒

神秘体験

私がこれまでに行ってきた五十を越えるインタヴューと、これまでに目を通してきた数え切れない著作や論文では、回心は多くの場合、並外れた体験によって、また、いくつかの事例では神秘的な体験によってかきてられている。体験の性格はさまざまであるが、多くの人々にとって、神秘体験は大いに心をかき乱すものであり、予期もしないときに生じる際には特にそうである。範例となる事例は、タルソスのサウロ［後のパウロ］の体験である。聖書の説明では、彼の回心の触媒は、神の干渉によって引き起こされた神秘体験として記述されている。ルカが初期教会の物語である使徒言行録で記しているところによれば、サウロはユダヤ教の新しい分派であるメシア運動への敵対行動の主導者であった。シリアの都市ダマスカス［日本語訳聖書の表記ではダマスコ］にいたイエスの信者たちを迫害する任務のさなかで、彼は自らの人生を変えるような体験をする。ルカの記録によれば、サウロは復活したイエスに出会ったのである。彼は目が見えなくなってダマスカスに送られ、イエスの信者であるアナニアの世話になる。[9] その時の体験がどのような性質のものであったか正確には知りえないにしても、それによってサウロの人生が根底から変わったことは明らかである。神秘体験によって彼は、自らが迫害に関わったことは擁護できないと確信し、今や忠誠を誓う相手を変更しなければならないと感じたのである。こうして、キリスト教徒の迫害者であったサウロは、キリスト教の主導的な運動家、パウロとなったのである。

私は数年前に、自分の回心過程が強烈な体験から始まったと話す一人の女性にインタヴューを行った。ある日、彼女が入浴していると、ラジオが浴槽に落ちてしまった。彼女が言うには、その時、彼女は浴槽から体ごと持ち上げられ、床に降ろされたのだそうである。神が彼女を文字どおり水中から運び出し、彼女の命を［感電死から］救ってくださったと彼女は信じたのである。この体験は聖書に対する強烈な関心の引き金となった。以後、数週間というもの、彼女は自らの奇跡的体験の意味を理解するべく、聖書を読むこと以外ほとんど何もしなかった。彼女はやがて、保守派の教会の人々と接触して回心するが、彼女の回心過程の発端は、生死を分かつ劇的な体験だったのである。

臨死体験

ここ二十年ほどの間に、数多くの著作や論文の中で、臨死体験と呼ばれるようになった現象をめぐって詳細な議論がなされてきた。[10] これらの体験はたいてい、死にかけるような事故の後や手術の間に生じており、互いに似かよったものになる傾向がある。そのとき、人々は自らの精神が肉体から遊離する体験をしている。長いトンネルの中をさまよっているかのように感じたという事例も多い。トンネルの終わりにはまばゆい光があり、友人や家族が集まっている。多くの場合、当人はその体験に喜びやうれしさを覚えており、肉体を持った生活へと舞い戻ることを望まない場合もある。これまでのところ、回心と臨死体験との関係そのものを直接扱った調査は、ほとんど行われていない。しかしながら、その種の体験をした人が、われわれの通常の感覚の視野を越えたもう一つの現実が存在すると信じるようになるということはある。つまりその体験が、当人の「ノーマル」な人生観を変え、深いスピリチュアルな覚醒をもたらすための触媒となりうるのである。

病と癒し

深刻な病、もしくはそれからの回復もまた、多くの場合、回心の触媒となる。[11] あるシーク教への回心者の証言によれば、彼は以前、全体として倦怠感と、身体的満足感の欠如を経験していた。ヨーガ教室に通いはじめてから間もなく、彼は回復を感じた。その後、彼は腹部の手術を受け、その結果、腸の癒着を患った。これはかなりつらいものであったようである。彼が自分の抱えている問題をヨーガの教師に打ち明けたところ、この行者は、もっと本格的なヨーガの訓練をはじめるとともに日頃の食生活を改めることを彼に強く勧めた。彼の症状は消え去り、全体として身体状態がかなり改善された。このような健康改善の経験から、彼は、ヨーガには単なる身体的訓練以上のものがあると見なすようになった。こうして彼は、ヨーガの身体的訓練のスピリチュアルな土台の探求を開始したのである。

これですべてなのか

今われわれが考察した経験ほど危機が劇的なものではないことも、珍しくない。「幕開け」はむしろ、現状の生活に対する漠然とした、次第に大きくなる不満足感によって告げられたという人々もいる。人はそのとき、物事をしたり物事について考えたりする日常的なやり方が、それほど包括的なものでも説得力があるものでもないと感じる。人は自らの目標のすべてを達成した後でおそらく、これですべてなのかと問うだろう。昇進を成し遂げ、家族を持ち、主な目標を達成することはおそらく、期待していたほどの満足をもたらすものではなかっただろう。人生には本来あるべき意味や目的がないと感じるかもしれない。そのような認識は、新たな選択肢の模索へと人を駆り立てるか、あるいは、自らが育ってきた伝統の中に自らの根本を再発見する探求へと人を駆り立てるかもしれない。

超越への願望

危機という観点から考えるよりもむしろ、超越への願望という観点から考える方が有用かもしれない。人によっては、とりわけ神学的な見地から、人間は自分自身を超えたところに意味や目的を探し求めるように動機づけられていると論じる向きもあるだろう。多くの人々は、神との出会いの経験が自らの人生を豊かにし、拡張する契機となることを期待している。社会科学者が回心に関してそのような積極的な動機づけを認めることはまれである。彼らはそのような見方を、宗教的観念によって覆い隠された「もっと深い」（多くの場合病理的な）動機を合理化するものにすぎないと見る傾向にある。真相がどうであれ、何ら明白な危機が存在しないように見える場合であっても、回心する人々がいることは確かである。彼らはただ、さらに何かを求めているだけなのである。理由が何であろうと、その「さらなる何か」が宗教的観点から規定され、したがって、彼らは超越を追い求めるのである。

変性意識状態

新たなヴィジョンの始まりがドラッグの使用を通して訪れたという人々も少なくない。一九六〇年代には、ドラッグは現実を別の見方で眺めるための触媒となっていた。ドラッグの使用には、多くの場合深刻な危険が伴うことがひとたび明らかになると、多くの人々は、ドラッグ以外に同様の変性意識状態を与えてくれるような、別の選択肢を探し求めるようになった。ディヴァイン・ライト・ミッション[訳注1]への回心者に関するジェイムズ・ダウントンの研究によれば、グル・マハラジ・ジの信者になった人々のほとんどは以前にドラッグを使用したことがあり、ドラッグの使用によって生み出される多幸感よりも安全で、より持続的な「高次の意識状態」への到達を欲していた。[12]

プロテウス的自己性

危機の性質を理解するもう一つの方法は、現代世界の文化的構造そのものが、いかにして人々を意味の探求や、自らの責務についてのより安定した感覚の探求へと向かわせているかを、正しく認識することである。ロバート・ジェイ・リフトンの古典的論文「プロテウス的人間」(Protean Man) は、このような観点を明確に示している。リフトンの示唆によれば、現代人の眼前には多様な選択肢が広がっているため、ある人々にとって自分というものが永久に可変的な形式をとるということは、避けられないのである。何らの文化的モデルも存在しない以上、そのような人々はいつまでも新たな存在様式を探し求めることになるかもしれない。宗教的回心は多くの場合、自己変容の新たな経験と、不断の変化からの避難場所の双方を提供する。こうして、一部の人々は新しい何かを求めるがゆえに宗教的回心に関心を抱きつつも、ある形式の回心においてはむしろ、混沌の只中で安定を提供してくれるような核や中心を探し求めるのである。

病理

回心の動機を探索する心理学の文献の多くは、精神分析の志向性を持っており、したがって危機が衰弱や挫折を意味するという見方から出発している。このような見地からは、回心への動機づけは恐れや孤独、自暴自棄などから生じる精神的な欠乏に由来するものと見なされ、また、回心そのものは心理的葛藤を解決しようとする一種の適応機制と見なされることになる。

これとは別の見地を提供しているのは、人間性心理学やトランスパーソナル心理学の立場からの研究である。この種の研究は、達成への要求もまた欠乏に劣らず強い動機となりうるということを示唆している。この方向に沿うならば、回心者の一部は、絶えず成長したり学んだり発達したり成熟したりしていくスピリチュアルな探求者なのである。これらの人々は、押しの強い伝道者に対して受け身の犠牲者というよりもむしろ、新たな選択肢、新たな刺激、新たな考え、新たな関わりあいの深みを自ら旺盛に探し求める人々と見なすことができる。

精神分析学者の第一義的な主題は「情動的に病んだ」人々（もしくは臨床的事例から引かれた資料）であるため、彼らは回心への最初の動機を情動的な問題の解決の探求と見なす。他方、人間性心理学者は、自分たちの主題が概して心理学的に「健康な」人々であると考えているため、回心を知的でスピリチュアルで情動的な変容と成長の探求と見なすのである。

この領域における比較研究、特にもっと多様な回心者のサンプルを調べることによってこうした二項対置を乗り越えようとする比較研究は少ししかないが、その一つとして、チャナ・ウルマンによる研究がある。[13] ウルマンは、正統派ユダヤ教への回心者一〇名、ローマ・カトリックへの回心者一〇名、ハレ・クリシュナ運動への回心者一〇名、バハーイ教への回心者一〇名、およびこれらの集団との比較のための三〇名からなる対照群について研究を行っている。ウルマンが比較し対比している要因は、例えば回心者の幼少期や青年期におけるトラウマや家族内の葛藤、宗教的で実存的な問いへの関心の程度、宗教集団への関与の程度などである。ウルマンは当初、回心への主要な動機づけは認知的意味への要求であると論じたが、その後、四〇名の回心者を実際に動機づけていたのは（対照群との比較から見て）むしろ情動的な問題であり、そこには彼らの父親との関係に絡む問題や、不幸な児童期、崩壊したり歪んだりした人間関係にまつわる過去の歴史などが含まれると結論づけている。

ジョエル・アリソンもまた、回心者の比較研究を行っている。[14] 彼がサンプルとして選んだのはプロテスタント神学校の二〇名の男子学生である。彼はこの集団のうち、強度の宗教的回心を経験した七名の学生と、比較的穏やかな回心を経験した七名の学生、そして何ら回心を経験していない六名の学生を比較している。アリソンによれば、回心を経験した学生たちの父親はほぼ例外なく、不在であったり弱かったりアルコール依存であったりした。他方、回心を経験していない学生たちは、問題のない家族の中で育っていた。これらの若者にとって回心は適応過程であり、また、成長を促すものであったとアリソンは論じている。というのも、彼らは強い父の形象、つまり神やイエスとの同一化を通して、母への依存やとらわれから離脱することができたからである。アリソンの研究は、回心の適応的要素を積極的にとらえた数少ない精神分析の研究の一例である。ウルマンとアリソンの研究は、われわれが宗教的変化の性質についていっそう適切な理解を得るためには、さらに包括的な比較研究を企画する必要があることを教えてくれる。

背教（apostasy）

危機と回心のもう一つの触媒は、宗教的伝統からの離脱である。離脱の原因が何であろうと、特定の宗教的志向性を離れる人々の多くはある種の危機へと投げ込まれており、その危機がまた、新たな宗教的な経験や制度や教えや共同体を探し求めるきっかけとなる。

このことはおそらく、ある形式の回心は背教を要求するものでもあるということの言い換えであろう。[15] 回心は、過去の所属集団（affiliation）に対してあからさまに拒絶の態度を示すことを要求することがあるが、要求しないこともある。しかしながらすべての回心は、過去の生活様式や信念体系からの離脱ないしそれらの再解釈を少なくとも暗黙裏には要求するものである。もちろん、過去との亀裂が常に重大な分裂となるわけではない。しかし、回心という言葉の定義上、人が回心の際にある方向づけから別の方向づけへと移行する場合には、ある程度の人格的変容が必要なはずである。背教は不可避的に、失われた関係や失われた観念、失われた信念や儀礼、失われた友人や家族とのつながりをめぐる悲痛な状況を引き起こす。[16] 回心して日の浅い人々が自らの過去を誹謗する態度の苛烈さは、強い絆が新たな宗教的方向づけの中で切断されたり再調整されたりするということを認識すれば理解される。背教は人を悲しませる。なぜならば、過去には多くの切り捨てがたい側面があるからである。それは確実性、儀礼周期のリズム、指導力、たくさんの人々との相互的なつながり、伝統の象徴的な豊かさなどである。これらの喪失の問題は、近代世界においてはうまく扱われていない。われわれはただ、過去と決別せよと言われるだけである。まるで、数年にわたる経験をほんの一押しで投げ捨てることができるような、電気仕掛けのスイッチでも存在するかのようである。そのような態度は、過去の引力の強烈さ――たとえその過去が邪悪で破壊的なものと見なされたとしても――を知らぬ者の態度である。過去が強力なのは、それが数年にわたってわれわれが暮らした世界だからであり、そのため、われわれの頭の中や胸のうちに生きつづけているからである。過去からの容易な逃げ道など存在しないし、未来への容易な移行などというものも存在しない。回心は多くの人々にとって痛みを伴う。なぜならそれは、回心者を彼らの過去から根こそぎ新たな未来へと放り込むからである。新たな選択肢がいかに胸躍るものであろうと、回心者は過去の関係や生活様式を捨てることを望まないかもしれない。それらは今なお、その人のアイデンティティの核心をなしているからである。したがって、過去に対する誹謗は、変化をより心地よくしてより受け容れやすいものにするための一つの道具なのである。

外的に刺激された危機

さまざまな外的な力によって危機が引き起こされる場合があるということは重要である。とりわけ注目すべきは、先住民の現行の社会文化的現実が、植民地化の力によって揺るがされ、ときとして破壊されるといった状況において、そのような危機が引き起こされる事例である。圧倒的な外部の力に直面して、文化の構造そのものがバラバラになってしまうことがある。もちろん文化は、そのもっとも脆弱なものでさえ、ほとんどがある程度の弾力を持っている。しかし、それらの文化が外部の者たちの力を完全に跳ね返すことはまれである。

植民地主義的拡張政策の対象、とりわけ「より小さな」より非力な人々——例えばサハラ以南のアフリカや北米、中米、南米の先住民——は、ポルトガルやスペインの影響力、その後はオランダ、イギリス、フランス、ドイツの影響力を払いのけることができなかった。ヨーロッパ人の絶大な力は、先住民の生活の土台を切り崩すことに成功したのである。

もう一つ別な形で外的に引き起こされた危機は、宣教師や伝道者の活動である。すでに本章の最初の部分で言及したように、回心における各段階の構成はある程度、文脈的な要因によって影響される。伝道者の存在は潜在的な回心者のうちに、以前は深く感じていなかった不満を引き起こすかもしれない。後に述べるように、説得の過程は部分的には、現状に対する不満の感覚を促進し、それによって新たな選択肢の探求を鼓舞する意図を内包している。

いずれにしても、危機は、それがどこから生じても、おそらく不安を除去したり不和を解決したり緊張の感覚を取り除いたりする活動を鼓舞するだけには留まらないだろう。多くの人々にとって、このような活動は探求と同一視しうるものなのである。

第四章　探　求

人間は、意味や目的を生み出すため、心的な平衡を維持するため、連続性を確保するために、たえず世界の構築や再構築の過程に従事している。近年、ジェイムズ・リチャードソンらの社会科学者は、意味の創造や宗教的立場の選択に関わる能動的な主体として人々のことを見なしはじめている。[1] この意味構築の動機が何であるにしても、そのような過程を具現する言葉の一つとして（そのような言葉は他にもたくさん考えられるが）探求が挙げられる。

探求という概念は、人々が人生の意味と目的を最大化したり無知をなくしたり矛盾を解決したりしようとしているという仮定を出発点としている。異常な状況や危機的状況のもとでは、このような模索は説得力をもつ。つまり、人々は、「すき間を埋め」たり問題を解決したり人生を豊かにしたりするために、成長と発達をもたらす資源を積極的に追い求めるのである。探求は進行中の過程であるが、とりわけ危機のただ中にあっては著しく活発になる。探求の段階について考える上で、さまざまな要因に関する三つの区分が有用かもしれない。つまり、反応のスタイル、構造的な利便性、動機づけの構造の三つである。

反応のスタイル

反応のスタイルは、回心に対して積極的に反応する人を受動的に反応する人から区別する。[2] 多くの場合、回心者が自らの回心に関して能動的な主体であるという本書の作業仮説は、今日では多くの研究者に共有されている。例えばロジャー・A・ストラウスはサイエントロジーの信者に対して幅広くフィールドワークを行い、その調査結果から、回心者たちが自らの回心を能動的に構築し取り扱う探求者であると論じている。[3] 宗教的探求者はときとして「創造的な失態」にのめり込むとストラウスは示唆している。彼らの変容は必ずしも明確で直接的な道をたどるとは限らないが、それでも彼らは自らが感じている要求に役立つ信念や集団や組織を見つけ出すことができるのである。

能動的主体の劇的な事例として、アンベードカルの仏教への回心がある。[4] B・R・アンベードカル（一八八一―一九五六）は、インドのいわゆる不可触民として生まれ、その後英国で高等教育を受けた最初期の一人である。[訳注1] 英国からインドに帰った彼は、ヒンドゥー教がその厳格なカースト制度によって故国の人々に多大な苦難をもたらすもとになっていると確信するに至った。彼は数年の間、過剰なまでの自己意識のもとに、自らの同胞に幸福をもたらすような宗教を探し求めた。彼は当時のインドにおける二つの明らかな選択肢であったイスラームとキリスト教を吟味した。しかしながら、さまざまな問題を慎重に考慮した末に、彼は仏教を選んだ。仏教はインド生まれの宗教であり、結局、アンベードカルはそれが同胞のさまざまな要求を満たす上でもっとも適していると結論したのである。さまざまな方面での準備を整えた後に、彼は一九五六年十月十四日、およそ二〇〇万人の不可触民を仏教への回心に導いたのである。[訳注2]

能動的な主体のもう一つの例が、インドのケララ州で生じている。アリアンの丘の住民たちが、その地域にイ

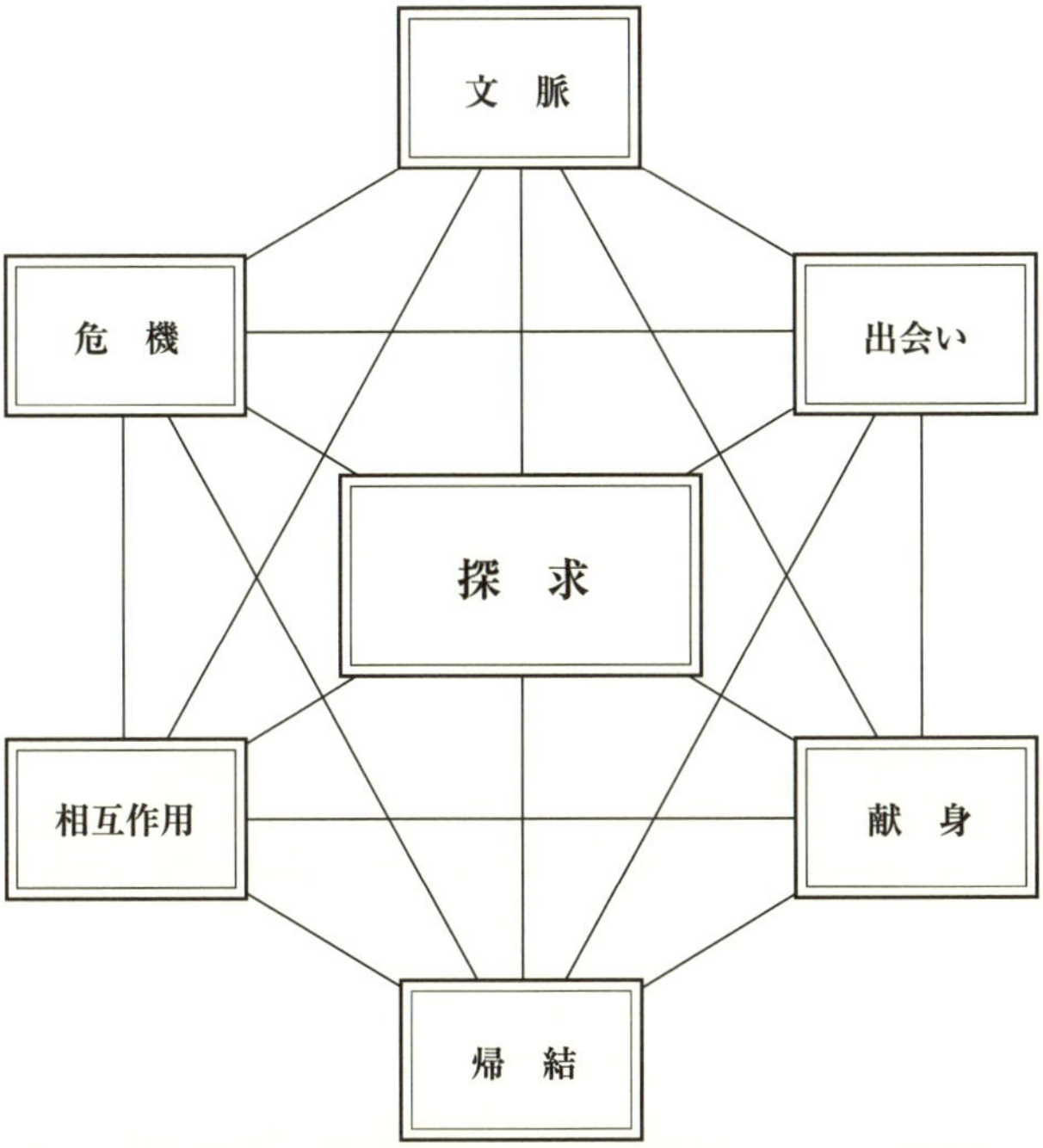

図７　第３段階　探求

ギリスからやってきたキリスト教の宣教師がいると聞き知った。K・D・ダニエルの調査によれば、住民たちが五度にわたってヘンリー・ベイカー・ジュニアを訪ねた結果、ようやく彼は心を開き、彼らの前で説教を行うこと、また、学校の設立を援助することに同意したという。[5] 動機が何であったにしても、アリアンの丘の住民たちが、彼らの村に宣教師が来てキリスト教の知識を与えてくれることを熱望していたことは明らかである。

　アウグスティヌスは、おそらくキリスト教への回心者としてもっとも有名な者の一人であるが、長きに渡って宗教的探求に没頭し、そのことによって北アフリカからイタリアへと赴くことになった。彼は、スピリチュアルな充足の追求によって動機づけられて、さまざまな宗教的哲学的伝統の模索に向かった。また、研究者の中には、彼が一連の宗教的回心を経験した後に、よう

能動的　　受容的　　拒絶的　　無感動的　　受動的

能動的探求	従来の生き方への不満から、変革への要求から、充足感と成長を求めて、新たな選択を探し求める人
受容的	さまざまな理由から新たな選択への「準備が整っている」人
拒絶的	新たな選択を意識的に拒む人
無感動的	新たな宗教的選択に何ら関心を持たない人
受動的	きわめて脆弱なため外的な影響に容易に操作される人

図８　反応の様相

やくローマ・カトリック教会の懐に辿り着いたと論じる人々もいる。[6]

これらは回心者自身が能動的な主体となった事例のほんの一部にすぎない。一部の回心者が受け身の状態にあることを疑う余地はないが、ほとんどと言わないまでも、かなり多くの回心に認められる能動的側面に光を当てることは重要である。というのも、これまであまりにも長い間、回心者は原則的に受け身の存在と見られてきたからである。この点に関する論争は、いわゆるカルト対策運動を支持する人々と、新宗教運動を徹底して擁護する人々、またはそれらの運動が洗脳や強制説得の手法を用いているとは見なさない人々との間では、とりわけ激しいものとなる。カルト対策運動はもともと、脱会者とその家族や友人、また、新宗教運動を離脱した人々と面談したセラピストらによって構成されていた。カルト対策運動家たちは、カルトの伝道者が人々を自らの運動に誘い込むために操作的で欺瞞的な戦略を用いていることから、その種の運動への入信を不正な回心と解釈している。一部の人々にカルトの敵対者としてもっとも有力な存在と見なされているマーガレット・シンガーによれば、カルトの伝道者は「社会的心理的影響の体系的な操作」を用いているという。[7] カルトへの入信者たちは理性的で自律的な宗教的探求者などではなく、影響を受けやすい犠牲者であるとシンガーは考えている。他の新宗教研究者たちは、調査の焦点を現役の信者に当てていて、概して入信者を意味や目的の探求のために自由意志によって参加した人々と見なしている。

このような対立は、過去十年ほどの間、カルト対策運動家たちが新宗教運動を不法監禁や詐欺を根拠に訴えるなどの裁判において幾度となく演じられている。[8] その場合、議論の焦点は、入信者は受け身の犠牲者なのか、それとも能動的な探求者なのかという問題に集まる傾向がある。アメリカでは、裁判で相互対立的な図式がとられるため、法廷での検証では回心過程の経験的な現実や複雑さは見落とされるのが通例である。現実にはつまり、受け身の人もいれば能動的な人もいるということであり、また、多くの人々はある状況下では能動的であり、別の状況下では受け身になるということである。もちろん、この問題の底には根本的な哲学的論争が横たわっている。つまり、人間の究極の本質とはいかなるものか、人間は意図的に行為をなしうるのか、それとも単に、自分では制御できない外面的ないし内面的な諸力によって支持されているにすぎないのか、といった論争である。われわれはこの論争に決着をつけることはできないが、人々が反応のスタイルの連続体に沿って幾通りにも位置づけられていると言うことはできるかもしれない。

構造的利便性

探求の段階に影響を与えるもう一つの重要な要素は、社会学者の言う「構造的利便性」[9]、つまりある人や人々が以前の情動的な制度や知的な制度や宗教的な制度や献身やさまざまな義務から新しい選択肢へと移行する上での自由度である。われわれの生活を形作っているさまざまな網の目——家族、仕事、友人関係、宗教的組織、その他——は多くの場合、当の個人にとって変化がいかに望ましいものであろうと、さまざまな変化や発達に反対したりそれらを妨げたりする強い力として作用する。当人が内面的には新たな選択に敏感に反応する性質をもっているにもかかわらず、本人がさまざまな理由のもとに、その選択肢が不適切であったり、なしとげられなかったり、手が届かなかったりすると見なすようになるかもしれない。

例えば、実際上の懸念として、当人がどのくらいの自由裁量の時間を確保しうるかという問題がある。ある宗教集団が共同生活や全時間制の教化プログラムを要求する場合、そのような集団の一員となることは、中産階級の既婚者や就労者には単純に実行不可能なことと思われるだろう。そのような集団に応じる人々は、一般的には単身者や無職の人々か、何らかの理由によって新たな選択を追い求めるのに十分な自由時間と活力を持っている人々である。こういった人々の生活上の構造的多様性を考慮に入れている集団は、特に新たな成員を意識的に探し求めている集団に認められる。例えば末日聖徒イエス・キリスト教会［通称モルモン教］は、完全な家族を探し求めている。彼らの布教戦略は、まずモルモン教の家族が非モルモンの家族のもとを訪れ、彼らを夕食に招いて友好関係を結んだあと、教会での集会に連れて行き、さらに伝道者の家庭で末日聖徒の教理を明確に教えるといったものである。[10]

われわれはさらに、回心者の中には、実のところ回心が当人にとって望ましくない家族関係に対する有効な武器になるという理由によって動機づけられている人々もいるということを、心に留めておくべきだろう。言い換えれば、キリスト教に回心するユダヤ人たちには、キリスト教への回心が多くのユダヤ人への攻撃になることを知った上で、自分の血族を象徴的に否認している人々もいるということである。同じことは、南部バプテスト的背景を持ちながらローマ・カトリックに回心する人々、また、その逆の人々に関しても言えよう。

もちろん、これらの点がある伝統の内部に育った個人に関して概念化される場合、その概念化の方法は、当人が一員となろうとしている集団のイデオロギーによって形成されることは言うまでもない。新たな選択を支持しなかったり補強しなかったりするような過去のつながりについては、そのすべてと決別するようにと主張する宗教集団もある。例えば、原理主義的集団の中には、成員になろうとする人々がローマ・カトリックやユダヤ教の背景からきっぱりと縁を切ることを要求する集団もある。

情動的利便性

一般的な構造的利便性に加えて、さまざまな情動的次元についても考えておく必要がある。以前から存在し、なおかつ深い愛着心（または、そのいずれかの性質をもつ愛着心）は一般に、新たな愛着を能動的に求める個人の探求を制限し、改宗の成就を妨げるものである。例えばマーク・ギャランターの研究によれば、統一教会の入信プログラムを経験した人々の中には、その教理と組織、さらにおそらくは文鮮明が救世主であることさえも信じるに至ったにもかかわらず、外部世界における重要な情動的絆をもっているため、教会を去ることを選ぶ人もいるという。[11] そのような人々は、教会への関心を深めることを妨げるような配偶者や強い家族の絆やその他の情動的絆を保持しているのだろう。

知的利便性

知的利便性もまた、ある人がどのように宗教的探求に関わり、またどのように伝道者に応じるかに関して決定的な影響を与える変数である。ある宗教運動や宗教的選択肢の認知的枠組みは、当人の以前の志向性と多少とも両立可能なものでなければならない。そうでなければ、それらの運動や選択肢に魅力を感じることはないだろう。ある人が、かつての自分のものの見方と根本的に異なる知的枠組みを持つような選択肢へと改宗することはめったにない。私がこれまで研究した回心の事例では、新たな選択肢の形式と内容の両方が、以前の志向性との間に何らかの重要な連続性やつながりを提供することで魅力的なものとなっていた事例がほとんどであった。例えば、ディヴァイン・ライト・ミッションへの回心に関するジェイムズ・ダウントンの調査によれば、回心者のほとんどは、ドラッグ・カルチャーとの深い関わりを持っていた。変性意識状態の経験、また、その種の経験に対して開かれたイデオロギーが、同様の経験を奨励する宗教団体への回心を容易にしていたのである。[12]

ロバート・バルチとデイヴィッド・テイラーは、ＵＦＯカルトに入信した人々が、たいていの場合、ＵＦＯその他に対する信念がごく当たり前のものとなっているような「カルト的環境」からやって来ているということを明らかにしている。この場合、回心は当人がかつて持っていた信念や、かつて取り囲まれていた状況の延長だったのである。[13] 一部の人々にあっては、回心が、以前抱いていた信念への回帰という性質を持つこともある。「ジーザス・ピープル」(Jesus People)[訳注3]に関するデイヴィッド・Ｆ・ゴードンの研究によれば、原理主義的キリスト教の特異な変種であるこの運動に入信した人々は、自分の中の対抗文化的見解と、自分が育った家族的背景としての原理主義的キリスト教との間の妥協点をそこに見出しているという。[14] 私が言いたいのは、何も回心者によってなされた知的変化が重要性をもたないということではない。むしろ、多くの場合、一般に認められている以上に連続性があるということである。

宗教的利便性

宗教的利便性とは、ある人の宗教的信念や実践やライフスタイルが、新たな選択とある程度まで両立しうることを意味する。宗教集団内部の運動のパターンを考察する社会学的研究は、多くの場合、以前の志向性との連続性の証拠を見出している。スティーヴン・Ｍ・ティプトンの『六〇年代から救われて』は、キリスト教のカリスマ派、禅仏教、「エスト」[訳注4]として知られる潜在能力開発運動といったさまざまな集団への回心過程に関し、その性質を体系的に分析している。[15] ティプトンによれば、これらの集団への参加は、表面的には逸脱と見えるものの、回心者の生活史、また、回心が生じた社会文化的文脈を精査することによってその筋道が見えてきた。これらの宗教集団の中での暮らしや労働の道徳的価値やその様式は、回心者がかつて持っていた志向性の延長だったのである。

個人の宗教的来歴は、別の点でもその人の回心過程に影響を与える。例えば、イークリーの研究によれば、入り混じった宗教的背景を持つ人は、宗教的帰属に関して均一な家族を持つ人よりも、志向性を変更しやすい。[16]この発見に対しては二つの見方がある。その一つは、混成的な家族は新たな選択に対していっそう寛容であり、したがって、人が自由に新たな選択を追い求める雰囲気が作られるという見方である。もう一つの解釈は、混合した家族的伝統は一枚岩のような家族的伝統よりも成員に対して及ぼす力が弱く、したがって、あらかじめ混成的な家族には単に宗教的変化に対してそれほど抵抗がないというものである。私の見解では、回心は魅力と抵抗や反発といったさまざまな力の相互作用である。同一の宗教的志向性に関与する家族に深く結びつけられている人は、家族体系の権力を中和するような強い力がないかぎり、新たな選択肢には回心しにくい。

動機づけの構造

一方で、ある人の宗教的変化に対する積極的な探求の度合い、他方で、宗教的伝道者に対する受動的な脆弱さの度合いを調査するもう一つの方法は、動機づけの構造を評価することである。現代心理学のこの複雑な領域には、動機づけをめぐる多くの理論がある。いくつかの理論では、回心を促す単一にしてもっとも重要な動機的要因の同定が試みられている。つまり葛藤の解決、罪責感からの解放、家族の重圧への追従などにそうした要因を認めようとする理論である。しかしながら、人々を回心へと動機づける要因は実に多様なものであり、なおかつそれは時に応じて変化すると考える方が、おそらくは適切であろう。シーモア・エプスタインが提供している動機づけのモデルは、多くの可能性を総合して体系化したものであり、このような見解と整合性がある。[17]エプスタインは人間の四つの基本的動機を定式化している。つまり、（一）快楽を経験しようとして苦痛を避けようとする要求、（二）概念的な体系への要求、（三）自己評価を高めようとする要求、そして、（四）関係を確立して維持しようとする要求の四つである。エプスタインの示唆では、これら各々の動機が発揮する力は人によってさまざまに異なるし、同一の個人でも時と状況によって異なる。例えば、共同生活を強調し、温かい仲間意識を提供するような宗教運動は、関係を探し求めている人に訴えかけるはずである。自己と世界をより深く理解したいと欲する人であれば、ある宗教運動が一貫していて説得力のある概念的な体系を提供してくれる等の理由でその運動への回心に動機づけられることもあるだろう。

私としてはエプスタインのモデルに加えて、回心に関する文献の中でもめったに論じられることのない二つの動機上の要因である権力と超越を挙げておきたい。ジェイムズ・ベックフォードは、「宗教社会学における権力論の復興」と題する論文において、権力が宗教で果たす役割の重要性を論じている。[18] ベックフォードの考えでは、宗教が意味とアイデンティティの源として機能する側面に焦点を当てる見方は、一九六〇年代から一九七〇年代初めにかけては突出したものであったが、そのような見方は権力が宗教経験やイデオロギーや制度の明らかな構成要素であることを見落としていた。ベックフォードは、ここ数年の間に宗教現象学において中心的役割を果たすものとして提示されてきたさまざまな力、つまり癒しや成功をもたらす力から、自分の人生を制御したり、さらには死をも制御したりするような力までを列挙している。

ウォルター・コンは、回心の根本的動機として超越への憧れの中心性を論じている（私はこの議論には説得力があると思う）。[19] 彼はローレンス・コールバーグやジャン・ピアジェ、ジェイムズ・ファウラーなど、自分たちの研究が超越に対する内面的な誘引や要求への糸口を与えると信じているタイプの発達心理学者の理論や研究について考察している。コンは、人が一連の発達段階に沿って歩みながら、成熟を目指して奮闘するというモデルは、人間がもともと超越へのあこがれを持っているということを認知的にも情動的にも道徳的にも証拠づけていると感じている。現在の発達レベルを超えようとするこのような内面的動因は、回心の十分な動機づけとなりうることを、コンは示唆している。この場合、父親の不在や養育に関心を示さない母親といった事情から帰結する単なる防衛機制として回心を見る必要はない。したがって、コンは回心を何か異常な過程として見るのではなく、健康な人間的成長や探求へと向かう一貫した過程と見るのである。発達理論にはさまざまな限界がある（例えばキャロル・ギリガンのように、[20]発達のさまざまな段階は果たして多くの場合主張されるように普遍かつ不変のものだろうかといった疑問を呈する向きもあろう）。しかしながら、コンの研究は、回心についての規範的理論の発展に対する神学的にも哲学的にも洗練された独特なアプローチを提供している。

探求の段階で働いているこれらの動機づけは、出会いと相互作用の段階に至っても新たな宗教的志向性へと人を引き寄せる力として働く。そして、ついには献身の段階にあっても、当人の献身を強固にする根拠として機能するのである。しかしながら、回心へのさまざまな動機づけが多元的で複雑で相互作用的で累積的であることを認めることは避けがたい。このような多様性の認識は、回心過程の十全な理解に向けてさらに歩みを進めるものである。[21]

第五章　伝道者

今この瞬間にも、何千もの宣教師が新たな回心者を誕生させようとしている。例えば末日聖徒イエス・キリスト教会の宣教師として三万七〇〇〇人以上の人々が、世界中の都市や地方のありとあらゆる道を縦横に移動している。彼らの主張では、一九八八年には二〇万人以上が回心を遂げたとのことである。カナダとアメリカから少なくとも三万九〇〇〇人以上のプロテスタント宣教師が旅立ち、シンガポールの都市部やブラジルのジャングル、タンザニアの村落などで回心者を求めて活動している。さらに、北アメリカから九〇〇〇人のローマ・カトリックの宣教師が旅立ち、さまざまな場所で人々に奉仕したり説教を行ったりしている。ユダヤ教の集団は、ユダヤ教の儀礼と伝統への回帰を呼びかけることによって「脱落した」兄弟や姉妹を探し求めている。世界各地の仏教徒やムスリムは、それぞれの真理や価値を人々に説いている。[1]

伝道者と潜在的な回心者がいっしょになってさまざまな過程に関与して、それがある人々の場合には回心に帰結するというのは、きわめて驚くべき出来事かもしれない。この魅力的で複雑な出会いは、動的な過程である。新たな選択を熱狂的に受け入れる人々がいる一方、それを拒絶する人々がいるのはなぜだろうか。宣教師とはだれか。回心者とはだれか。それぞれの集団に属す人々に共通する一貫した特徴は同定できるのか。人々を新たな

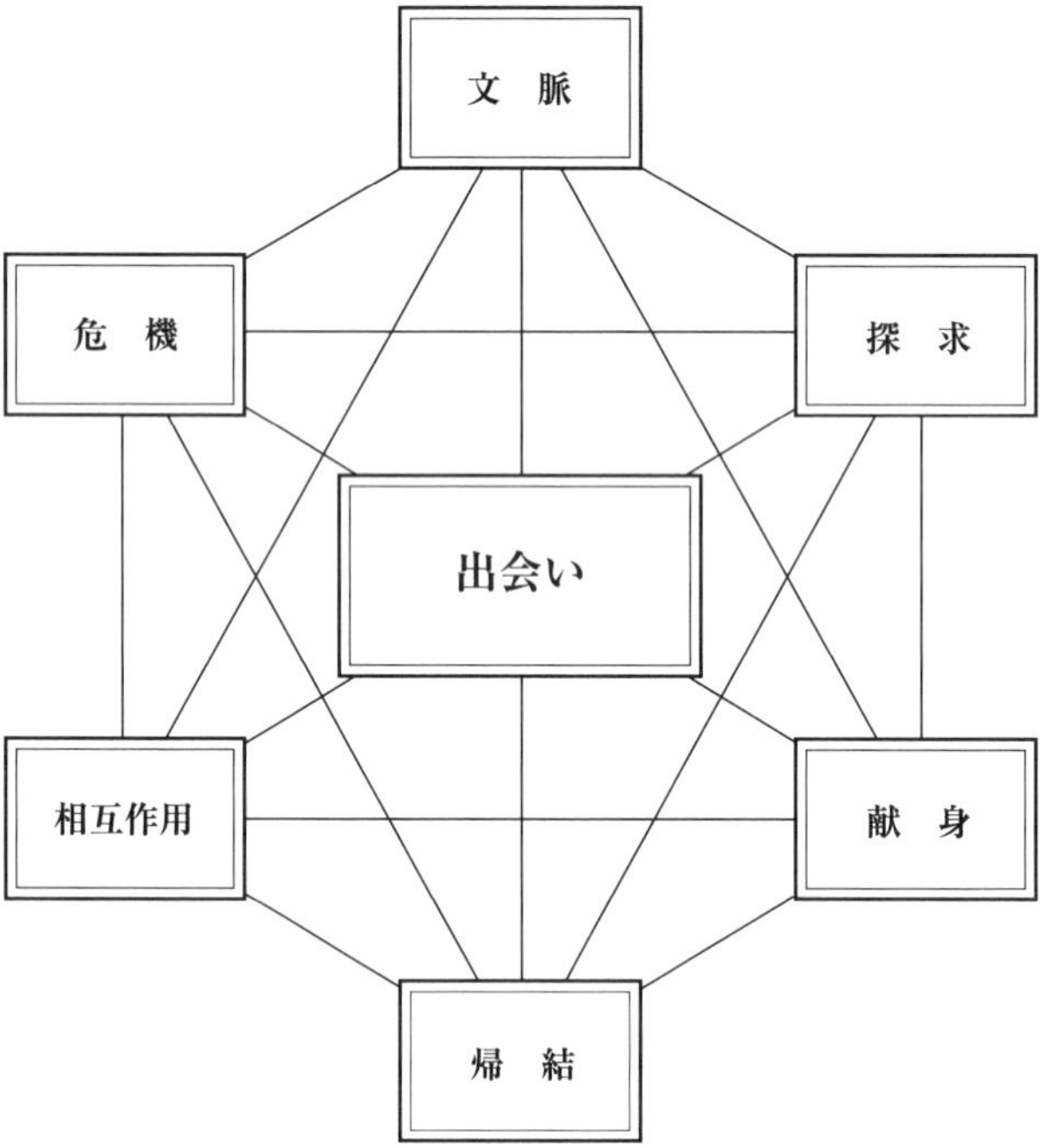

図９　第四段階　出会い

宗教に回心させるためにさまざまな文化や宗教や社会の間の溝をこえて架橋することは、いかにして可能なのか。

かつて、回心研究者は研究の焦点をもっぱら回心者に置いてきた。しかし実際には、伝道者と潜在的な回心者との間にはきわめて重要で動的な相互作用が存在する。伝道者の側も潜在的な回心者の側も、それぞれ作戦を練ったり戦略を立てたりさまざまな駆け引きを行ったりしている。伝道者は潜在的な対象となる聴衆を分析し、回心者を宗教的共同体へと連れていくために説得力ある戦略を組み立てるのである。回心者はまた、自らが最善の利益と見なしているものを高めようとしている。伝道者と潜在的な回心者が互いの要求をいかにして相互に適合させあうのかという問題は、研究者が近年になってようやく探求しはじめた領域である。宣教学者は、伝道者が潜在的な回心者と出会い、また、彼らの文化と出会うことによってどのように変わっていったのかについて豊富な記録を持っている。つまり両者の影響は一方向ではないのである。[2]

拡大と宣教

回心に導く出会いにおける宣教師や伝道者の役割に焦点を当てる前に、宗教の拡大と意図的な宣教とを区別しておく必要がある。

宗教の拡大とは、出生率の変化や、これといった意識的回心を経ずに新たな成員が加わるなどの事態を通して生じる宗教運動の成長のことである。他方、宣教は、ある集団が新たな成員を入信させたり自らに組み込もうとしたりする意図的な努力であり、その人がかつて忠誠を誓っていたものを自ら非難したり、排他的な帰属意識を確立したりすることを要求する場合もある。明示的で具体的な宣教事業を展開している宗教はキリスト教とイスラームのみであり、特にキリスト教ほど「異教徒」の回心に強い関心を持つ宗教はないように思われる。制度化された教会において、回心が神学上、多少なりとも明白な到達目標や関心事となっていく経緯には社会的文脈が影響する。回心への関心は、ある場合には潜在的なものに留まるが、またある場合には熱烈なものとなる。例えば、カトリック教会がヨーロッパにおいて支配的な力となっていたときには、回心にそれほどの関心が注がれる必要はなかった。なぜなら多くの人々は、すでにローマ・カトリックの信徒であったからである。イスラームとの接触によって、また後には新世界との接触によって宣教に対するカトリック教会の関心は再び活性化されたのである。[3]

伝道者の本質

伝道者（または宣教師）の本質と彼らの活動には考慮するべき多くの事柄が含まれている。回心は彼らの宣教活動にとって中心的なものだろうか。彼ら自身の個人的な回心経験はどのようなものか。彼らの宣教活動への動機づけは何なのか。宣教という事業の全体としての到達目標は何なのか。伝道者が想定している「理想の回心」とはどのようなものか。宣教師のスタイルやイデオロギーと、宣教の事業に引きつけられる回心者のタイプとの間にさまざまな関係があることは明らかである。回心研究において、伝道者の手法や動機づけの体系的な公式を明らかにすることは重要である。[4]

T・O・バイデルマンの研究は、伝道者に関するこのような着眼に重要な貢献をなしている。[5] バイデルマンは人類学者として宣教師と宣教事業に関心を注いでいる。バイデルマンによれば、後者は欧米の植民地政策にとって重要であった複雑な組織を構成していたとのことである。彼は宣教師を「社会変動の主体」と見ており、宣教師とその活動がそれ自体として研究されるべきであると考えている。本書の目的のためにも、彼が人間の関心をめぐって提示している五つのカテゴリーは有用な枠組みを与えてくれている。

世俗的属性

宣教師の世俗的属性、つまり宣教師の民族性や階級や経済的背景などは、彼らの態度や戦略に影響を与える。例えば、十九世紀の英国聖公会宣教協会の伝道者の多くは、大英帝国の外交官と比較すると貧しく無学な人々であった。その結果として、これらの宣教師は、植民地の権威とは異なる志向性を持っていた。アルコール飲料の消費を拒むなど、生活様式上の態度や実践のちがいは言うまでもないだろう。

宣教師は多くの場合、植民地支配を無批判的に支持する者と見なされているが、これは必ずしも事実ではない。例えば、植民地で働く外国人宣教師は頻繁に、他国の支配の押しつけに異を唱えて先住民の重要な弁護者として働いてきた。先住民の中には宣教師を「落ちこぼれ」のヨーロッパ人と見なす人々もいたことは注目に値する。つまり、先住民はときとして、宣教師を植民地の支配者と比べたときに宣教師の方が知性や生活様式や権力の面で劣っていると見たのである。そのような観察はときとして宣教師を拒絶する方向へと先住民を導いた。なぜなら彼らは、宣教師が実際には権力者の代表でないと見たからである。他方、宣教師は多くの場合、先住民が直接的に話すことのできる唯一のヨーロッパ人であり、宣教師はむしろ利他的態度をもって先住民の福祉のために闘って彼らのために働こうとしたのである。

伝道者の世俗的属性という問題は、イスラームの場合には多少とも事情が異なる。最近まで、イスラームには専従で働く専門的宣教師のような者は存在しなかった。ムスリムの歴史を通じて、イスラーム化やイスラームへの回心に関わる重要な主体と見なされてきたのは、軍人や商人や聖者といった人々であった。研究者の多くは、イスラームが多くの人々を剣によって改宗させてきたという考えを拒否しているが、今日では、イスラームによる征服がイスラーム化の舞台を設定したことは認められている。つまり、敵対者は打ち負かされ、イスラームのさまざまな制度が生み出されて維持され、そしてついに（数百年を経て）さまざまな個人と社会全体の回心過程がなしとげられたのである。したがって軍人は、回心の直接的な主体ではないにしても回心の重要な先駆者であった。彼らのおかげでムスリムの商人が世界中を旅することができるようになったし、辺境のムスリム移民の拠点が確立されたのである。イスラームの貿易商は多くの場合、ムスリム帝国の境界の内外の遠隔地に貿易の拠点を設けた。血族婚とさまざまなムスリム的な制度の確立を通して、回心過程がはじめられたのである。

世界の一部の地域では、スーフィズム［禁欲的で神秘主義的なイスラームの思想・実践の伝統］の聖者がイスラームへの回心をもたらす重要な主体であった。もっとも、彼らの影響が人々に実感されたのは、多くの場合彼らの死後であったが。例えば、インド亜大陸では、スーフィズムの聖者が癒しと宗教的権力の中心と見なされるようになった。リチャード・M・イートンの主張では、イスラームへの回心は、イスラーム支配下のヒンドゥー教徒においては生じなかったが、イスラーム帝政下の非ヒンドゥー教徒、またはヒンドゥー信仰の薄い人々においては生じた。[6] その他の地域では、ムスリムの教師が、人々にアラビア語やクルアーンの手ほどきをするために働いていた。彼らはいわば宗教的な官吏として、多くの場合イスラームへの関心を刺激し、それによって回心の初期段階を開始させたのである。

宗教的信念

どのような宗教的信念体系をもっているかもまた、伝道者のあいだに差異をもたらす要因である。例えば、ローマ・カトリックの宣教組織とプロテスタントのそれとの間には、神学的にも組織的にも多くのちがいがある。これらのちがいに関して、一般化を行うことは困難（かつ危険）である。しかし、いくつかの事柄は比較的一貫している。ローマ・カトリックの構造は、現地の人々を聖職者として教育して配置するのにきわめて長い期間を要する。他方、プロテスタントの場合は、比較的短い期間の訓練を経て、地域の人々を説教者や教師その他の役職に任じることができる。このようなちがいは、特定の地域における回心の比率や速度に影響するかもしれない。プロテスタントは、信仰復興的な環境を育成するために、大規模な伝道集会を行うことが多い。バイデルマンが言うように、「リヴァイヴァルは、安直で迅速な様式の劇的回心に、プロパガンダ用の呼び物としてかなり大きな力を持たせている。（中略）改宗に要する時間と努力の度合いは、回心者が新たな体系に組み込まれる度合い、また、異教の実践への逆戻りの割合に密接に関わっている」[7]。

回心の理論

1　さまざまな要求事項は一般的か特定か。
2　さまざまな変化は強制的か任意か。
3　さまざまなちがったレベルの献身が許容されているか。
4　さまざまな要求事項は明示的か暗示的か。
5　順応するまでにはどのくらいの時間が与えられるか。
6　回心者はさまざまな変化を取り決めることが許されているか。

図10　指示と禁止

伝道者の本質に関して考慮すべき三つ目の点は、宣教師が回心に関して抱いている特定の理論であり、回心に伴う目標と過程である。回心者は、自らの異教的習慣を丸ごと放棄して伝道者の福音を完全に受け入れなければならないのか。宣教師は先住民の文化を尊重するのか、それともそれを悪魔の所業と見なすのか。宣教師はどのような戦略を用いるのか。彼らは回心者をバラバラの共同体へと分断するのか、それとも、ある共同体全体を改宗させようとするのか。伝道者の回心論は、回心者が経験を形づくる上でとりわけ重要なものとなる。

例えばモルモン教徒によって伝道される回心過程は、「キリストの教会」[訳注1]のそれよりもはるかに肯定的である。モルモンの基本的な福音は、神は愛ある父であり、人間の幸福や福祉を求めているというものである。モルモンという宗教は、家族生活やスピリチュアルな生活を高めるためのガイドラインを提供し、また、人生の質に関する総合的な評価を提供する。罪が論じられてはいても、それは単によき人生への障害にすぎないと見なされている。他方、「キリストの教会」では、人間の罪に関する生き生きとした福音が語られている。回心において鍵となる経験は「崩壊に至ること」であり、そこには、個人の罪深さと堕落についての身を切るような感覚や、罪の責任に対する個々人の認識、そして罪がイエスの十字架上の死を招いたという気づきなどを受け入れることが含まれている。「キリストの教会」にあっては、回心が妥当なものと見なされるためには、あらゆるレベルの罪やおごり高ぶった態度や「歪んだ考え」を拒絶することが必要とされている。そのようなさまざまな態度が宣教師の戦略に関してのみならず、潜在的な回心者の経験に関しても、決定的な要素となっていることは明らかである。

職歴のパターン

宣教師の職歴や職業的な歩みのパターンもまた回心の活動に影響を与える。キリスト教の宣教師は多くの場合、理想主義的でロマンティックなヴィジョンと、伝道所の運営上の現実との間に葛藤を感じている。宣教師は、現地の人々と触れ合い、彼らに福音をもたらすことを期待して、宣教という仕事を選ぶことが多い。しかし現実には、多くの人々は学校や病院、教会などの指導的な地位に配属される。そして、そこでの日常的職務のために、より広い共同体と触れ合う時間がほとんどなくなってしまうのである。しかしながらモルモン教会は、二年間の入寮期間を課しただけで、若者（十九歳以上であることを条件とする）を宣教の地に送り出すのが一般的である。そのようなプログラムのもとで、若くて活力ある理想主義的な宣教師からなる新たな集団が、一定の短い間隔で現地に送り出されるのである。彼らは知識や教養の点で欠けているものを、新たな回心者の獲得に手を伸ばす活力や動機の強さによって埋め合わせる。このような宣教師の高い回転率に加えて、地元の指導力の育成や教会への地域的協力体制の発展についても、いっそう強調しておくべきかもしれない。これらの若い情熱的な平信徒宣教師は、興味をそそるような回心物語をたずさえて帰郷し、教会の価値に対する彼ら自身の個人的感覚を揺るぎないものにすると同時に、家族の通う教会の信念や士気を高めるのである。

回心への誘因

バイデルマンはまた、宣教師が潜在的な回心者に提供することのできるものとして、彼が「誘因」と呼ぶものについても論じている。過去二世紀の間、この誘因は往々にして近代のテクノロジー社会の果実であったが、宣教師を深刻な苦境に追いやってきた。宣教師は一方で、西洋に文明をもたらしテクノロジーを進展させたのはキリスト教であると主張するが、他方で、人々が物質的利益を獲得するための手段として福音を受け入れることを望んではいない。バイデルマンはこれが根本的な矛盾であるとしている。この論点は、動機づけの問題を呼び起こすため、回心にとって重要である。つまり、人々がキリスト教に回心するのは、キリスト教の福音の真実性を確信するからなのか、それとも、キリスト教をさらにすぐれたテクノロジーや健康の改善や進んだ教育への通路と見なすからなのか、あるいは、彼らの住む地域における植民地的権力に近づくための通路と見なすからなのか。本当のところはたいていい入り混じっている。

伝道者の動機づけ

バイデルマンによって略述された五つのカテゴリーに加えて、人はいかなる動機によって宣教師**となる**のかを問うことも重要である。宣教や回心への動機づけは、複雑な問題である。宣教師の語る意図や到達目標は、彼らの自己認識の理解の助けになるが、彼らを真に駆り立てているものを知る上で必ずしも最良の指標とは言えない。

神の意志

ルース・ラウスは、宣教の動機づけを神学的観点から考察している。[8] 長年にわたって、さまざまな関心によって宣教が動機づけられてきたことを認めながらも、根本的な動機は神がさまざまな個人や世界に対して何らかの目的をもっているという確信であるとラウスは論じている。人々が宣教師になるのは、彼らが宣教こそは神が自らの人生に与えてくれた目的であると信じているからである。これらの個人は、他者を特定の宗教的伝統へと回心させることが神の意志であると見なす場合、時間やお金や活力や人生そのものを宣教という目的のために犠牲にするかもしれない。

宣教師が自らを神の意志に従順な者であると見なしているのは、単に別の理由、それほど利他的ではない理由（少なくとも神学的ではない理由）を覆い隠すイデオロギーにすぎないと断じることはできない。なるほどさまざまな動機が必ずしも宣教師の主張の通りには高揚しないかもしれないが、有形の報酬がほとんどない極端に困難な職務を行うように人を実際に動機づけるものは、いったい何なのだろうか。そういう人々は単に心理的に病んでいるのだろうか。彼らは認知的不協和を制御しようとしているのか。彼らの到達目標は何であり、彼らの自己理解はどのようなものなのか。

宣教師が宣教という事業に向かう根拠を見極めるためには、われわれは彼らの内面生活を探究しなければならないだろう。結局のところ、彼らの到達目標や意味体系、報酬の源泉は、金銭や権力、名声といったありきたりのものではない。「冒険」が宣教の地にひかれる一つの要素になっているのかもしれないが、たいていの宣教師に要求される犠牲と労苦の大きさを理にかなったものにするような報酬は、他にはほとんどないように思われる。[9]

キリストの命令

R・ピアス・ビーヴァーの研究は、北アメリカやイギリスのさまざまな宣教機関の文書を調査し、伝道の動機が時代によって移り変わっていることを明らかにした点で注目に値する。[10] 初期ピューリタンの環境では、支配的な関心は明らかに神の栄光であったと思われた。迷える異教徒の魂に対する懸念がすぐ後ろに控えていて、キリスト教の外部の人々に対する同情が決定的であった。後に、主としてイエスによる大いなる任命によって、宣教の指令が永続化された。イエスの命令への従順は、その命令がキリストに示された神の愛ゆえに与えられたものであるという観念によって彩られた。キリスト教徒は、宣教への召し出しに従順であることによって、自らもまた神の愛を見習わなければならないと教えられたのである。

ナショナリズム

ナショナリズムもまた、宣教の動機づけにおいて一定の役割を果たした。回心は、アメリカ先住民その他の「文明化されていない」人々を扱う上で賢明な方法であった。[11] ときにはさまざまな政府機関と教会が協力して現地の不満分子をミッション・スクールの仕事を通して「文明化」することで、彼らを鎮圧しようとしたこともあった。アメリカ合衆国では、アメリカ人が民主主義の主要な教師であり、世界に対して道徳的な範例を示さなければならないという態度がナショナリズムによって形成された。文明と民主主義とキリスト教化は、動機づけのレトリックの複雑な網の目の中で互いに絡み合っていたが、そのレトリックはきわめて強力なものであり、合衆国の宣教師たちは主要な人員や資金や出版物を供出し、キリスト教宣教の事業の努力を結集して全世界に向かって隊列を進めた。[12]

奉　仕

宣教師にとってもっとも強力な動機づけの一つは、端的に人々を助けたいという要求である。そのような援助は、健康管理や教育の推進や経済的拡張その他の形をとることがある。初期の宣教事業では、伝道者は多くの場合、「異教徒」に欧米的な服装や家族構造やその他のライフスタイル上の変更をもたらすことによって「文明化」したいと考えていた。さらに端的に言えば、近代化とテクノロジーの基盤の発展への一貫した関心があったのである。つまり、農法の改善、医療の整備、構造化され段階づけられた教育形態、その他のさまざまな近代社会の「利益」の発展への関心である。今日では、宣教の第一義的かつ中心的な目的はキリストの福音を提示して魂を救済することであると信じる伝道者と、経済的正義や政治的正義の追求こそもっとも重要であると主張する伝道者は、根本的な裂け目によって隔てられているのである。[13]

第六章　伝道者の戦略

伝道者の戦略が重要なのは、回心の範囲や目標や方法が必然的に伝道者のかけひきや回心者の経験のいずれをも形成するという点である。宣教戦略を検討するためには、説得の程度、戦略のスタイル、接触の様式、そして、新しい宗教的選択肢が潜在的回心者に与える潜在的利益という四つの主要な構成要素を見るのが有益である。しかしながら、最初に宣教戦略としての力の使用を別個に検討することが重要である。

力と回心

力の使用は歴史を通じて回心の方法であった。たいていの人々は、教会一致をめざすこの友情の時代にそのような問題を論じることを好まないが、現実には、すべての主要な宗教が何らかの時期に回心者を生み出すのに力を用いてきたのである。概してキリスト教徒は､歴史的にムスリムが「剣による」改宗を行ってきたと非難する。ときにはそれは正しかった。しかしながら､力の使用はキリスト教宣教の場合にも広く行き渡っていたのである。シャルルマーニュほどの偉大な「キリスト教上」の英雄的人物でも、七七二年から八〇四年の間に武力によってサクソン人を改宗させたのであった。政治的軍事的な力を用いて、シャルルマーニュは、「死の痛みをもって異教の実践を非合法化して洗礼を命じた」[1]。そのような回心は確かに理想的とは言えないし、標的となった人々が獲得した養成や神学的知識という点でも、残念な部分が多い。多くのサクソン人は改宗に抵抗して、直接間接の反乱を通して不満を表明した。この文脈での「キリスト教化」は明らかに、たいていの人々にとって直接効果を持たなかったが、それでもなお、この種の政治的行動は、キリスト教の生活と思想の中で教育を受けた次世代のためのお膳立てとなった。

そのような強制改宗の後には、広い範囲に新たなレベルの理解を植え付けたりキリスト教信仰の受容を強要したりするという行動が必要だった。キリスト教の司祭や指導者は、ヘッセのガイスマールにあった聖なる樫の木のような聖なるものを破壊することによって、異教の神々の力に直接挑戦した。これらの行為に対して神々から天罰が下されなかったとき、キリスト教の指導者たちはキリスト教の神の力に関する威信を異教徒の間で獲得した。そのような劇的な事件が生じたにもかかわらず、ルース・マゾ・カラスのような研究者は、キリスト教が異教の慣習や実践を完全に拒絶することを要求しなかったことを指摘している。実際、キリスト教は多くの場合、地元の神殿を聖別して教会に変えたのである。カラスによれば、「一神教のキリスト教はまた、聖人の崇敬を発達させることによって多くの地元の神々の多神教的な宗教に自らを適応させた」。さらに、カラスによれば、「おそらく、サクソン人の圧倒的多数はキリスト教を受け入れたが、同時に旧来の慣習を続けていた」という。カラスは以下のように結論している。「キリスト教はゲルマン民族のヨーロッパを精神的にだけでなく文化的にも政治的にも変容させた。その新たな宗教は、それが出会った文化に変化をもたらしただけでなく、新たな回心者の理解やスピリチュアルな要求に適応するように変化した。サクソン人の間の異教徒の抵抗は頑強であったが、しかし、一、二世代のうちに屈服した。一つの宗教の要素がもう一つの宗教に同化する習合信仰がさらに永続的な効果を持った」[2]。

キリスト教の回心の歴史における力の使用を論じる主な理由は、多くの場合、過去の根本的な拒絶と完全に新しい何かの信奉というわれわれのステレオタイプが、回心の歴史的な事例によって裏付けられていないからである。「現代」のキリスト教徒には、アフリカやラテンアメリカやアジアにおけるキリスト教の現況を――他宗教は言うまでもなく――過去の「異教」的ななごりと「習合」しているため理想的とは言えないものとして拒絶する傾向がある。私が主張したいのは、ヨーロッパの回心が習合信仰の同じパターンや過程の実例となっているということである。[3] ヨーロッパの諸民族の回心は、異教の宗教的実践の完全な拒絶を伴っていなかった。たいていの場合、改宗がもたらしたのは、異教的な諸要素の新しい宗教への混合であった。

説得の程度

宣教の力点や戦略は連続体の上に存在する。宗教団体や宗教運動が、どの程度新たな成員を求めて彼らを取り込もうとしているかを検討するとき、われわれはこの連続体には広がりがあることに気づく。ある宗教集団は包括的であるが、ある宗教集団は排他的である。また、ある宗教集団はとても洗練されて広範な宣教戦略を持っているが、他の宗教集団は新たな回心者にまったく関心を持っていない。シリア正教会のような民族団体は、回心者にほとんど関心を持っていない。私はエルサレムにいたとき、シリア正教会の主教が、シリア正教会は「部外者」を回心させることには何ら関心がないと主張しているのを耳にした。「彼らは言語を学んで文化の一部にならなければならない。だれがそんなことをしたいと思うだろうか」というのである。

南部バプテスト協議会、末日聖徒イエス・キリスト教会〔モルモン教〕、アッセンブリーズ・オブ・ゴッド教団のような他の集団は、新たな成員の組織的な補充やトレーニングや保持に向けられた活動を強調する。実際、これらの教会（他の多くと同様）は、「失われた人々への宣教」をその存在の中心と見ている。専門的な宣教師がこ

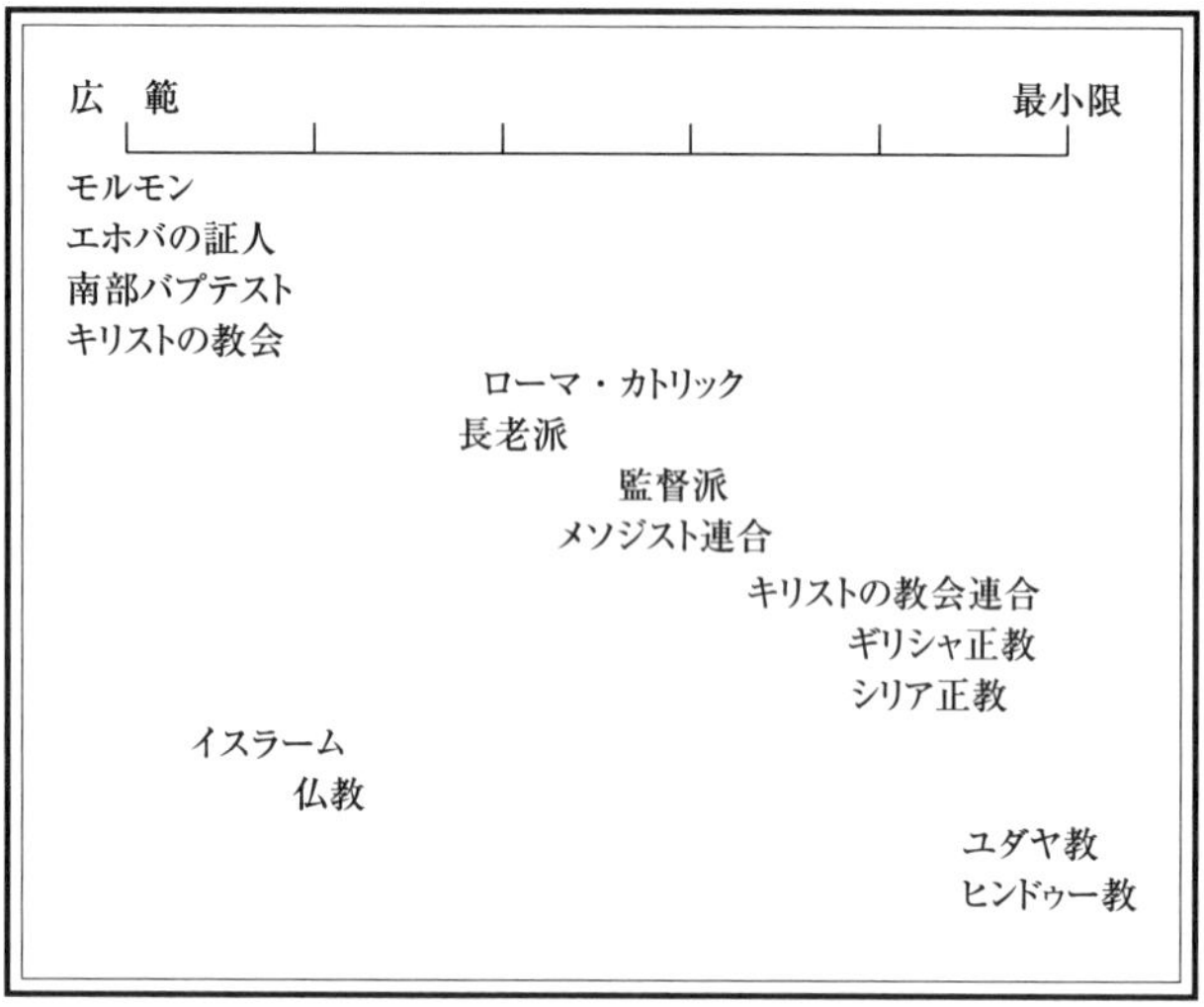

図 11　宣教活動の程度

れらの集団によって配置されるだけでなく、成員はあらゆる機会に「福音を分かちあう」ように教えられている。これらの集団が合衆国や世界中で数を増やしつづけているのは驚くには当たらない。

　ある組織宗教が回心を追求する度合は、その教団がどの程度明確な宣教戦略を持ち、部外者を募集する伝道者を配置し、回心の神学を強調しているかという度合を示している。南部バプテストや末日聖徒イエス・キリスト教会のような集団は、宣教事業の本質に関する広範な文献を持っている。実際、ローマ・カトリック教会をはじめ、どんな小さな原理主義の教派であっても、多くのキリスト教の組織は、宣教過程の本質に関して膨大な文献を持っている。戦略や方法や動機づけなどの問題が広く論じられている。彼らの現在の立場が何であろうと、ほとんどのキリスト教団体は、過去二世紀から三世紀の間のある時点で宣教事業が重要であると考えていたと言ってもさしつかえないだろう。[4]

戦略のスタイル

　宣教に対する献身の程度に加えて、宣教の全般にわたる戦略的なスタイルを考察しなければならない。いくつかの次元が重要である。例えば、そのスタイルは拡散しているか、集中しているか、あるいは、これら二つの間の帯域のどこにあるかである。[5]

拡散（もしくは体系志向の）戦略では、伝道者はある共同体の枠内を広く巡回して、多くの人々、とりわけ共同体の指導者たちを説得し、それによって共同体や村の全体を回心させようと試みる。集中（もしくは個人志向の）戦略は、何らかの理由で共同体にとって周縁にいる特定の個人たちに焦点を合わせる傾向がある。個々人を熱心に強化することによって伝道者は外部か、少なくとも支配的な共同体からいくぶん離れたところに別個の共同体を作ることができる。将来の回心者が周縁にいるのは、（一）彼らが貧しいことや権力構造と結びついていないこと、（二）資産上の余裕から彼らには新たな選択肢を探求する自由があること、（三）〔明治期〕日本の士族の場合のような）役割の転位などである。[6] 周縁にいる個々人は多くの場合、新たな運動の最初期の回心者であるので、回心研究において重要である。[7]

接触の様相

第三の戦略的な検討事項は、人々との接触の現実の様相である。その接触は公的か私的か、個人的か非個人的か。デイヴィッド・A・スノーとルイス・A・ズルチャーとシェルドン・エクランド＝オルセンがとても有益な仕方でこの問題を探求している。[8]

公的ではあるが多くの場合個人性を欠いたコミュニケーション手段には、テレビやラジオや大衆討議やリヴァイヴァル集会のようなメディアが含まれる。他方で、対面形式の接触は私的でありとても個人的であることが多い。それらが起こるのは、個々の宣教師が戸別訪問をして小冊子を提供したり礼拝や研究会に招待したりしたときや、伝道者が潜在的な回心者と意思を疎通する他の形式の接触をしたときである。おそらくもっとも有効な形式の接触は、友人関係や血族関係のネットワークを通じたものであり、それらは明らかにもっとも個人的な形式のものである。接触の私的な経路はまた、ダイレクトメールでの接触を含んでいる。その方法は私的であるが、テレビやラジオと同じく非個人的であり媒介されている。メッセージは提示されるが、しかし、人間らしい直接の交流は起こらない。

ただ一つの接触方法に頼る福音派の組織はほとんどない。例えば、モルモン教徒はよく知られている戸別訪問宣教に加えて、ラジオやテレビのすぐれた番組を持っているし、出版のネットワークや劇の上演すら行っている。人々がこれらのメッセージのいずれかに応答すれば、彼らは地域の教会のだれかや近くに配置された宣教師によって個別の接触を受ける。

ここで宣教戦略のすべてのニュアンスを探求することはできないが、しかし、伝道者がきわめて柔軟に、革新的に、多方面から勧誘の様相（布教の様式）を選択していることは強調されるべきである。[9] 新たな宗教的選択肢の提示は、内容も形式も多岐にわたる。さまざまな聴衆が標的となり、さまざまな人員が人々の居所を調べ、親交を深め、説得し、教義を教え、最終的には新たな宗教的選択肢に回心させる。宣教師はいつも、学校や娯楽や技術援助を含めて、目標を実行するためのさまざまな手段を追求してきた。メリル・シンガーは、脱落したユダヤ人を律法の厳しい遵守に連れ戻そうとする正統派ユダヤ教徒の創意について語っている。彼らは若者にアピールするために音楽を用い、人気のある集会場所でユダヤ人の若者を進んで見つけだそうとした。多くの場合、民間伝承、冗談、芸術などの手段が伝道者が接触したいと思った人々に対して橋渡しをするのに用いられている。[10]

今日、末日聖徒イエス・キリスト教会以上に新たな創造的な説得方法を見出すのに精力的な集団は、おそらくないだろう。教会の指導者たちによれば、あらゆるモルモン教徒は、自らを宣教師と見なさなければならない。何千ものモルモン教徒の家族が子どもたち（大多数は男性であるが若い男性と女性の両者）を宣教地に二年間送っている。家族、地域の会衆、若者がともに費用を負担している。これらの若者は、目標となる民族の言語を話す訓練を受け、モルモンの教理や宣教事業の方法を教えられる。さらに、同教会は、教会に対して注意や関心を引くように考案された短い「コマーシャル」や、質の高い宣教番組を作るラジオやテレビの制作センターを開発してきた。彼らは、一九七一年以来、成員数を二倍にしたことを報告しており、ほとんど七〇〇万の成員を擁しているとのことである。柔軟性と創造性が彼らの宣教活動のスタイルを可能にしてきた[11]。

回心の利益

第四の戦略的な検討事項は、教団やイデオロギーや生き方が潜在的な回心者に対して提供する利益のタイプや程度である。これには、(一) 意味の体系(認知的)、(二) 情動的満足(情緒的)、(三) 生活技術(意志的)、(四) カリスマ(指導力)、(五) 力という五つの基本的なカテゴリーが含まれる。もちろん、特定の宗教的体系はいかなるものでも、これらの利益のすべてを提供するかもしれないし、少ししか提供しないかもしれない。それぞれの誘因の組み合わせや強調や相対的な価値は宗教集団によって異なるし、観察者によってさえ異なる。説得者は、新たな宗教的選択肢をこれら五つの誘因のすべてか、いくつかをもっているものとして描いたり、標的となる聴衆や個人の価値観に合わせて強調点を変えたりするかもしれない。

意味の体系

いかなる宗教的選択肢も、多少包括的で首尾一貫して説得力のある認知的な枠組を提供するかもしれない。宗教的な信念や神話は、人々が歴史の流れや歴史における彼ら自身の位置づけや世界の本質を意味づけることを可能にする、力強い知的体系として機能することがある。人間的な苦境や世界の起源や運命を理解することは、人々が回心するための強力な誘因である。シーモア・エプスタインが指摘しているように、適切で快適な認知体系を見出すことは、人間存在にとって根本的な動機づけであるように思われる。[12]

そのような意味の体系がどのように伝達されるのか。スーザン・ハーディングの研究が一つの手がかりを提供している。[13]人類学者のハーディングが書いた魅惑的な論文において、彼女は言語が回心で果たすきわめて重要で説得力を持つ役割を検討して、伝道の方法が回心過程で中心的な役割を果たすことを認識している。ハーディングは、原理主義的なキリスト教徒の回心を検討して、伝道者が潜在的な回心者の心理に取り入るために、どのようにレトリックが用いられるかを記述している。伝道者が聖書やさまざまなキリスト教的信念の物語を語るとき、潜在的な回心者をキリスト教の物語や解釈の枠組の中に引き入れるような仕方で、ふつうそれを個人化しようとするだろう。例えば、イエス・キリストの死や埋葬や復活のメタファーは、潜在的な回心者の最近の離婚に関連づけられたり、新たな人生に「生まれ変わる」要求と関連づけられたりするかもしれない。このようにして、回心者の生活史は、提示されたイデオロギーや物語の中に組み込まれるので、集団の物語がとても強力で情動的な仕方で回心者の物語となるのである。

人類学者のピーター・ストロンバーグはまた、回心における私生活と神学的体系のこのような適合の重要性を論じている。[14]彼は、自らが「印象点」と呼んでいるものを描いているが、それは、宗教的物語が個人の人生の私的な側面とつながって内面化される点である。潜在的な回心者が説教や物語がもっている自らの人生にとっての意味を発見すれば、統合が達成されるので、神学上の体系が個人的で人間的な特定のレベルで意味をなすのである。そのとき、宗教的な象徴表現は、回心者の人生経験と平行していたりそれを解明していたりするように思われる。この時点で、象徴的な体系はもっともらしく意義深く魅力的なものとなり、回心者はその体系と同一化したりその体系を採用したり、この新たな物語のなかに個人的に入っていったり、それを所有したりすることができる。

ハーディングとストロンバーグの研究はどちらも宗教的変化に対する学際的なアプローチのすばらしい実例であり、回心に関する豊かで挑発的な記述と説明を提供している。彼らの観察は、出会いの段階だけで重要なのではない。彼らが描いている相互作用はまた、相互作用のさまざまな段階と献身のさまざまな段階にも織り込まれたり影響を与えたりしつづけるのである。

情動的な満足

宗教的な選択肢はまた、帰属感や共同体感覚、罪からの解放、新たな関係の展開、あるいは――ある少数の回心研究が言及している――興奮や刺激のような広い範囲の情動的な満足を提供することがある。ある集団は、使命や挑戦や慰めの感覚同様、音楽や演劇や芸術や建築のようなものを利用する点で並外れている。宗教の神話や儀礼や象徴は、人生に強さやドラマや意義を吹き込み、多くの人々に情緒的な深い満足感を提供する。[15]

回心研究が一貫して発見したのは、潜在的な回心者と新たな集団の成員（伝道者）とのつながりを早くに確立することの重要性である。ある人々にとってはカリスマ的な指導者との接触がきわめて重要であるが、他方では、ふつうの人々同士の結びつきもまた重要であり、彼らは新たに絆を築いたり、もともとあるつながりを利用したりする。多くの研究者が見出したのは、回心への王道は友人関係や血族関係のネットワークを通じたものであるということである。[16]ベンジャミン・ワイニンガーは、対人関係の確立が回心経験における強力で重要なステップであることを示唆している。実際、ある潜在的な回心者にとって、自らを愛してくれたり配慮してくれたりする人を見出すことは、それ自体強力な経験であり、抜き差しならない矛盾を超越したり、さらに生産的で「スピリチュアル」な人生を築くための自由なエネルギーを利用したりすることを可能にしてくれる。[17]伝道者と潜在的な回心者の間の絆を確立することは、より深い関与への移行を魅力的で可能なものにする。

生活の技術

宗教的共同体によって提示される利益の第三のカテゴリーは、ジェイコブ・ニードルマンが「生活の技術」と呼んでいるものである。回心者との多くのインタヴューに基づいて、私が見出したのは、宗教的な変化の主要な魅力は、新たな選択が宗教生活や概して生活一般において、個人に新たな方法や技術を提供するという確信であるということである。生活を異なったものにするための、祈りや瞑想や聖書の読解の方法やその他の実践的なステップは、潜在的な回心者にとってとても魅力がある。多くの人々が宗教的に変わったり成長したりしたいと思っているが、その成長を可能にする実用的な手段や「手引きとなる」経験を持っていない。それら実用的な手段や注意深い指示を自分たちにとって有益な仕方で提供してくれるような宗教的選択肢こそが、そのような多くの人々の心をとらえるものとなるだろう。[18]

指導力

第四の魅力は説得力のある指導力である。指導力は**あらゆる**回心において決定的ではないかもしれないが、しかし、**多くの**回心において重要であるように思われる。そのもっとも劇的な形では、指導者はカリスマ的な人物であり、共同体によってとりわけ天分があるとされた者である。カリスマ的指導者は、特別に神の領域に近づけると見なされたり、集団によって重要と見なされる癒しや預言などの特別な能力を持っていると見なされたりするかもしれない。指導者は多くの働きを持つが、しかし、たいていの場合、宗教的なイデオロギーによって明示されている徳や力を体現したり、特別な功績をなしとげたり、分別や説得の驚くべき力を持っていたりする。[19]過小評価すべきでないのは、弟子たちによって理想化された性質や経験や態度の体現者であると見なされる指導者である。「あの人がそのようなことをなしとげることができるとすれば、私も、指導者に従ったり指導者を見つめたり見習ったりすることで、どうにかしてそれらのことをなしとげることができるかもしれない」という反応があるのである。

出会いの段階では、宗教的指導者や伝道者のカリスマや個人的な魅力は、潜在的な回心者に強力な影響を持つことがある。しかしながら、回心自体と同じようにカリスマは、指導者と弟子の両者の要求や期待や希望を伴う相互作用的な現象である。カリスマ的指導者は、個人として潜在的な役割モデル、生活のガイドライン、弟子の価値の肯定を提供するかもしれないが、他方で、新たな回心者は崇拝や肯定や服従に対する指導者の要求を満たすかもしれない。道徳的な問いが多いのは、カリスマ的指導者の働きが弟子を犠牲にするか力づけるかに関してであり、また、そのような指導力が結局のところ、悪い目的かよい目的のいずれかに対してより貢献するかに関してである。いかなる判断も、示唆された相互作用的なモデルの枠内で到達されなければならない。つまり、カリスマ的な力に対する責任は指導者の中だけにあるとは見なされえない。弟子の複雑さもまた探求されなければならない。

力

おそらく回心とも関連する第五の魅力は、力に関するものである。[20] 以前の要素すべてが、ある程度力を伴ったり力を呼び起こしたりすると主張することができる。それにもかかわらず、多くの回心に現れる一つのテーマは、回心者が力で満たされたと感じたり、力に近づくことができたり、何らかの仕方で力の外的な源泉（神）と結びついたり、スピリチュアルなものや神的なものととらえられることがある力の内的な感覚と結びついたりするということである。ハロルド・W・ターナーの報告によれば、「最初」の人々は、ヨーロッパ人の植民者と直面するとき、場合によってはキリスト教宣教師を探し求めることがあるが、それは、すぐれた技術をもった宣教師の力に近づくための鍵が宗教であると彼らが信じたためであるとのことである。[21]正確な定義が何であったとしても、力は回心の多くの形式において重要な構成要素である。力が回心を通じて獲得されるべきたまものとしてとらえられるか、驚くべき力が回心を可能にしたか、あるいは、力の特質が超越的な次元に対する開放性を高めるのに役立ったのである。力の感覚が直接個人的に経験されるとき、力は人々を引きつけたりイデオロギーや指導力の確認として役に立ったりすることがある。

第七章　伝道者と回心者との出会い

伝道者と潜在的な回心者との出会いにおいて生じる両者の相互作用は常に、実際には途方もなく複雑である。両者の出会いは、回心が生じる力の場の渦のように見えるかもしれない。出会いの結果を単純な直線の連続体の上で示せば、その帯域は全面的な拒絶という一方の極から完全な受容という他方の極まで広がるものとしてとらえられるだろう。伝道者に対する最初の反応は、時の流れとともに変わっていくかもしれない。肯定的な反応が否定的な反応へと変わるかもしれないし、それとは逆向きの変化が生じるかもしれない。伝道者もまた、潜在的な回心者との相互作用から学んだ事柄に応じて自らの戦略を修正し、その意味で変わっていくかもしれない。潜在的な回心者もまた、相互作用を通して変わっていったり新たな戦略を採用したりするかもしれない。[1]

回心研究では、目標母集団の大多数が新たな宗教的選択肢を拒絶するという興味深い発見は、めったに報告されることがない。[2] 回心に関する多数の報告を調査するうちに、私は以下のような特筆すべき事実を見出した。つまり、研究者や宣教師は何百、何千という回心者について熱っぽく報告した後で、おざなりな一文として回心者の**割合**が全体の一割にも満たなかったと記しているのである。実際には、宗教や家族や社会や政治の面で人々が旧来の体系との間に有している密接な関わりが新たな宗教的選択への移行を促すことなど、めったにありはしない。政治的社会的条件が変化を容易にすることはほとんどない。したがって、自発的な回心過程が可能になるには、以下のような複雑な一致が必要である。つまり、「ぴったり」の潜在的な回心者が、適切な機会に適切な状況下で「ぴったり」の伝道者や宗教的選択肢と接触するという一致である。潜在的な回心者と身近にいる伝道者の歩む軌跡が重なって、回心の過程が芽生え、根を張り、やがて花開くなどということはそうそう起こらないのである。

比較的成功を収めている末日聖徒教会ですら、例えば一〇〇〇人と接触したとしても、そのうち実際にモルモン教徒になるのはたった一人であると報告している[3]。同じように、「キリストの教会」で師弟運動を推進している指導者の一人もまた、聖書談話会への誘いに反応してくる人は一〇〇人のうち一人にも満たないと、私に対してしぶしぶ認めた。なお、この談話会は、回心を促す関係の構築を目指す教会の試みにおいて予備的な一歩と位置づけられている。ギャランターの報告では、統一教会の夕食会への誘いに反応するのは一〇〇人に一人だけであり、ワークショップに参加する人はそれよりも少なく、信徒になる人はさらに少ないことが調査でわかった[4]。実際、回心者を探し出すのはきわめて困難で人を落胆させる仕事である。福音伝道組織は、ほんのわずかであっても人々を回心に導くために必要な意欲を失わないように、絶えず成員の間に熱狂的な雰囲気を作り上げなければならない[5]。

私の知るかぎり、決定的な出会いの段階で作用するさまざまな顕著な特徴や力のすべてをうまく描くことができた理論体系は、今のところ存在しない。とはいえ、社会科学によって提供されているいくつかの解釈を、手短に概観することにしよう。

出会いをめぐるイシチェイの見解

歴史学者のエリザベス・イシチェイは、ナイジェリアのイボ族[訳注1]のキリスト教に対する反応を調べている。[6] イシチェイはわれわれがすでに強調した忠告を改めて述べている。「宣教師の教えに対するイボ族の反応は、年齢や性別や地位といった共同体内のさまざまな要因や、個々の人格の微細な差異によって条件づけられていたし、……この多様性や複雑さを反映した分析をしようとしても、手を付けることすら不可能である」。イシチェイの仮定は、われわれにはなじみのものである。「観念の歴史は真空の中で生じるのではない。いかなる分析も、少なくとも回心の歴史的な決定要因への言及を締め出してしまうならば、誤謬を招くだろう。回心を目指す運動のほとんどが社会的要因によって決定されるのは、いわば自明の理である。このことはイボ族の場合にも言えるのであって、われわれは、宣教事業の成功――かりにそれを成功と呼ぶことができるならば――を最終的に決定づけたさまざまな現実の社会的過程と照らしあわせてさまざまな観念の出会いを見ることが必要である」[7]。

イシチェイは、イボ族の下位集団であるオニチャ族の反応に焦点を合わせている。最初の反応は歓迎であった。彼らはそれまで孤立した部族であったので、異国の人々と交友して新たな通商の通路を持ったことを喜んだ。外国人に対する好奇心は、彼らを友好的にし開放的にもした。ところが、時が経つにつれて実際に回心したのは、イボ族の社会で周縁に追いやられていた人々だけであった。イシチェイは言う。「その他の宣教的な文脈の場合と同様、その宣教師たちもまた、回心者を主にイボ族社会で拒絶された人々から得ていた。彼らは、奴隷や、魔女として告発された人々など、イボ族の社会では幸せになれる見込みがなく、したがって別の共同体に帰属しても失うものが何もない人々であった」[8]。主流をなす人々が新しい宗教の中に分裂や革新の可能性を見るようになると、彼らは宣教師たちと回心を選ぶ人々の双方を迫害しはじめる。イシチェイはさらに説明を続ける。「十九世紀から二十世紀前半にかけては、イボ族にとって不安の時代であり、混乱を呼ぶ経済的・社会的変化の時代であり、異国の文化との対面に心をかき乱された時代であった。その後は暴力的な抵抗の経験が延々と続いた。社会の中で幸福な自己実現を果たしている人々は、自分たちの社会が脅かされているいると感じないかぎり、キリスト教徒になることを検討することはほとんどなかった。これは宣教の歴史では一般的な事柄だが、イボ族に関してもやはり当てはまるようである」[9]。

イシチェイは、伝道者と回心者との相互作用のパターンがきわめて複雑であることに気がついた。先住民が最初に示した歓迎は、相互作用を重ねていくうちに猜疑と抵抗へと転じていった。回心した人々は一般に部族社会の部外者であり、「除け者」であった。彼らの回心の様態は、古いものと新しいものとが混じりあう習合信仰を伴うものであったが、そのような混合の生じ方は、彼ら自身の価値観やさまざまな前提や儀礼などによって規定されていた。皮肉なことに、西洋的な観念や価値観によって導入された世俗化の効果が全般的に現れたのは、多年にわたる伝道教育の努力の末のことであった。先住民の権力と特権の衰退により、伝統的な宗教は多くの人々に対して説得力を失った。多くの場合、伝統的で宗教的な神話や儀礼や象徴を保存しようとしたのは、年長の少数者だけであった。伝統宗教は、共同生活やそれを取り巻く環境の現実に応答する動的な体系というよりもむしろ、そこから取り残された一部の人々を救うべく、厳格な形で守られる場合が多かった。部族の伝統は、ミッション・スクールで教育を受けた若者によって概して侮辱されるようになった。

イシチェイはこうした状況の悲哀に少なからず胸を痛めて、次のように述べている。「出会いはイボ族と宣教師たちの間での討論において生じるのではない。イボ族個々人の心の中で生じるのである。宣教師たちは、イボ族のスピリチュアルな世界の実在を受け容れなかったので、意識的であれ無意識的であれ、対話がイボ族の中でしか行われなかったのはやむを得ないことであった。われわれは、そのことが主に三つの道に通じていったことを見てきた。つまり、習合信仰の道、世俗主義の道、幻滅した伝統主義者の道という三つの道である。それぞれが混乱の感覚を抱いたり喪失の感覚を抱いたりして手探りで進んでいる。イボ族の文学から比喩を引く。

傷は癒えても傷跡は残る（Onya na-a apa ya ada ana）[10]」

伝道者への抵抗

ノーマン・イサリントンは、新たな宗教的選択肢に対する抵抗と拒絶に関する社会文化的文脈の重要性に関して広範な事例研究を提供している。[11] 彼はバイデルマンの研究に応えて、南アフリカ東部における潜在的な回心者の土着的文脈に対して、むしろ宣教の動機と戦略の相対的な重要性を探究している。一八八〇年までに、キリスト教の宣教団体として九つの異なる団体が、ナタル、ポンドランド、ズールーランドといった地域で活動していた。つまりメソジスト、ローマ・カトリック、会衆派、ルター派、聖公会、長老派が、フランス、ドイツ、スコットランド、ノルウェー、スウェーデン、アメリカ合衆国から合わせて九団体来ていたのである。

これらの団体間の差異についての慎重な分析（宣教の人員、目標、戦略といった観点から）を通して、イサリントンは次のような結論に達している。つまり、少なくともこの特定の地域においては、先住アフリカ人の間での反応の割合のちがいは、そうした差異では説明できないということである。実際、イサリントンは、宣教師たちに対立するさまざまな力がきわめて強かったため、どの団体も同様の戦略を展開したと論じている。その戦略とはつまり、伝道所の設営である。宣教師たちは、教会を築くための最良の（おそらくは唯一の）方法は、回心した少数者のために、彼らがもともと住んでいた共同体から離れて暮らすという選択肢を創出することであるということに気がついた。学校や教会や病院や売店を備えた宣教の複合施設によって、回心者たちには彼らがそれまで知っていた広い世界から隔絶された安全な生活が提供された。新たな宗教に対する地域住民の抵抗があまりに強烈であったために、彼らはこうした複合施設を作り出す以外にないと感じたのである。

例えば、アメリカン・ボード（アメリカ海外宣教委員会）は、一八三五年に六人の宣教師を南アフリカに送っている。彼らの戦略はズールー族の集団をまるごと回心させて、独立のキリスト教的共同体へと転換させてから、アフリカ各地にズールー族の宣教師を送ることであった。彼らアメリカ人宣教師はやがて、植民地当局の活動と対立するに至り、アフリカの黒人たちの地位を改善しようとした。にもかかわらず、彼らは、ズールー族の圧倒的多数派から粘り強い抵抗を受けた。思うに任せぬ努力が何年も続いた後、宣教師たちはついに、回心者が生き延びることのできる伝道所を設営するために、帝国の武力を用いて部族指導者の権力と権威を破壊することを支持したのである。

巨視的な社会関係

ロバート・L・モンゴメリーの指摘では、宗教の拡大は、伝道者がもともと属している社会と潜在的な回心者の属している社会的文脈との関係の影響を受けるという。[12] モンゴメリーの主張では、宗教は社会のアイデンティティの創出や統合や支持のための重要な資源を供給する。新しい宗教的選択の受容が可能になるのは、受け手側の社会への何らかの脅威が認識されて、しかもその脅威が新たな宗教的選択肢の生まれた場所とは別の源泉から生じている場合である。認識される脅威が存在しない場合、また、脅威が存在してもそれが新たな宗教と同じ場所から生じたものである場合には、新たな宗教的選択肢は拒絶される。ある特定の社会のいくつかの部門が、支配的集団の脅威のもとにあるといった状況も存在する。そのような事例では、脅かされている下位集団が、支配的集団に挑戦する可能性を有するような新たな宗教的選択肢を選ぶということもありうる。そのような下位集団は、支配的集団との戦いの有効な武器として新たな選択肢を用いるかもしれない。

モンゴメリーは韓国のキリスト教化を通して自らの理論モデルを例示している。キリスト教は、一九一〇年から一九四五年までの日本による占領の時期に、韓国においてきわめて重要な勢力となった。日本が韓国の人々のアイデンティティに対して与えた脅威が途方もないものであったため、人々は欧米人の宣教師によって伝道されたキリスト教の福音を歓迎したのである。イスラームがもっとも栄えたのは、アラブの軍隊がビザンチン帝国やペルシア帝国といった集団による抑圧から人々を解放することができた地域であったということも、これと同様の事情による。

新たな宗教の受容と拒絶に加えて混合が生じる。異国の者が統治を委任された状況にあっては、先住民は自らの固有のアイデンティティの維持に強烈に執着するとともに、受け手側の社会の価値観やアイデンティティを保存するために新たな宗教に修正を加えた。そのような混合は、征服された人々に対してキリスト教が押しつけられた植民地の多くにおいて歴然としている。

回心の触媒としての文脈

新たな選択肢に対する潜在的な回心者の反応を理解することは、研究者間で広く行われた議論や論争の的であった。そうした中で、ロビン・ホートンの「主知主義的理論」は重要な寄与である。これはホートンが、サハラ以南のアフリカにおけるキリスト教やイスラームの宣教師たちに対するさまざまな反応を説明するために展開したものである。[13]ホートンは、人間の認識が集団の経済的状況、政治的状況、社会文化的状況、地理的状況によって影響されると仮定し、回心者の反応が受動的ではなく、創造的かつ能動的であるという見解を支持している。実際、イスラームとキリスト教は、それらの導入に先立って働いていた先住民の宗教的な思考体系そのものの展開の背後で触媒の役割を果たしたにすぎないと彼は見ている。

ホートンの説明では、アフリカにおけるキリスト教とイスラームに対する反応は、各々の伝統が遭遇した文脈によって異なる。主知主義的理論の核心は、アフリカの宇宙論が小宇宙と大宇宙という二つの層、もしくは二つのレベルからなるということである。小宇宙は、地域の共同体や部族集団に固有の崇拝や儀礼や信念からなる。

この小宇宙にはさまざまな精霊や力が存在し、地域環境としての世界を支配していると解されている。他方、大宇宙はもっと広い世界や環境を包括するものであり、そこにはすべてを支配する力であるとともにさまざまな小さな精霊の起源でもある至高存在が位置づけられている。

至高存在とさまざまな精霊という両極間の強調のバランスは、共同体が小宇宙と大宇宙の各々に焦点を合わせる程度によって決定される。外部の広い世界とほとんど接触してこなかったような孤立した集団や固定的な集団は、土地の精霊に大部分のエネルギーを捧げる。他方、さまざまな民族や社会との間で意思の疎通をしたり旅行したり交易したりする集団は、至高存在の崇拝に一層大きな関心を持ちやすい。ホートンは、宗教と社会的母体が密接に絡み合っているため、社会文化的環境の変化は宗教的領域での変化を促すと考えている。

先住民の集団は、変転する宗教的要因、社会的要因、政治的要因、経済的要因に応じて絶えず宗教的イデオロギーを適応させている。これらの変化では、たとえ外部の力の導入や押し付けがない場合でも、人々は能動的で創造的である。こうして、ホートンの主張では、キリスト教やイスラームに対する最初の反応は、集団や個々人が小宇宙と大宇宙、小さな精霊の崇拝と至高存在の崇拝のどちらを重んじているかによって異なるのであった。主として小宇宙に焦点を合わせる集団は反応が鈍い。他方、大宇宙に身を投じていく集団は、特にキリスト教やイスラームに対して敏感に反応する。なぜなら、それらの宗教はさらに広大な世界と結びついた儀礼や信念を提供するからである。外部の要素に対する入念さと反応の程度は、これらの人々自身の能動的な適応によって規定されるのである。

文脈の中の宗教的要因

回心についてのホートンの理論が初めて発表されたのは一九七一年であるが、これは広範な議論の刺激となった。最初の批判は、ハンフリー・J・フィッシャーから発せられた。彼の批判は、ホートンが主にキリスト教の回心に関心を注ぎ、同じアフリカでのイスラームへの回心に対してはわずかな関心しか抱いていないという事実に集中している。[14] フィッシャーはまた、アフリカ人の生活で「純粋な」イスラームやキリスト教が果たしている役割をホートンが軽視しているとしている。彼はホートンが多様な反応を説明する際に用いているかなり単純な図式を拒絶する。フィッシャーの批判の主旨は、ホートンがキリスト教やイスラームのとりわけ宗教的な次元を認識しそこなっていることである。

フィッシャーは、アフリカにおけるイスラームの発展に関する三つの局面からなる図式を提示して、各々の局面における回心の差異を明確にしている。三つの局面とは隔離と混合と変革である。まず、隔離の局面では、ムスリムの貿易業者や商人や宗教的教育者や礼拝指導者がある地域に流入していくが、外部のより広い社会からは多少なりとも分離されている。この局面は何百年も続くことがある。回心を遂げる比較的少数の成員は多くの場合奴隷であるが、それは彼らが伝統社会から排除されているため、新たな宗教的選択肢を手に入れやすいからである。隔離の時期には、回心者はまだ数の上で少ししかいない。なぜならムスリムになるためには伝統社会と絶縁しなければならず、そのような絶縁の代償が大きいからである。

混合は、回心に対する防壁が崩壊するときにはじまる。フィッシャーによれば、回心は混合の局面ではむしろ、A・D・ノックのいう「支持」に近いものであることも多い。支持は回心ほど過去との間に激しい断絶を必要とはしない。[15] アフリカでは、人々が複数の信仰に関心を抱いて多様な儀礼的活動に与ることは、決して珍しくはない。そのような文脈の中で、ムスリムになることはかなり容易である。実際、イスラームは比較的容易に入信を受け入れるが、これはキリスト教が一般に長期間の訓練を要求するのとは対照的である。加入儀礼はただ「神のほかに神はなし」「ムハンマドは神の使徒なり」という信仰告白を口にするだけのことである。

変革の局面は多くの場合、**ジハード**（つまり聖戦）的な運動の形で現れる。それは一方ではイスラームへの排他的な忠誠を、他方ではイスラームの「高い」教理や行動での純粋性を要求する。この局面では、さまざまな習合信仰的な要素は激しく非難されたり一掃されたりする。フィッシャーは、変革期がはじまる主要な要因は読み書きの能力であると見ている。大半のムスリムはクルアーンその他のイスラームの文献の中で訓育されるため、混合的な環境の中でのイスラームと過去の純粋なイスラームとの間に解離を見出すようになる。彼らの中には、第二の強められた回心が生じる者も出てくる。イスラームに対する最初期の支持は、活発かつ純粋なイスラームへの回心に取って替わられる。その種の回心は、無関心な容認的態度から、深い献身や純粋性への移行を要求する。フィッシャーは言う。「変革されたイスラームは、新規の回心者にも改めて回心した者にも強情に抵抗する者にも等しく課せられるが、そのような変革の基礎は、イスラームの伝統に属する不朽の書物にすえられている。それはときとして、厳密な基準に対する厳格で過酷ですらある服従、そして、地域の伝統との明確な決別を伴うものである[16]」。

革新の拡散

リチャード・ビュリエットは、回心の性質を解釈するために「革新の拡散」理論を用いることを提案している。[17]この概念は最初、生物科学で形成されてから社会学に援用されたが、その後、新たなテクノロジーがいかにして世界の多様な場所において導入されるかを説明するために用いられるようになった。ビュリエットはイスラーム文化に現存するさまざまな伝記的資料を幅広く用いることによって、イランやイラク、エジプト、チュニジア、シリア、スペインにおける回心の重要な指標と考えられる改名の形跡と、そのような改名が回心のペースや経緯にいかなる関係を有するかを、慎重に調査している。[18]彼は、イスラームへの回心が革新の拡散理論と整合的な仕方で生じることを実証的に明らかにしている。

この理論では、人々による新たな概念の採用は、一般に標準分布曲線に沿って生じると仮定されている。標準分布曲線は、標準分布の総和を示すおなじみの釣鐘曲線、またはS字曲線で視覚化される。この釣鐘曲線ないしS字曲線は、標準偏差として知られる区間に分けられる。統計的な比率から、新概念導入の可能性が予測される。革新の拡散理論によれば、新たな選択肢を最初に採用するのは、人口の二・五％を構成する「革新者（イノベーター）」たちである。次の集団は、人口の一三・五％を占める「先行の採用者（アーリー・アダプター）」たちである。第三の集団は、全体の三四％を占める「初期の多数者（アーリー・マジョリティ）」である。同じく全体の三四％を占める「後続の多数者（レイト・マジョリティ）」が第四の集団である。第五の最後の集団は、回心に消極的な人々や抵抗する人々であり、つまり人口の一六％を占める「遅参者（ラガード）」と言われる人々である。

革新の拡散理論は、何か新しいものを採用する基礎となるのは情報へのアクセスであるという仮定に基づいている。新規なものを採用する人々の数が増えるにつれて、一種のバンドワゴン効果（多勢への傾き）が生じる。つまり、革新に対して関心を抱く人が増えれば増えるほど、それに対する抵抗が少なくなっていくという効果が生じるのである。ビュリエットは回心に対するこのようなアプローチの潜在的な意義を強調している。「このようなカテゴリーへの分類に関して有用なのは、回心を遂げた時期がちがえば、人々の回心の動機や経験もまたとても異なったものになることを示唆していることである」[19]。

ビュリエットは革新の拡散理論を用いて、四世紀の間にわたって生じたイスラームへの回心過程に関して、仮説的なタイムテーブルを作成した。イランでのイスラームへの回心についての詳細な研究に関して、六九五年以前にイスラームに回心した二・五％の人々こそ革新者であったと彼は述べている。このような革新的回心者は奴隷や捕虜など社会的地位がとても低い人々であった。彼らは非アラブ人として、**マワリ**（つまり、アラブ系諸部族の架空の成員）になることを求められたが、真のアラブ人よりも劣った存在と見なされたり差別されたりスティグマ化されたりした。この時代にムスリム名を名乗った回心者はほとんどいなかった。六九五年から七六二年までの間に、最終的な回心者の数の一三・五％にあたる先行の採用者たちが加わった。スティグマ化は次第に下火になっていったが、回心者がムスリムになることを拒絶した共同体の側は、なおも拒絶しつづけた。先行の採用者たちは聖書にちなんだ名前を用いはじめたが、ビュリエットの見解によれば、キリスト教やユダヤ教の共同体の前ではそれが安全であったようである。ビュリエットはさらに、「先行の採用者たちの大部分は、回心とともに居住地を変えることのできた人々であった」と述べている。「この集団の内部では、職人や商人や宗教的役職者や国家の役人などが見出された。しかし、もっとも重要なのは、彼らが一般的には土地所有者の集団から排除されていたことである」[20]。

七六二年から八二〇年の間、回心者の総数の三四％を占める初期の多数者が現れはじめた。ビュリエットは次のように述べている。「回心の障害の除去や減少とともに、非ムスリムによる迫害と同様、回心過程の決定に関わる主な要因は、おそらくは情報の拡散であった。イスラームはますますイラン人の生活の永続的かつ不動の側面と見なされるようになり、イスラームへの支持が絶対的な善であるという観念が広がっていった。それはちょうど、高度にテクノロジー化された過程や装置が絶対的に有利となるという観念が広がることに比せられる」[21]。

七七二年から八六九年の間に、回心の六〇％以上が生じた。バンドワゴン効果は初期の多数者や後続の多数者の局面においてはきわめて明白である。後続の多数者（今一度確認すれば、全体の三四％）は八二〇年から八七五年までの間に回心を遂げた。残りの一六％を占める「遅参者」たちは、八七五年から一〇〇九年の間に回心した。イランにおけるイスラームへの回心者がますます増えていくにつれ、明らかにムスリム的な五つの名前を使用する例が目覚しい増加を見せた。つまり、ムハンマド、アフマド、アリ、アル＝ハッサン、アル＝フセインの五つである。バンドワゴン効果のおかげで、回心者たちは新たな帰属先を自分の名前によって公的に示すことができ、また、そうしたからといって何ら否定的な結果を被らずに済むようになったのである。

差異をもたらす動機と経験

ビュリエットの著作からいくつかの重要な論点が出てくる。第一に、彼は歴史における時期が異なれば回心過程もまた異なるということを示唆している。回心研究者の中には、回心を普遍かつ不変の静的現象として概念化しつづけている人々もいる。また、神学者の中には、単一の特殊なモデルを必須のものとして支持する人々もいる。ビュリエットはこれまで、回心が動的な過程であり、それは場所と時代によって異なったものになることを示してきた。回心した人々のタイプ、彼らの経験の性質、さらに回心の帰結はいずれも時代や場所に応じて異なっているのである。第二に、彼は、回心が累積的な過程であることを明らかにしている。言い換えれば、多数の人々の回心が弾みとなり、この過程を次第に拡張していくのである。

宣教師の適応

個人的かつ動的な出会いは、伝道者にどのような変化をもたらすのだろうか。そのような相互作用は、潜在的な回心者――つまり回心する人々と抵抗する人々――のみならず、伝道者に対してもさまざまな帰結をもたらす。宣教師は影響力を与えたいと思うので、特定の状況下でより多くの成功を収めるために状況を評価したり戦略や戦術を修正したりする。宣教師の中には、単なる方法論が保証するよりもさらに深い仕方で変化を遂げる者もいる。[22] スティーヴン・カプランは宣教師のたどる変化を六つのタイプに分けている。それは寛容、翻訳、同化、キリスト教化、文化変容、取り込みの六つである。[23] 彼の研究はアフリカにおける宣教に焦点を当てたものだが、これらのタイプは世界中の宣教活動についても妥当すると思われる。

寛容

寛容は多くの場合、伝道者にとって手段であったり機能上の必要であったりする。多少とも不愉快に思われる信念や実践と出くわしたとき、宣教師はこれらの信念や実践の現実と直面しなければならないし、これらに対する寛容が、そのような不快な行動や態度を結果として変える説得過程を可能にすることを彼らは期待する。

翻訳

新たな宗教的メッセージを理解可能な形で伝えるために、宣教師は翻訳に従事する。カプランはこの言葉に、単に一つの言語からもう一つの言語への翻訳以上の意味を込めている。彼は、先住民の文化や慣習との類似点や類比を見出すことに関わる宣教師の創造性に注目している。そのような類似点や類比によってメッセージは身近なものになり、新たな物語が認知可能な衣装をまとうのである。

同化

宣教師の中には、特に具体的な状況下でいっそう踏み込んだ知識と経験を身につけた後で同化に従事する人々もいる。カプランによれば、宣教師はときとして先住民の文化の伝統と儀礼（例えば埋葬儀礼など）をキリスト教に活用することがある。たとえ彼らの先人たち、とりわけ十九世紀の宣教師が、出会った慣習にはじめ不快感を抱いたとしても、現代の宣教師の一部にとって現地の実践を採用することは主要な段階の一つである。しかしながら、土地の言語を学んだり土地の人々と関係を築いたりした後で、ある人々は、先住民の生活様式には現に多くの肯定的な側面があることに気づいたり、先住民の形式を礼拝に同化することがますます一般的になったりすることがある。

キリスト教化

キリスト教化もまた、宣教師の用いる戦略の一つである。先住民の特定の儀礼や実践は、あらゆる「非キリスト教的」要素が「洗い流されて」、公的には「キリスト教的」なものへと変容させられる。宣教師はこうして先住民の文化への単なる敬意からいっそう肯定的な立場へと移行する。これはヨーロッパの異教的慣習がたどったパターンであり、アフリカの実践がキリスト教的な生活様式の中で「聖化」されたり正当化されたりする際にたどるパターンとほとんど同じである。儀礼の形式は――確かにアフリカ的であり――元来は異教的なものであるかもしれないが、その内容は確かにキリスト教的なものである。

文化変容

文化変容という戦略は文化的な尊大さと不寛容が減少することに多くを負っている。部族生活の伝統的な要素を保存したり、ある場合には復元したりすることが、本来の人間的価値をもつと認識される。伝道者の自民族中心主義や文化的な無分別は変容させられるか、もしくは、少なくとも著しく緩和されて、宣教師は先住民の文化の維持と促進における重要な主体となる。宣教師の中には「現地化」したり、自分自身が属してきた西洋文化を投げ捨てたり、自分が奉仕している人々の生活様式を全面的に受け入れたりする人々もいる。[24]

取り込み

カプランによれば、究極的な変化は、宣教師がその先住民のさまざまな概念に深い感銘を受けて、それらを標準的なキリスト教の中に導入することである。そのような世界観や価値観や儀礼の取り込みはときとしてあまりにも完全なため、宣教者がもともと宣教地に持ち込んだのとは大きく異なるキリスト教的な見解を展開することもある。このような過程を代表する者として、ジョン・T・テイラーとヴィンセント・J・ドノヴァンの二人が挙げられる。聖公会の聖職者であるテイラーは、その傑出した著書『プライマル・ヴィジョン』でウガンダでの経験が自らのキリスト教観を変容させたことを報告している。[25] 他方、ドノヴァンは『キリスト教再発見』で、マサイ族の生活と思想との出会いや、それらが彼のキリスト教理解や宣教事業にもたらした効果について語っている。[26]

潜在的な回心者と回心者の適応

拒絶と受容という両極の間で生じるさまざまな出来事の布置はきわめて複雑である。ケシャリ・N・サハイは、長年にわたる出会いの経緯を記述したり解釈したりするために有用な一組のカテゴリーを提供している。サハイはインドのチョタナプル高原におけるウラオン族の人々の回心過程について大規模な調査を行っている。[27] ルター派の宣教師たちがこの地に到着したのは一八四〇年代のことであるが、その後、ローマ・カトリックのコンスタント・リーフェンス［一八五六―一八九三］がやって来るまでは回心者がほとんど現れなかった。サハイによれば、リーフェンスの成功の理由は、彼が貧しくて抑圧された人々の法律上の弁護人として奉仕したことに求められる。サハイは回心を遂げたウラオン族に関して、出会いがどのような形をとったかを五つの形式でとらえているが、これはわれわれの議論にも役に立つ。その五つの形式とは文化的変動、吟味、複合、先住民化、反転である。

変　動

出会いの早期の段階では、初期の回心者は、さまざまな伝統的信念とキリスト教への新たな献身との間で揺れ動いていた。彼らのキリスト教への帰属は名目的なものであり、彼らのほとんどは、キリスト教についてきわめて限定的な知識しか持っていなかった。なかには回心への動機づけが物質的な利益を受け取ることであった人々もいる。特に、横暴な地主たちに対抗する合法的な援助を受け取るためといった動機が少なくなかったのである。彼らがキリスト教徒になることをどんなに欲しようとも、新たな回心者たちは依然としてサルナ族［クシャトリアの一部族］の伝統に深く結びついていた。トラブルに突き当たったとき、彼らは旧来の癒しの方法に立ち返った。サハイの報告では、ローマ・カトリックへの回心者の八三％、ルター派への回心者の九三％が、依然として魔術や妖術への信念を認めていたのであった。

吟味

時が経つにつれて、ウラオン族の回心者たちは、新たな信念を明確にするために、自分たちの育った伝統の中でキリスト教と両立不可能と見なされた要素をさらに取り除いていった。知識が増大するにつれて、彼らは信念体系間の矛盾をさらに自覚するようになり、キリスト教徒としての新たなアイデンティティを確立するために、非信徒との区別となるような公然たる振る舞いをしばしば行った。例えば**チュンディ**（冠毛）を切り取ったこともその一つである。キリスト教への回心者はまた、額の小さな十字架を除いて刺青の使用を拒んだ。いくつかの「世俗的」伝統は保存されたが、古い伝統の中でも特に「宗教的」な要素は取り除かれた。多くの人々が新たな信念を実験にかけ、伝統儀礼の効力を試したのである。

複合

キリスト教のさまざまな要素を地域のウラオン族的な伝統と混合させる戦略もとられた。踊りは部族文化の重要な要素であったが、欧米人の宣教師の中には、踊りが不適切な性的活動を刺激するのではないかと危惧する人々もいた。この問題に関してはしばらく葛藤が続いたが、その後は双方が妥協に乗り出し、宣教師は踊りを現地文化の不可欠な部分として認めたのである。

先住民化

キリスト教的（あるいは、西洋的と言ったほうが正確な場合もある）伝統は、その土地で物事を処理する際の方法の中に組み込まれた。例えば、認められなかったある儀礼や活動が伝統的文化から取り除かれた場合、人々はそれと同等な実践を宣教師の中から探し出して、今度はそれを自らの生活の一部にした。こうして、融合と置き換えが生じたのである。

反　転

キリスト教化の時期が二世代続いた後で、人々がときとして、これまでは抑圧されてきた自らの文化のさまざまな要素を再評価して、特定の実践を再び採用することが妥当であるという決定を下すことも出てきた。例えば、朱砂は伝統的な婚礼や祝祭に不可欠な要素であった。ウラオン族は一度はそれを捨てたが、後の時代になって、彼らの中の回心者たちはその宝石をもう一度使うことがキリスト教の原理と矛盾しないという判断を下した。サハイの結論は、キリスト教的なアイデンティティがウラオン族の中で確立し、彼らが信仰に関していっそう成熟したとき、彼らはかつて拒絶していた伝統に対して、以前よりも肯定的になったということである。

伝道者と潜在的な回心者が相互に応答する過程を観察し、長年にわたる両者の出会いの性質をよりよく理解するためには、サハイのモデルもまた有用な方法の一つである。

第八章　相互作用

　最初の出会い以降もその新たな宗教的選択肢に留まる人々にとって、選んだ宗教集団との相互作用は強いものとなる。潜在的な回心者は今やその集団の教え、ライフスタイル、期待するところを学び、公式にせよ非公式にせよ、その集団により完全に組み込まれていく機会が与えられる。この局面がどの程度強烈で、どれほど長続きするかは集団によって異なる。とても長い期間にわたる教育と集団への適応の必要を主張する信仰もあるし、短く集中的な期間をより重視して、潜在的な回心者に決心を促したり要求したりする信仰もある。

　相互作用の段階では、潜在的な回心者が接触を継続して関わりを強めるか、あるいは伝道者が、その人を回心させる可能性を広げるために相互作用を保とうとする。ここでもまた、伝道者の側に操作と説得を両極とする帯域があるように、潜在的な回心者の側にも受動性と能動性の帯域がある。例えば正統派ユダヤ教徒など、いくつかの集団は回心をあえて勧めないので、潜在的な回心者自身が相当積極的にならなければユダヤ教の指導を引き受けてくれるラビを見つけることはできない。このように、宗教的権威によって敷居が高く設定されている。南部バプテスト、統一教会、あるいは末日聖徒イエス・キリスト教会といった他の集団は、（無差別というわけではないにせよ）新たな成員の獲得に熱心であり、潜在的な回心者を説得し、回心を促すさまざまな手段を見出そう

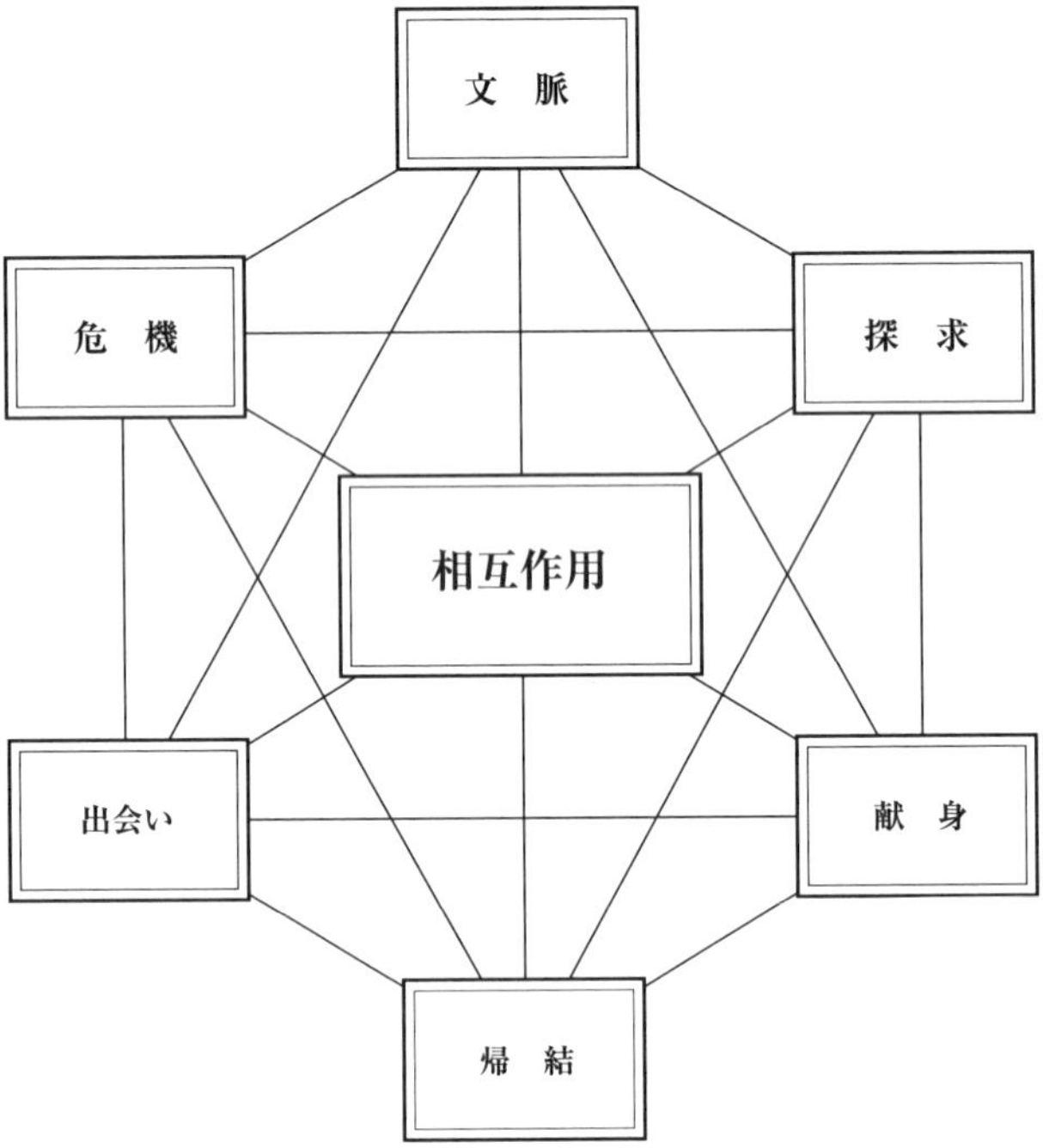

図 12　第五段階：相互作用

とする。ローマ・カトリック教会は、成人のためのキリスト教入信儀礼（RCIA〔Rite of Christian Initiation for Adults〕）と呼ばれるプログラムを設けている。これは、一年間にわたる授業、黙想、典礼、霊的指導および共同生活で、それによって潜在的な回心者をローマ・カトリック教会へと導き、彼らに教会の神学、典礼、組織、生活様式を教えることができるようになっている。[1] しかし、たいていのローマ・カトリック信徒は、ＲＣＩＡに加わる人々を探すために積極的に社会に出ていったりはしない。これはあくまで、情報を求め、回心したいという願いをもって、自分で率先して教会を訪れる人々のためのプログラムなのである。[2]

隔　離

隔離の過程の性質に関する議論をすることで、相互作用の段階における効果をより完全に理解できるようになるかもしれない（社会学者のアーサー・グレイルとデイヴィッド・ルディによって広範な研究がなされている）。その過程は、回心の決定的要素が作用する領域あるいは母体を創り出す。[3] これらの過程は、関係、儀礼、レトリック、役割という四つの構成要素からなる。

隔離はさまざまな宗教集団が自らの「世界」を創造し維持していく方法であるため、とりわけ重要であるように思われる。そのような集団を観察するとき、私は何年も前に見たテレビ番組のレポートを思い出すことがある。それはテキサス州ヒューストンの少年に関するもので、彼の免疫系はまったく働かなくなっていた。その子どもを保護するために、医者たちは巨大なプラスチックのカプセルを作り、子どもはその中で、外部のすべてのバクテリアやウィルスからさえぎられていた。同じように、リベラルな宗教集団も保守的な宗教集団も、ともに、少年の暮らしていたカプセルを思わせるような、隔離された自分たちの世界を創っているということに私は気づいた。そうしたカプセルの中で、彼らの信仰、行為、経験は特別な意味と価値を持つ。しかし、その圏外では、独特のさまざまなスピリチュアルな概念を伝えることは困難であることが多く、その妥当性や価値を伝えるとなるといっそう困難である。回心過程において、潜在的信者は、回心過程を開始するか強化するために、こうした自己充足的な世界に入るように誘われたり、説得（強制と言う人もいるだろう）されたりする。これは、孤立した布教施設を用いるアフリカ宣教戦略を思わせる。[4]

隔離戦略（潜在的な回心者が孤立し、外部の人々や、他のイデオロギーや、本、新聞、ラジオ、テレビ等のコミュニケーションを制限されている度合い）は、相互作用の段階における決定的特色となりうる。隔離は悪意のあるものに見えるが、だれでも新たなことを教えようとするときにはある程度は採用する手段である。あらゆる教室は、目の前の話題に集中させ、雑音や競合する想念を制御し、中断を最小限にすることがあるという点ではある種の隔離である。もし、人々を変えるために情報の流れを制御することが必要であるとすれば、問題は、人々が隔離を用いるか否かではなく、どのように使うか、ということになる。つまり問題は、用いられる隔離の程度と種類である。

もしも宗教集団が外部世界に対して肯定的であれば、その集団の傾向として、かなり柔軟に境界が設けられ、集団内外のコミュニケーションや社会的相互交流の管理もゆるやかだろう。外部世界に対して拒絶感や疑念を抱いている集団は、部外者を厳しく排除し、コミュニケーションや社会的相互交流に対してはるかに広範な圧力をかける傾向にある。ある集団によって必要であると見なされる管理の程度は、マクロな文脈においてその集団の地位がどのように認識されているかによって決定される。もしもその集団が外部世界から「逸脱」していると見なされているなら、その集団は自らを隔離し、「邪悪な」世界を拒まざるをえないと感じるだろう。

隔離の程度は、その集団の神学によっても影響される。ある集団が、原理主義的なキリスト教徒のように、この世のことを悪、闇、サタンの支配圏であると見ているとき、彼らは積極的に自らの集団と潜在的な回心者をその邪悪な世界から孤立させ、分離させようとする。彼らの回心様式は、回心者の罪深さや過去の生活がいかに不道徳で堕落し、悪の世界に浸され、汚れていたかを強調するものである。[5]

隔離を理解するもう一つの価値ある方法は、集団や共同体によって用いられている回心のモチーフをよく理解することである。第一章で紹介した、ロフランドとスコノヴドの六つの回心モチーフ（知的、神秘的、実験的、情緒的、リヴァイヴァル的、強制的）がここでは有意義である。知的なタイプ、実験的なタイプ、また、ときには神秘的なタイプの回心の場合には、潜在的な回心者はとても積極的に新たな可能性を探し求めており、従わなければならないと感じる社会的圧力はかなり小さい。隔離は、それに応じてゆるやかなものとなりやすい。なぜなら、主として、潜在的な回心者を操作するのではなくむしろ探究者に開かれており、スピリチュアルな目標の自由な追求を推奨するような集団がこうしたタイプの回心を支持するからである。情緒的タイプ、リヴァイヴァルのタイプ、強制的なタイプの回心モチーフは、集団からの高いレベルの圧力を受けやすく、それらは人々を弱くさせるか、あるいは、持っている弱さを利用して回心させようとする。情動的満足感と弱さをこのように自覚的に操作することは、明らかに洗脳や強制説得に近いものであり、厳しい隔離の条件下でとても効果のある戦略である。

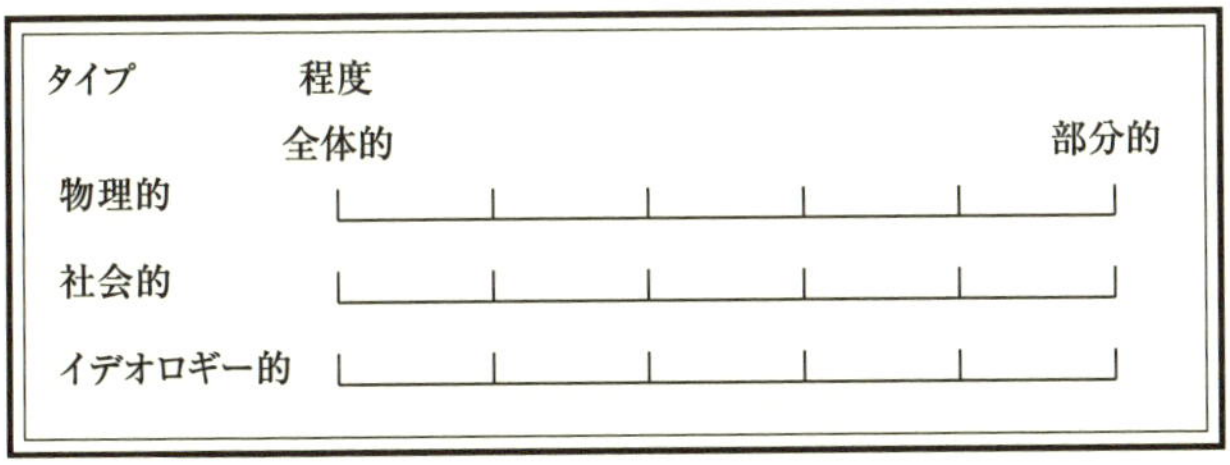

図13　隔離の過程

このような記述は人をきわめて不愉快にさせるかもしれない。しかし、宗教への関わりや献身を喚起するためには、善意の人々でさえ、情動的なアメとムチを慎重に配置しながら他人を意図的に操作することがありうるだろうし、また、実際に多くの場合そうしているというのは議論の余地がない。[6]

三種類の隔離——物理的、社会的、イデオロギー的——は、相互に完全には区別できず、むしろ重なりあい、補強しあう条件を課すことになる。[7] またしても問題は、単純な「あれかこれか」ではなく、「あれもこれも」の組み合わせであり、さまざまな過程の連続体として表されるかもしれない。

物理的隔離は、伝道者が、重要で適切で役に立つと見なすもの以外の情報源を遮断するために、コミュニケーションを統制できるような遠く離れた場所やへんぴな地域に人々を移動させることで可能になるだろう。修道院、布教施設、宗教的共同体、ゲットーのように、距離ではなく現実の壁によっても物理的隔離は可能である。

社会的隔離は、「部外者」との有意な接触を制限するライフスタイルのパターンに潜在的な回心者をはめ込むことを意味する。聖書研究や、礼拝、祈りなど、教会が主催または認可しているさまざまな活動に、教会員が自由時間のすべてを充てるように求めている教会もある。ハレ・クリシュナ、シーク教徒、正統派ユダヤ教徒は、変わった特殊な身なりをすることで社会的隔離を促進している。それは信者と部外者の両者に対して、成員の地位や役割や選ばれた「他者性」の明らかな区別を示して気づかせる役割を果たしている。

イデオロギー的隔離には、信者が代替的な信念体系や競合的な信念体系にかぶれ

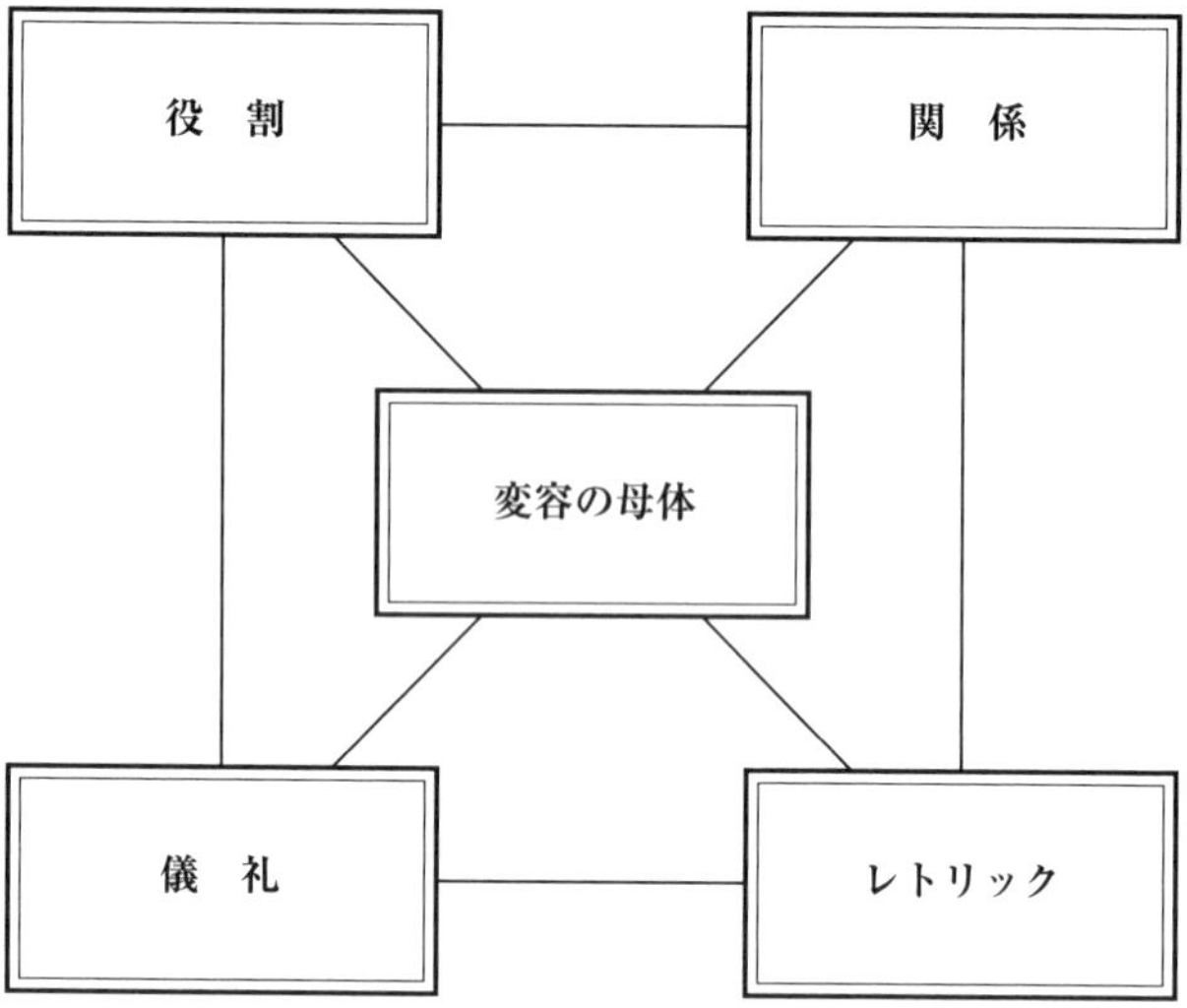

図 14　変容の母体

ないように、「予防接種」をほどこすような、世界観と信念体系の育成が含まれる。成員と潜在的な回心者はともに、自分たちの信仰の純粋性や神聖性だけでなく、外部世界の信仰が破壊的であること、多くの場合、「真理」を護るために信者たちが帯びている特別な責任をも思い起こさせられる。人々はたびたびあからさまに、「敵」のイデオロギーに含まれる仮定や方法や価値に対して批判的になるように訓練される。私は学部生時代に、とりわけ保守的だったある教授に「リベラル」な聖書解釈のさまざまな形態について教わったことを思い出す。その教授はわれわれに対して、無警戒な人々の頭に巧みに刷り込まれている曲解の詳細を示して、聖書の権威を傷つけているリベラル派の見解をどのように分析し、批判したらよいかということを教育した。これは、いかに善意によるものであるとしても、思考を停止させたり硬直化させたりするイデオロギー的な予防接種である。

影響圏が隔離によって創り出されている場合、相互作用は四つの次元で展開される。

１ **関係**は、集団に対する情動的絆を創り出し、安定化させ、新たなパースペクティヴの現実性を日々高めていく。

2 **儀礼**は、新たな生き方に同一化し接続する統合的様式を提供する。
3 **レトリック**は、解釈体系を提供し、回心者にガイダンスと意味を提供する。
4 **役割**は、達成すべき特別な使命を与えることで、個人の関わりを強固にする。

言い換えれば、回心者が今やだれと働きかけあうのか、回心者が実際にどんな独自なことを行うのか、回心者はいかにして異なった考え方、話し方をするのか、そして、回心者は自らが新たに何になったと信じているのか。集団によって各要素が強調される程度は異なるだろうが、これら四つの要素は回心過程において相互に作用し、補強しあう。[8]

関係――「幸いなるかな、結びつける絆」

親族関係と友人関係のネットワークは、回心への抵抗と拒絶にも影響するが、ほとんどの回心にとって根本的なものである。[9] 私の研究では、関係のパターンが制御される度合いや、回心過程の前後で関係にどの程度の連続性と強度が存在するのか観察してきた。私が論じたいのは、関係はたいていの回心にとって重要であるが、しかしすべてにとって重要なわけではなく、関係の力学は、さらに体系的に吟味される必要があることである。関係は、回心過程にとってさまざまな仕方で決定的なものとなるだろう。何人かの研究者の理論化では、回心の最中に親密な個人的関係を築くことで、回心者は深いレベルで受容されたと感じることができ、そのような個人的確信が新たな方向づけに活力を与えるようなエネルギーを放出する。[10] また別の研究者の理論化では、人々は集団に受容される経験によって葛藤を乗り越えたり自己評価を高めたり人生に対する新たな視点を手にしたりする。いずれにしても、たいていの社会科学者は、関係が——友人関係も血縁関係もともに——勧誘の主要経路であることに同意している。

友人や家族のネットワークを通じて宗教団体に関わるようになる人が多い。強力な信仰集団という関係は、補償的機能を果たしうる。つまり、恵まれない家庭や社会的背景のもとに育った人々は、支えとなる集団の中で得られる養育をこの上なく大切に思うのである。関係はまた、成長と発展の触媒とも母体ともなりうる。愛に満ちた雰囲気の中で見出される刺激、安心感、支えは、人生の問題に直面したり、新たな可能性を発見したり試みたりしている人々には助けになる。最後に、関係は宗教的方向づけを確認させて安定化する。心からの親友や家族が、共通の宗教団体の世界観、ライフスタイル、目標を肯定してくれるとき、こうした裏打ちが「本物の」世界の創造にとって決定的となる。全体として、関係は回心者に安心できる環境を与え、それが回心者の新たな人生を育んだり支えたり励ましたり持続させたりする。すべての回心者ではないにせよ、回心**以前**に関係を確立する人が多いので、一般的なパターンとしてこれに注目しておくことが重要である。私が五十人以上の回心者に行ったインタヴューでも、回心過程において関係がとても重要であることが見出された。例外はわずか三、四人であった。多くの人々にとって、新たな視点や新たな生き方を持つようになるとき、友人や家族のだれかとの関係が決定的であった。

回心過程の中で関係が果たす役割には、いくつかの重要な力学が作用している。一つには、友人は一般に信頼が置けるものと見なされている。（説得に関する文献は、このような伝道者の信頼性を「情報源の信頼性」として記述している）。宗教的信念は、入信していない者にとっては、多くの場合とても奇妙であり、ふつうでないように見える。しかし、知人や信頼している人物がそうした信念を奉じるようになると、その信念が妥当であると思うようになりやすく、自らで探求をはじめることさえ容易になる。

私のインタヴュー調査に現われたもう一つのテーマは、新たな信念体系が有効になるには、多くの場合個人的関係が重要になるということである。潜在的な信奉者が、知りあいのだれかが本当に変化したのを自らの目で見ることもある。何年も前から某氏を知っているが、今や彼は「まったくちがってしまった」というような噂を聞くのも珍しくはない。伝道されている神学の価値が確固たるものになるのには、こうした観察が重要なのである。チャールズ・コルソン[訳注1]は自伝『新生』（Born Again）で次のように語っている。[11] コルソンは、知りあいのレイセオン社社長のトム・フィリップスが何らかの宗教経験を経て、いかに変わったように見えたかを想起している。当初からフィリップスは起こったことについてコルソンに語っていたが、彼が興味を持ったのはウォーターゲート事件[訳注2]で告発されてからであった。一九七三年八月十二日、フィリップスは、ビリー・グラハム[訳注3]の伝道における自身の回心の詳細について語った。フィリップスは続いて、救われるためにコルソンがなすべきことを述べはじめた。フィリップスの愛、奉仕、温かさ、混じり気のない憐れみにコルソンは深く心を打たれ、それが彼の転機となった。コルソンは聖書を学びはじめ、C・S・ルイスなどキリスト教作家の著作を読んだり、他のキリスト教徒と語りあったりするようになった。その後の二、三カ月は、キリスト教徒の友人たちの愛と気づかいが、コルソンが回心する環境を育んだ。

私は個人的関係が唯一無二の回心の「原因」であると主張しているわけではない。歴史上には、明らかに多くの例外がある。しかしながら、今日の世界においては、信仰を育む環境は多くの場合、個人的関係によって与えられると、私は強く信じている。回心が内容において知的なものである場合でさえ、友人関係や支援体制の存在が、知的な問題やスピリチュアルな問題を探求することを可能にする決定的な環境を与える。C・S・ルイスの回心は、彼自身や他の人々によって豊かな分析を施されているが、一般的には知的探求の成果であると見られている。実際、彼自身そのように記述している。しかし、ルイスに関する伝記的著作や、彼の自伝『喜びのおとずれ』[訳注4]を読んでみれば、大学や仕事上での同僚たち（「インクリングス」[訳注5]）との関係が、信仰の問題を探求しやすい環境を与えてくれたことは明らかである。私は、ルイスの回心の意志的で知的な次元を軽視するべきとは思わないが、ルイスの人生の変化を説得力のあるものであり、意味深いものとした、互いを支え合う環境を認めて評価すべきであると考える。もしも、ルイスの内的苦闘がもっとも危機的であった時期に、H・V・V・ダイソンやJ・R・R・トールキンのような人々が身近にいなかったらどうなっていただろうかと思わざるをえない。[12] ルイスが、他の人々の回心においても重要な役割を演じたということはまったく明らかである。そのうちでもっとも有名なのは、おそらくシェルドン・ヴァノーケンの回心で、彼の自伝『峻厳なる慈悲』には、彼の回心とルイスとの友人関係の及ぼした影響について詳しく描かれている。[13]

心理学者のチャナ・ウルマンは、回心過程に対して関係が持つ重要性について組織的な研究を行ってきた。[14] 彼女は、自らの調査プロジェクトの中で七〇名を対象にインタヴューとテストを行った。対象者は、四つの異なった集団（バハーイ教、ユダヤ教、ローマ・カトリック、ハレ・クリシュナ）への回心者四〇名、回心者ではなく生涯教会にとどまり活動しているユダヤ教とカトリックの三〇名である。結果は彼女を驚かせた。人々が自らの信念上の仮定や、新たな信念体系の性質、妥当性を吟味して、その後に献身するというような知的な過程としての回心の調査を彼女は開始したはずだった。ウルマンが発見したのは、生涯教会に留まっている信者とは対照的に、回心者たちは一様に、幼児期や青年期や回心の直前の時期に関係や情動にまつわる問題を長い間抱えていたということであった。

しかしながら、ウルマンの発見の中核は、統計的に有意なレベルで、回心者たちが父親不在だったり弱い父親を持っていたり虐待癖のある父親を持っていたりしたことであった。このような深刻な心理的な喪失体験や虐待は、回心を動機づけたり影響を与えたりしているように見えた。多くの事例において、回心者は、自らが回心して入っていく集団の導師（グル）、ラビ、聖職者等の人々と強い関係を築いていた。ウルマンによると、こうした関係は彼らの回心において絶対的な中心を占めていた。

社会学者のジャネット・ジェイコブスが脱回心や背教に関する調査を行っているが、同じような結果を見出した。[15]彼女の調査対象はかつてさまざまな集団の成員であった人々である。ジェイコブスは彼らに脱会の経緯だけでなく、そもそもどのようにして彼らがそれらの集団に関わるようになったのかを質問した。ジェイコブスはウルマンと同じように、集団の指導者や成員との個人的関係が、回心においても脱回心においても決定的であることを発見した。実際、ジェイコブスは回心と脱回心過程を、恋に落ちたり幻滅したりすることとして解釈している。つまり、情動的要求が回心者を集団に引き込み、こうした要求がうまく充足されなかったりその人が集団にひどい扱いを受けたと感じたりした場合には、その人は、まったく気が進まないながらも去っていくだろう。情動的なつながりを切り離すことは、ほとんど不可能に近いとは言わないまでも困難なことが多かった。

関係の重要性は、アフリカのいくつかの地域におけるイスラームへの回心過程においてもまた証明されている。アレンズによれば、サハラ以南のアフリカでイスラームが重要になったのは、一つにはパトロン制を通じてのことである。新参者はパトロンを介して村に入ることを認められる。彼らの間には、たがいに相手に対する義務を受け入れあうような父子関係ができあがる。「父」が「息子」の名親となり、ゆえに「息子」は、拡張された親族関係のネットワークに組み込まれる。もしも名親がムスリムであれば、「客人」もまたムスリムとなる。それは共同体の完全な成員になるための不可欠な段階である。新参者はこうして共同体に出入りできるようになり、名親は共同体の中に彼の社会的絆を作り上げることによって威信と力を手に入れる。こうしたパターンは、深い情動的な熱意よりもむしろ物質的な便宜によるものであり、西洋のキリスト教徒はそのようなしきたりを「純粋な」回心でないのは明らかであるとして批判する。もっとも、キリスト教の宣教地でも、またアメリカ国内でも（もしも問題を客観的に検討する気があればだが）、多くの回心は同様の力学を反映していると言えるだろう。[16]

このように関係を強調したからといって、そのことはこうした回心の妥当性や価値を疑問視しようというわけではなく、むしろ多くの人々に生じている実際の回心過程を観察するためである。一九八九年秋と、一九九〇年春、私はボストンキリストの教会（Boston Church of Christ）として知られている運動について参与観察調査を行った。この運動は、成員の拡大の点でも維持の点でも師弟関係を中心的要素としている。[17] この集団はきわめて熱心に外部の人々に働きかけて彼らと友人関係を築いて福音を共有しようとし、信頼や公平や恭順を心に育むよう努める。この集団の教会は、「師弟牧会」(discipling ministries) として知られており、彼らが重視するのは聖書を学習することと、自らを愛して面倒をみてくれる人との具体的で親密な関係の中でキリストの生に従うことである。このように、師弟関係が回心過程の中心にある。

ヤーレ・シメンセンは、この話題に関する刺激的な観点を提出している。ノルウェーの宣教師たちの南アフリカのズールー族への布教を研究して、彼は、回心過程を宣教師と回心者の相互取引として見ることができると考えるようになった。取引はどちらの側からも着手される。宣教師たちはスピリチュアルな要求や教育上の要求や健康管理上の要求を充たし、回心者はその見返りに新たな宗教的信念体系に注意を向けたり参加したり信奉したりするのである。[18]

回心の関係の次元ではカリスマ的指導者もまた重要である。[19] 多くの事例において、カリスマ的指導者が直接、回心者と関わることはないが、そのイメージや人格は回心において重要な役割を果たしている。多くの人々がカリスマ的指導者の力とエネルギー――実際のものでも想像上のものでも――を感じ取って、それらは回心において強力な触媒となっている。私はビリー・グラハムの人気に何年もの間、魅了されてきた。グラハムがカリスマ的であることは、支持者も批判者もひとしく認めるところである。グラハムが来ているときの方が、彼の組織の他の福音伝道者が出席しているときよりも、伝道集会の終わりの「招き」に応える人が多い。数年前に私は、カリフォルニア州サンノゼで行われたグラハムの伝道集会に出席したが、サンフランシスコ湾の一帯はアメリカでも有数の世俗化された地域であるにもかかわらず、何千もの人々が彼の説教を聴きに集まって来ていた。単にビリー・グラハムという人物を「体験」したいというだけで来た人々も多かった。グラハムのように強力に自らのメッセージを体現している人物は、多くの人々を強くひきつける力を持っている。

私が話をした多くの回心者が、導師（グル）、指導者、説教師、教師を見ることによって受け止めた霊感にエネルギーを与えられて、自分自身の生き方をより真剣に考えるようになったと述べていた。ある事例では、回心の触媒にもっとも近い役割を果たしたのは指導者であった。数年前に、キリスト教に回心したばかりの女性が報告していた例では、日曜日の朝に適当にテレビのチャンネルを回しているときに、たまたまオラル・ロバーツ[訳注6]の説教を見かけて聴き入ってしまったという。彼女の人生は変容した。現在ではロバーツの神学や組織に批判的になっているが、彼女はテレビでオラル・ロバーツを見たことが自らの信仰の回心の刺激となったと、困惑しながらも認めている。

儀礼――魂の振り付け

ヴィクター・ターナーの文化人類学の輝かしい業績は、『儀礼の過程』[20]にもっともよく現れており、宗教生活における儀礼の重要性について真剣に研究するよう研究者たちに注意を促した。過去において、研究者たちの多くは、儀礼がただ退屈で概して内容の無い宗教的言語や行為の反復であるとして、見向きもしなかったり軽んじたりする傾向があった。研究者たちは、こうした見解の妥当性を否定しないながらも、**いくつかの**儀礼について儀礼が宗教生活において決定的な役割を果たすこともあることを認識するようになってきた。儀礼が宗教のその他すべての側面に先立つと論じる者もいる。人々はまず宗教的**行為をし**、その後で神学によってその過程を**合理化する**というのである。どちらが先であろうと、儀礼が回心過程に重要な影響を有していることは明らかである。私の見解では、宗教的行為――規則化されていて持続的で意図的な宗教的行為――は、回心体験にとって根本的である。儀礼は、必要な方向性を与えたり、精神と魂が回心体験を得られるよう準備したり、最初の体験の後でも回心を確固としたものにしたりする。

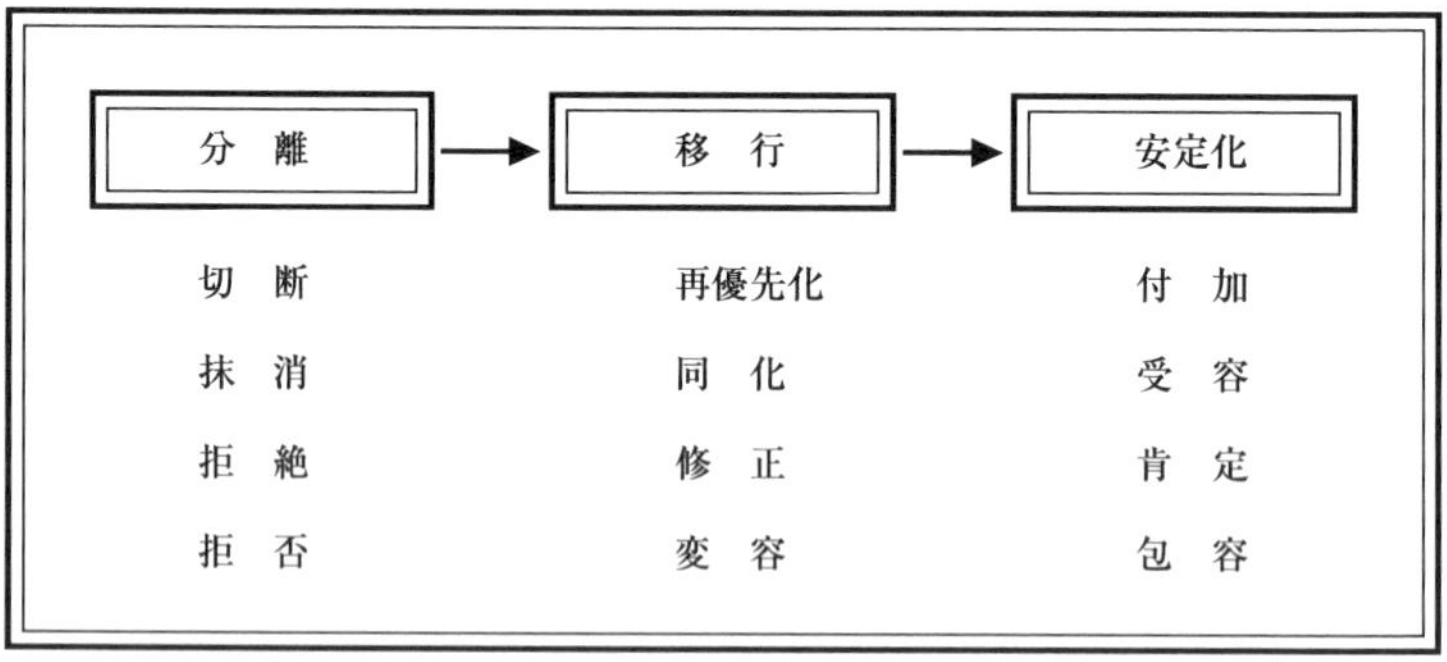

図15　儀礼の過程

儀礼はいくつかの点で決定的である。儀礼は、認知的知識とは異なるが、同じくらい重要な形式の知識を与える。それは体現された知識あるいはホリスティックな知識と呼んでもよいだろう。私は、初めてローマ・カトリックの叙階式に立ちあったときに、若い男性たちが司教に服従を誓って床にひれ伏すのを見てはっとさせられた。あの経験を振り返ってみると、あの男性たちが床にひれ伏すことによって身に付けたことは、単に握手によって誓いを復唱することで得られることとは大きく異なっていることがわかる。同様に、祈るためにひざまずくことは、座ったり立ったりして祈ることとはまったく異なる体験である。体験に優劣があるということではないが、しかし、身体的過程や精神的過程や経験的過程などと内面的な応答とは、それぞれの状況において異なっているということである。

セオドア・W・ジェニングスは、儀礼は、さまざまな形態の知識を獲得したり伝達したり表明したりする一つの方法であると主張している。「儀礼的行為とは、参加者が世界の中で自らが何者であり、それが世界と『どう関わるか』を発見する手段である」[21]。儀礼によって、潜在的な回心者や回心したばかりの者は、回心が要求する新たな生き方を理解したり身体で表現したりすることが可能になる。多くのキリスト教集団にとって、潜在的な回心者や新たな回心者は「闇の中に生きている」と見なされるので、その人は検討中の新たな人生について多くの知識を必要としていると見なされる。儀礼は、新たな人生について重要な教訓を与えるのに役立つだけでなく反復的な強化としても機能する。

儀礼の助けによって、人々は異なる行為ができるようになる。いつお辞儀をしたりひざまずいたり立ち上がったりするか、どのように聖書を持つか、牧師や司祭やラビにどのように話しかけるのかといった細かなことにはじまり、より深遠な真理や教えに至るまで、儀礼は礼拝や服従や賛美の本質を明らかにする点で決定的である。ジェニングスは「儀礼はあらゆる重要な行為のパラダイムとして機能する」[22]と主張している。回心者の人生において、人生に対する態度、他者に対する態度、世界に対する態度、神に対する態度は、儀礼の力によって形が与えられている。

儀礼的行為は一斉に歌唱や朗唱や身振りを行うことによって共同体を確固たるものとして深い帰属感を浸透させる。儀礼はまた、新たな信仰の物語を部外者に伝える方法でもある。集団の信仰を伝達することは、他の人々に知らせて参加を呼びかける手段である。究極的には、儀礼は信者によって「神との舞踏」と見なされる。それによって人は神のことを、宇宙や個人の創造者や維持者として、また、人生のさまざまな事業において変わることのない伴侶として見る気にさせるような行為のパターンである。

儀礼は、伝道されている宗教の信念体系に対して体験的な承認を与える。合意を得ている宗教的権威が存在しないとき、儀礼を経験することがある運動の教義の承認にとって中心的なものとなると言ってよいだろう。儀礼にはさまざまな瞑想の技法も含まれるが、それによって直接的かつ個人的にスピリチュアルな現象を体験することができ、その体験が、伝道されている教理を確認するものであると集団によって解釈される。

ジェイムズ・ダウントンによる、ディヴァイン・ライト・ミッションへの回心の調査は、特定の儀礼を遂行して、教えられている教義の性質を個人的に経験できるようにすることの重要性に注目している。「光を見ること」は、眼球の上部の視神経を圧迫する技法によって可能になる。「ネクターを味わうこと」は、喉に流れ込んでいく液体を味わうように舌を喉の奥で丸めると生じる。[23]

多くのキリスト教集団は全身を水に浸すことによる洗礼（浸礼）を要求する。これは死と再生の再現であり、それは「新生」の過程の中で古い自己が死んで新たな自己が創造されることを確証する。多くの回心者は、浸礼という象徴的浄化の最中に罪の重荷が文字通りに身体から取り去られるのを感じたと報告している。

回心の戦略は、典型的には脱構築と再構築という二つの基本的なタイプの儀礼を採用する。社会科学者たちは、彼らが多くの場合「格下げ儀式」[24]と呼ぶものの性質を明らかにしようとしてきた。それは、人を打ちのめして新たな集団が精神を鍛え直すことを容易にしたり、その人にとって破壊的であり逆効果であると見なされる古い行動パターンを粉砕したりする儀礼である。部外者は解体の儀礼を概して否定的にとらえるが、この問題については内部と外部で明確に意見がわかれる。社会心理学者のエリオット・アロンソンとジャドソン・ミルズは、彼らの調査の中で、集団に加わる際の入信儀礼が峻烈であることによって、事実、人々がその集団を好み、忠誠心を増すようになることを見出した。彼らは、認知的不協和の理論[訳注7]に依拠しながら、加入にかかる対価が大きければ大きいほど、入信者は集団の成員であることに大きな価値を認めるようになると推測している。[25]

集団によって要求される変化が大きければ大きいほど、過去と決別したり新たな献身にとって有害と見なされる特質を脱構築したりする儀礼が厳しく徹底的なものとなるという仮説が成り立つだろう。ヴァージニア・H・ハインは自らの回心と献身の理論の中で「退路を断つこと」の役割を論じている。[26] 拒絶しなければならないものが大きいほど、新たなアイデンティティはそれだけ極端なものになる。もちろん、すべての回心に劇的で完全な人生の変化が要求されるわけではない。集団によって要求される変化に差がある。

デイヴィッド・L・プレストンは禅を行う集団を対象に集中的な調査を行った。彼は、禅で用いられるさまざまな技法と儀礼が、禅的な生き方と哲学を学ぶ上で重要な要素となっていると報告している。特定の技法が人々に特定の生理的効果をもたらし、これらの症状は禅の教えによって解釈される。こうして、その哲学が禅の回心を得ようとしている人の身体経験によって基礎づけられる。この文脈での回心とは、劇的で瞬時に起こるような類いのものではなく、むしろ徐々に進む過程である。[訳注8] どのようにして禅の実践者にふさわしくふるまうか、適切な体験を作り出すか、どのように教えを学んでそれらの経験を適切な仕方で解釈するかが、徐々に身に付けられる。このようにして、儀礼によって導かれる体験が、教えられている理論の正しさを立証するために用いられる。[27]

スティーヴン・R・ウィルソンはヨーガ実践者の集団を調査したが、プレストンの結論を裏づけて拡張している。ウィルソンによれば、ヨーガで用いられる儀礼は、個人を集団の中で社会化するようにできているだけではなく、より重要なことに、その人が仮定している世界像を変容させるようにできているとのことである。自己と世界に関する習慣的な知覚パターンを修正したり除去したりする瞑想の過程によって、日常生活のノーマルなカテゴリーの脱構築が成しとげられる。瞑想の過程は人格の根本的要素を分解してから、それらを新たな人格と新たな現実の知覚様式へと組み立てなおす。[28]

脱構築は自発的になされることもあれば、外部から強制されることもあるのは自明である。マーガレット・シンガー、リチャード・オフシェ、フィリップ・クシュマンは、脱構築の過程は根本的に破壊的で操作的なものであると見なしている。[29] 彼らは、脱構築的な儀礼の使用を、御しやすい信者から服従と従順さを引き出そうとする試みであると見ている。そして、彼らはこうした実践を、まぎれもないマインド・コントロールと組織的強制の手法であるとして非難している。そうした手法に関する判断がどうであれ、それらが古いパターンや古い生き方にとって破壊的な技法を人に教えこむ強力な手段であることは明らかである。核心となる問題は、回心者がこれらの手法を意識的で意図的な選択肢として採用しているのか、それとも、それらを用いるように誘惑された結果、当初の献身には含まれていなかったことをするように操作されているのかということである。

コインの裏面には構築や肯定や癒しや成長の儀礼がある。多くの集団が連帯感を築くために、歌やダンスや唱和などの手法を用いている。この種の儀礼を執り行う者は自己を超越してより大きな共同体の一員となり、他者とのつながりを感じて力を与えられる。癒しと許しの感覚を与える儀礼もあるだろう。キリスト教の共同体内部ではさまざまな許しの儀礼によって、人々は自らの罪の「重荷をおろす」経験をしている。告解に従うことで、彼らは許されているという確信と、集団の結束を経験する。自己と神からの疎外はそのような儀礼によって克服される。

祈りもまた、多くのキリスト教徒とムスリムにとって中心となる儀礼である。型の決まった祈りや自由な形の自発的な祈りによって神との会話を経験することで神との親密さの感覚を育んでいく。宇宙の創造者と個人的で親密なつながりを持つことは、ほとんどの回心者にとって力強い経験である。[30] 聖体拝領（主の晩餐や聖餐式）はキリスト教徒が行うもう一つの肯定の儀礼である。儀礼的にキリストの血を飲み、肉を食べることで、救世主とつながっているという深い感覚を持つことができるかもしれない。キリストの苦しみと復活を心にかけることで、キリスト教徒は現在の自らの苦しみが最終的には勝利に変容されることを思い起こす。

レトリック――変容の言語

回心に特有な言語が、近年、研究者の中心的な関心事となっている。ジェイムズ・ベックフォード、ブライアン・テイラー、デイヴィッド・スノー、リチャード・マカレックらの業績が、とりわけ言及に値する。[31] レトリックには、個人の行動や情動や目標のさまざまな言語的解釈が含まれている。人々の言語が回心過程の間にどのように変化していくか、その筋道の重要性を指摘するために、私はこのレトリックというカテゴリーを用いる。ある人々にとっては、回心の言語は公式の神学によって特徴づけられる。また別の人々は、聖書やメタファーや賛美歌の言語や、その他の言語上の手段を用いて自らの回心を引き起こしたり回心過程を解釈したりする。

われわれはこれまで、人々の行動や関係における現実の変化を強調してきた。しかし、同じように重要なのは、それらの変化に対する個人による**概念化**と**解釈**である。どちらを優先すべきかについて万人が満足するような答えを出すことはできない。私の見解では、これらすべての過程は同時に起きている。レトリックや解釈の体系の変化が最初に起こり、つづいて行為や役割や関係の変化が起こる回心者たちもいる。また、行為や役割や関係の変化が起点となる回心者もいるが、その場合、後から解釈の変化が必要となる。

潜在的な回心者の言語も、集団との相互作用とともにときとして劇的に変わりはじめる。もちろん、新たな集団と関わるときに、われわれはだれしも言語的に変化していく。しかし、宗教的回心では言語的過程が際立っている。宗教集団では言葉がきわめて重要だからである。結局のところ、宗教そのものは、世界のありようと世界の中での人の位置を説明する体系なのである。簡単な例を挙げるとすれば、多くのキリスト教の集団において、個人は第一に、「罪人（つみびと）」として意味づけられる。この意味づけを評価する人は多くはないが、保守的なキリスト教会においては、人はただちに自らが罪人であることを学ぶことになる。（罪人という）その言葉の正確な意味は集団によって異なるが、その言葉は必ず用いられる。さまざまな集団によって採用されるレトリックには論理がある。もしもある集団がイエス・キリストの犠牲による世界の救済を強調するなら、成員は**罪人**という肩書きを背負わなければならず、自らの人生においてその現実性を経験しないわけにはいかない。相互作用の過程が継続するにつれ、人はさまざまな思考や情動や行為を「誤り」として識別できるようになる。その人の人生におけるこれらの誤った出来事は、潜在的な回心者の罪深い本質の現れである。また、個人のみじめさを他の集団よりも強調する集団がある。ある集団にとっては、罪というのは人間にとって本質的な条件をなしている。それは、神が完全である一方、われわれ人間は不完全であるがゆえに、みな神から離れてしまっているからである。別の集団にとっては、罪の観念は下劣さや堕落や汚れの感覚を伴っている。こうして、人間存在は根本的に倒錯していて、神の恩寵の介在を通じてのみ救いが明らかになるのである。

罪の本質の詳細が何であれ、相互作用の局面において、潜在的な回心者はその集団の言語を身に付けるようになり、その運動の特質や目標と調和していく。ある種の集団の場合には、相当洗練された言語が回心過程そのものに捧げられている。自己とは何かという定義、人間が置かれた窮状の解釈、自己と神の間の深淵がいかにして架橋しうるかという思想が、すべてその集団の言語によって表現される。

レトリックには、神学の論証的な言語だけでなく、メタファーや象徴という言語もまた含まれている。言うまでもなく、神学の言語はすでに示したように、単にふつうの言説ではなく、メタファーに満たされたものである。**メタファー**という語を用いることで、私は神学の言語を軽んじようとしているのでなく、むしろ変容の手段としての重要性を指摘しているのである。

ラルフ・メッツナーは、世界のさまざまな宗教におけるメタファーの本質について広範な業績を残してきた[32]。彼の見解では、メタファーは言語的な手段であるだけでなく、意識の変容を伝えるものでもある。ある集団によって用いられる言語はただの無駄話ではなく、まさに意識の形成と変容の基礎を構成している。他宗教同様、キリスト教では、死と再生をめぐる相当暴力的で劇的な言語が、回心とは感動的なものであるという感覚をキリスト教徒に与えることに一役買っている。神の介在により、古いものは死ななければならず、新たなものが生まれなければならない。そして、回心が起こるが、それはある程度、新たな言語を学んだり、回心者にとって、また、回心者が語りかけている共同体にとって有意な状況でその言語が使えるようになったりするという過程を通じて起こるのである。

スノーとマカレックは個人のメタファーにおける変化に加えて、個人の帰責の体系の変化をも指摘している。帰責とは、自らの行為であれ他人の行為であれ、行為の原因を推論する過程である。通常、人々は人生の出来事を解釈するのにさまざまな体系を用いる。スノーとマカレックの考えでは、回心者は相互作用の局面を通過するときに、単一の帰責の体系に焦点を合わせられるようになる。例えば、もし私が自動車事故を起こしたとしたら、私はそれを何通りかに解釈するだろう。愚かなまちがいを犯したとか、相手のドライバーが間抜けだから事故を起こしたとか、信号機が故障していたので双方のドライバーではなく自治体に責任があるとか、悪霊が活動していて二人の犠牲者の人生に悪さをしたとか、あるいは、その出来事は、自分と事故の相手に自らの有限性を認めさせ、神とともに人生を歩み、利己的な生き方をやめさせようと神がご計画なさったものであるとか、である。スノーとマカレックによると、「真の」回心者はただ一つの解釈体系しか利用しなくなるが、それは集団によって要求されているか、その集団の世界観上に共有されているものである。

スノーとマカレックの考えは多くの宗教に当てはまる。しかしながら、一つの出来事に対して複数の解釈を許容する集団もある。例えば、保守的な集団なら、自動車事故をある一つの方法で解釈するように要求するだろうが、リベラルな集団であれば、多様な解釈か、少なくとも多面的な解釈を許容するだろう。いずれの場合でも、回心者は人生のさまざまな側面を描写したり解釈したりするのに新たな仕方で言語を用いることが多い。一般的に、回心者の解釈は、通常の経験に対する超越的な視点であり、人生を善と悪の劇的な闘争として描いたり、究極的意義を帯びたものとして描いたりする。人生はただ単に出来事の偶然な積み重ねではなく、人々を神との関係に導き入れる意味深い過程なのである。

役割——ヴィジョンと使命の実演

回心に対する社会学的アプローチは、回心過程における役割の変化の重要性を強調する。[33] 役割とは、所与の立場や地位を占めている者に期待されている行動として定義される。それは、その役割と一致した内的信念と価値観があることを含意している（もっとも常に必要とされるわけではないが）。もともとはジョージ・H・ミードの思想に由来し、劇場のメタファーに基づいているが、役割は社会心理学でも社会学でも重要な理論上の概念となっている。役割には二つの特徴がある。（一）所与の立場を占める者がどのような行動をするのがふさわしいかについて特定の人物によって抱かれている**期待**（信念、認識）、（二）所与の立場に立つように任命されたり選ばれたりした人による**実演化**（つまり実施）[34]。

例えば、デイヴィッド・G・ブロムリーとアンソン・シュープが提案している役割によるアプローチは、内面的心理的過程としてではなく、回心を社会のネットワークの枠内の期待や価値観や規範における変化として見ることである。役割は制度や信念に由来するのであって、人格や生得的な性格に由来するのではない。役割は相互的なものである。人々は相互に作用しあい、互いの利益になるように満足を与えあう[35]。

ロバート・バルチはさらに一歩進む。UFOカルトの参与観察調査に基づいて、バルチは、多くの人は集団に巻き込まれるとどうしても「振りをする」と論じている。言い換えれば、人々は成員とのやりとりに入ると、回心者のように話したりふるまったりするかもしれないが、しかし、彼らはただ役割を試しながら、新たな選択肢を実験してみているだけなのである。シュープとブロムリーと同じく、バルチは、回心に――少なくとも初期の段階では――大きな人格の変化が伴っているという伝統的な心理学的解釈を受け入れない。人々は回心者の役割を採用してそれに応じた行為を演じるのであり、内的変化は後からついてくるのである[36]。

回心者の重要な役割は、教師の「生徒」になることである。教師とは、組織内のコツを心得ていて集団内で期待されている行動や信念について回心者に教えることができる古株の成員のことである[37]。このような教育は公式に行われることもあるし、非公式なこともあるが、その関係の基礎となるのは、興味を抱いたり助力を求めたり初心者の役割をいとわずに演じたりする者に対して、より多くを知っていてその知識を快く分け与える人物である。いくつかの伝統では師弟関係が正式なものとして定められている。例えば、ボストンキリストの教会では、明確に弟子の訓練の役割があり、一人が教師となりもう一人が生徒となる。教師は信仰の点で先んじていて、生徒は後を歩んでいる。しかし、現実的にいえば、だれもが同時に両者の役割を担っている。会衆の「指導的な福音伝道者」でさえも、彼よりも上のだれかに対しては弟子の役割を担っている。

役割はまた、回心過程において人が自分自身を新たな仕方で見つめる手段としても機能する。例えば、キリスト教の伝統では、回心者は、それまで反抗的で神から離れていてただ利己的な欲望を充たすことばかりに心を奪われてきた者として特徴づけられる。回心は、神の意志を行動に移そうとする「キリストのために闘う兵士」である「神の子」の役割へと個人を引き戻す。福音主義の集団は多くの場合、新たな回心者が即座に他の人々と信仰を分かちあいはじめることを期待する。彼らは、「すべての真のキリスト教徒は伝道師」であり、すべての弟子は他の人々と福音を分かちあうことを求めるべきであると教えられている。キリスト教徒は「キリストの大使」であり、いかなる状況にあっても福音を説けるようにならなければならない。

役割の変化とは、関係やレトリックや儀礼の変化を内面化したり統合したりすることである。役割は、新たな生き方や新たな一連の信念や新たな関係のネットワークを回心にとって決定的なものとするすべての要素を結びつけたり割り当てたりする。

回心過程の相互作用の局面は潜在的な回心者にとって、生まれ変わりの過程がきっとそうであるように、緊張に満ちていてとても重大なものである。影響圏が隔離の技法によって生み出されている。その圏内では、新たな関係のネットワークや既存のそれが育まれたり宗教的儀礼が執り行われたり新たなレトリックが学ばれたり新たな役割が体現されたりする。このような力動的な過程が次の献身の局面において頂点に達する。

第九章　献　身

回心の第六段階である献身は、変化の過程の支柱である。集中的な相互作用の時期に続き、潜在的な回心者は献身の見込みや選択に直面する。献身にはいくつかの重要な側面が含まれる。特定の転機や決断が多くの場合、必要となったり経験されたりする。そして、この献身の決断は、たびたび劇的な表現を与えられ祝われる――公の場で回心者の選択を意思表示することによって承認される。浸礼や証言のような献身の儀礼は、回心者の決断を証明する重要で目に見える出来事である。

多くの伝統が、献身の段階において拒絶や移行や統合のさまざまな儀礼を採用している。これらの儀礼が強力なのは、個人の回心過程の経験に一種究極の形を与えるだけでなく、個人の信念と集団に対する関わりを安定化する手段を与える点である。献身の儀礼は個人の変容を表現したり、その個人が変容に与ることを可能にしたりする。

すべての集団がそのような要求を持っているわけではなく、このような意思表示は任意に行えばよいとする集団もある。さらには、公式であれ非公式であれ、明示的であれ暗黙のうちであれ、回心者が宗教的共同体の成員になると決断したときに、多方面にわたる規則や規定に従うことを要求するような集団もある。[1] このような儀礼

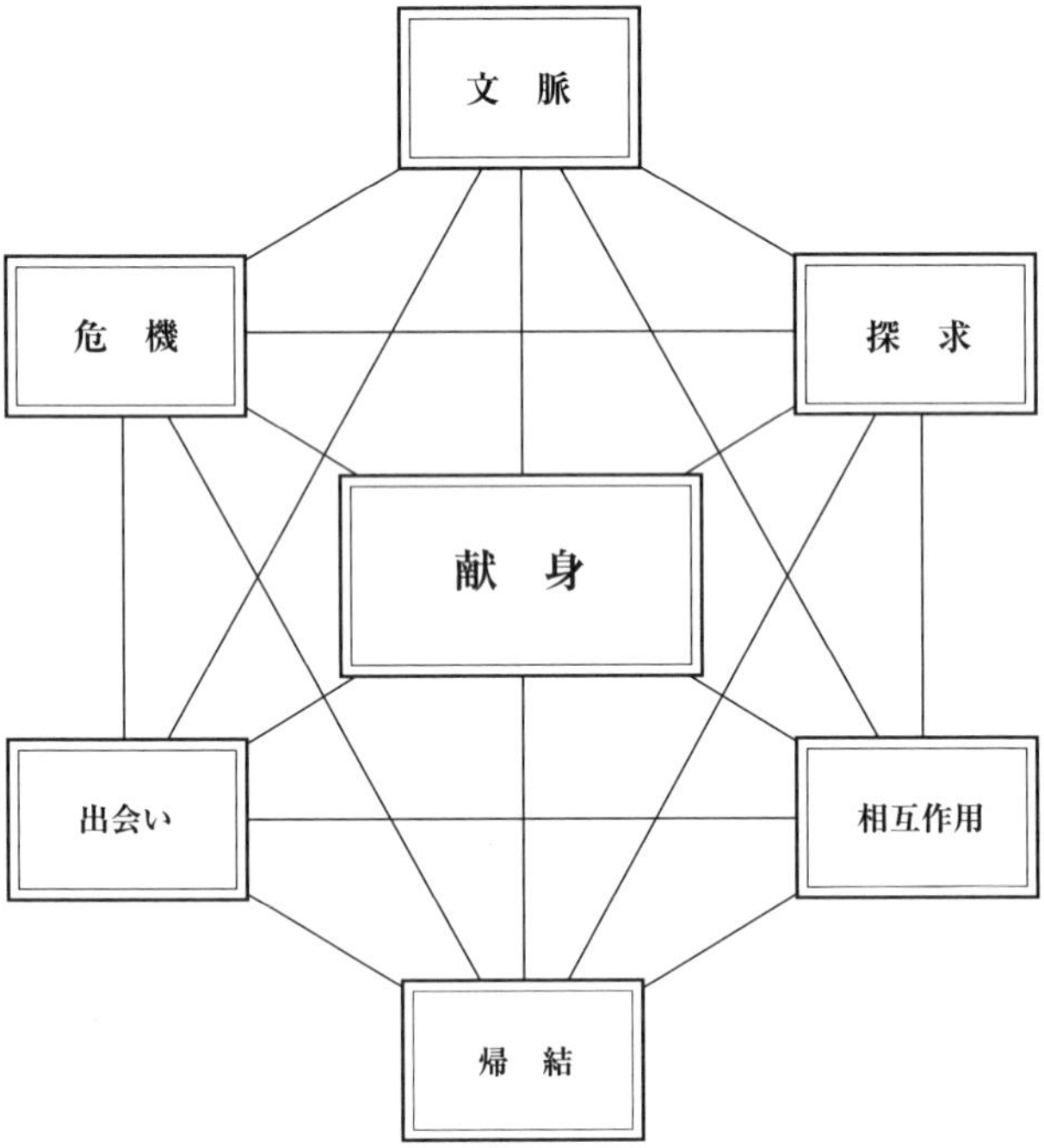

図16 献身

の多様性や正確な道具立て、メタファーや方法を理解することで、回心研究者は、献身の段階の本質をよりよく記述できるようになったり、個人としての理解を深く洗練したり、精緻な理論的分析を生み出したりすることができるようになる。献身の段階のもっとも一般的な五つの要素は、意思決定、儀礼、放下、言語の変容と個人史の再構築の中で表明された証言、そして、動機の再定式化である。

意思決定

意思決定は献身の段階の不可欠な一部であり、多くの場合、自己を直視するという強烈で苦痛に満ちた機会となる。[2] 聖書の伝統内においては、申命記三十章十五―二十節に典型的な呼びかけがある。

見よ、わたしは今日、命と幸い、死と

災いをあなたの前に置く。わたしが今日命じるとおり、あなたの神、主を愛し、その道に従って歩み、その戒めと掟と法を守るならば、あなたは命を得、かつ増える。あなたの神、主は、あなたが入って行って得る土地で、あなたを祝福される。もしあなたが心変わりして聞き従わず、惑わされて他の神々にひれ伏し仕えるならば、わたしは今日、あなたたちに宣言する。あなたたちは必ず滅びる。ヨルダン川を渡り、入って行って得る土地で、長く生きることはない。わたしは今日、天と地をあなたたちに対する証人として呼び出し、生と死、祝福と呪いをあなたの前に置く。あなたは命を選び、あなたもあなたの子孫も命を得るようにし、あなたの神、主を愛し、御声を聞き、主につき従いなさい。それが、まさしくあなたの命であり、あなたは長く生きて、主があなたの先祖アブラハム、イサク、ヤコブに与えると誓われた土地に住むことができる。[3]

聖書の伝統には、個人の運命を左右する劇的な決断の例が満載されている。福音主義の神学において、キリストのための意思決定が主要テーマであるのは偶然ではない。しかし、潜在的な回心者がイエス・キリストと新たな宗教的共同体にひかれているのと同時に、その人がいまだに古い生き方にとらわれているということもあるだろう。二つの世界の間での揺らぎはきわめて苦痛に満ちたものとなる。[4] 一方、一線を越えて新たな人生に踏み出す決断は、圧倒的な喜びをもたらしたり新たな自由の感覚を生み出したりする機会となりうるし、それ自体、自らが取り入れた神学を証する強力な経験となりうる。[5]

意思決定は、他の選択肢の評価をも伴っている。その結果を形作るのに役立つのは、潜在的な回心者、その人の広範な関係のネットワークと行動パターン、その人の内面的な賛否の考慮、願望と不安などのすべてである。C・デヴィッド・ガートレルとゼイン・K・シャノンは、回心過程における意思決定はいくつかの要因の結果であると主張している。[6] 決定的なのは、潜在的な回心者が回心の結果として期待できる恩恵をどのように知覚しているかということである。こうした回心にどのような恩恵がありうるかという評価は、友人や親類の人生経験と価値観同様、潜在的な回心者自身のそれらに由来する。さらに、潜在的な回心者は社会的な見返り（承認、尊敬、愛、また、不安や緊張の解消）、認知的利益（究極的意味と実際上の問題の解決）も秤にかける。このように、意思決定は完全に内面的な過程というわけではなく、友人や家族との社会的な相互作用の経験でもある。

出会いの段階を論じたときに指摘したとおり、宗教集団への最初の参加が容易になるのは、多くの場合、潜在的な回心者と伝道者や集団との間に情動的絆があらかじめ存在しているか、新たに確立されるときである。集団に長期の献身をするかどうかという個人の意思決定は、概してその人が新たな集団との間にどの程度結びつきを感じているかによって決まり、その逆に働くのが、集団の外部との間に感じている情動的な結びつきの程度である。マーク・ギャランターたちの統一教会研究は啓発的である。彼らが見出したのは、入信勧誘のワークショップの後では、潜在的な回心者たちは、事実上、統一教会の画一的なレベルの信念を手に入れるということである。言い換えれば、ワークショップを終えた者はみな、信念体系を肯定するように説得されているのである。しかしながら、集団に対する個人の献身に最終的に影響する主要な要因は、信念のレベルではなく、その人が運動の外部の人々と結んでいた関係以上に強い関係を集団内部の人々と持っているかどうかということである。[7]

儀　礼

セオドア・サービン、ネイサン・アドラー、ロバート・C・ジラーが認識したように、献身の段階の一部をなすような儀礼は、新たな学習を生起させる強力な手段である。例えば、キリスト教の洗礼は、古い命が死に、新たな命が生まれることを宣言する明示的で経験的な過程である。[8] いくつかの宗教伝統では、服装や食べ物、その他、ふつうの日常生活のパターンを変えることが要求され、それが同じように、古いパターンや行動を拒絶したり、人生に新たな行動を組み込んだりするのを容易にする機能を果たす。

回心儀礼の中心には、「いいえ」と言うことと「はい」と言うことの解きがたい結びつきがある。回心は、人が過去「から離れていき」、新たな未来「へと向かう」ことを含意している。他の人々による証を受ける儀礼は、回心しつつある人や人々の新たな状態を公示するという点で強力なものとなりうる。二十世紀でもっとも劇的な回心の一つが、一九五六年十月十四日に行われた。[9] およそ五十万人の人々が、インド西部のマハラシュトラ州ナグプルに集まった。B・R・アンベードカルに率いられたマハールたち[訳注1]がヒンドゥー教の信仰を棄てて仏教を奉じた。人々は白い衣を身にまとい、アンベードカルにしたがって、インド最古老でもっとも尊敬を集めていた仏僧、チャンドラマーニ・マハースタヴィールによって授けられた仏教の戒律を復唱した。人々の大規模集会や白い衣や戒律の復唱は単純であるが、しかし、マハールたちを不可触民から仏教徒へと変容させる強力な効果を持った儀礼であった。一世代が過ぎてなお、この回心の動機や最終的な効果について議論が戦わされているが、一九五六年十月十四日がインド仏教の転機であったという事実は残っている。大規模回心は革命的であり、仏教誕生の地での仏教の再活性化をしるした。[10] アンベードカルと仏教への回心運動がどのように評価されるにせよ、公開の回心儀礼が過去との決別を実演し、何万もの人々を新たな出発へと導いたのである。[11]

制度的な観点から見れば、献身儀礼は集団への忠誠心を作り出して維持するために考案されたものである。[12] 個人的な観点からすれば、献身儀礼は、一定期間続いてきた過程が頂点に達して成就することが、公の場で証される機会を提供することになる。献身儀礼は、ヴァージニア・ハインの言葉によれば「退路を断つ出来事[13]」であり、以下の三つの機能を持っているため効果的である。第一に、回心者は儀礼的式典を実演して変容過程を体現する。変化をドラマ化して役割を演じることは、ただ単に変化について語るよりも効果的である。（たとえかすかな程度、ほのめかし程度であったとしても）古い生き方を拒絶して新たな生き方を受容すると公に宣言することは、回心過程を安定化させる。ハインの主張によると、退路を断つ儀礼は集団のイデオロギーを確信して回心者の自己イメージを変容させるような強力な主観的経験を個人に与える。運動の新たな成員は儀礼によって自らの信念を再確認され、新たな役割と地位の中に移し込まれる。第二に、入信儀礼が実演されるのを見ることで、他の成員たちは自分自身の新たな生き方への献身を思い起こさせられる。最後に、部外者はときとして、儀礼の「不条理」や非合理を不快に感じたり困惑させられたりする。そのような反応が回心者と外部世界の境界を画すのに一役買う。

例えば、ハレ・クリシュナの信者たちは、剃髪してオレンジ色の衣を身に付けることで、合衆国のふつうの生き方との決別を宣言している。ユダヤ教に回心するには、証人の前での全身の浸礼が必要であり、男性は儀礼上、割礼を施されなければならない。ユダヤ教の神学は、これらの式典がその他の手続きとともに、その人の以前の生活が棄てられたこと、回心者が新たな存在になったことを意味すると断言している。[14] キリスト教の洗礼は、死と復活のイメージに満ちている。聖パウロは以下のように書いている。「それともあなたがたは知らないのですか。キリスト・イエスに結ばれるために洗礼を受けたわたしたちが皆、またその死にあずかるために洗礼を受けたことを。わたしたちは洗礼によってキリストと共に葬られ、その死にあずかるものとなりました。それは、キリストが御父の栄光によって死者の中から復活させられたように、わたしたちも新たな命に生きるためなのです」（ローマの信徒への手紙　六章三―四節）。したがって、洗礼は、その転機をはっきりと記念し実演する。洗礼が神学上含意することと、救済に洗礼が必要であるということについては、議論が続いているが、たいていのキリスト教会は、正確な形式はどうあれ、洗礼を信仰共同体と俗世間との分割線と見なしている。

キリスト教の最初の四世紀の間に入信儀礼が洗練されていった。ヘンリー・アンスガー・ケリーは、『洗礼の際の悪魔』において、こうした式典の意義を文献的に跡付けた。彼はその中で、悪魔学が初期キリスト教の多くの部分を形作ったことを示している。[15] 結果として、回心儀礼は、初期教会の教義と実践を幅広く学ぶことを要求した。それにはサタンを退ける劇的儀礼や浄化の儀式も含まれた。光の子らは闇の末裔から完全に切り離されて別々にされなければならなかった。時代が下り、宣教師たちは回心者を過去の宗教的なしがらみから切り離す手法として、退路を断つ儀礼を行うようになっている。アラン・ティペットは伝道地での拒絶儀礼を研究した。南太平洋での経験に基づいて、ティペットは、過去の崇拝対象を焼き捨てる部族は、過去との思い切った決別を儀礼化しない集団よりも異教に回帰する可能性が低いと考えている。[16]

そのような儀礼が今日でも行われているのは何ら驚くべきことではない。多くの保守的なキリスト教集団は回心過程を、知らず知らずのうちであれ悪魔に仕えていた過去の生活からの根本的な決別、キリストへの新たな忠誠を作り出すことと見なしている。初期キリスト教会のような手の込んだ儀礼を行うプロテスタントの集団は少ししかないが、しかし、彼らのイデオロギーは、初期教会に劣らず悪の世界の拒絶やキリストへの信仰と献身の忠誠を宣誓することを要求している。[17]

アラン・モリニスの研究には献身の過程に伴う式典への魅力的な洞察が見られる。[18] モリニスは、集団が故意に苦痛を生じさせようとして身体の切除を要求するような入信儀礼（割礼、皮膚切開による身体装飾、殴打、指の切断、抜歯等々）について考察した。彼は、苦痛を生じさせることが以下の二つの機能を果たしているという理論を立てた。つまり、一つは、自己意識を高めること、また、もう一つは、個人が集団の一員になるために自己の一部を犠牲にしなければならないということを強力に明示することである。私の知るかぎり、回心過程の一部として、身体の一部の切除を要求するようなキリスト教の集団はないが、キリスト教の回心でも、心的な苦痛やトラウマは多くの場合強烈に存在する。宗教的回心者の物語は、罪との苦闘や神からの疎外の描写に満ちている。保守的なキリスト教会が個人の生まれ持つ罪深さと神に向かう以前の堕落を強調するのは、切除儀礼によってもたらされるのと同様の苦痛な効果を生み出す一つの方法かもしれない。

キリスト教徒の宗教体験には一般に、こうした苦痛誘発過程の長い歴史があると私は信じている。それは合衆国のプロテスタンティズムによって意識的に永続化させられてきた「伝統」である。例えばデイヴィッド・コブリンは、十七世紀植民地時代のアメリカで、期待（要求？）されていた回心のさまざまな段階を描写している。[19] 彼は、十六世紀初頭のコネティカット州ミルフォードの第一教会に関する豊富な事例研究を行っているが、それはなかなか啓発的である。彼が詳細を示した回心の四段階は罪を鮮明に自覚することから始まる。人は、自らの罪深さの正確な本質を痛烈に自覚しなければならなかった。聖書と説教と神学に基づく自己分析は、個人の罪深さがどの程度のものかを正確に明らかにして暴き出した。次に、潜在的な回心者は、自らが深く傷ついているのは自らの罪に由来すると認めて、悔恨の情を感じなければならなかった。罪の自覚だけでは十分ではなかった。自らの恐ろしい窮状に対して絶対的で完全な嫌悪感を催さなければならなかった。悔恨の情は、汚れや罪の源泉から離れたいという深い願望を育てると考えられた。

第三の段階は屈辱の感覚、つまり罪人には自ら矯正や救済へと向かうことを可能にする善のかけらもなく、改善へと向かう内的資質に欠けているという認識の感覚であった。絶対的な失意によって第四の局面、つまり信仰に入ることが可能になった。信仰によってキリストの救いの恩寵を受けることが許されるのであった。恩寵はまったくの神秘であるが、罪人の苦境を解決してくれる唯一のものとして信念体系の中に確立されているので、喜ばしい感謝の念をもって受けとられた。これらの過程においては、一つの段階の省略もあり得ず、どの段階の経験においても注意力や真剣さが少しでも欠けてはならなかった。心的な責め苦の経験は、どんなものでも教義の正しさを証するものであり、その経験に効力を与えるものと見なされた。ジェラルド・ブラウアーは、ピューリタンの回心経験が「ひどく恐ろしい試練」であると主張している。[20]

ボストンキリストの教会（ときには師弟牧会運動もしくは増殖牧会運動と呼ばれる）は、情動の激しさの点でピューリタンが経験したのと同様の回心過程を喚起しようとしている現代の運動の一つである。「壊れた状態をもたらすこと」が、キリスト教徒と潜在的な回心者の一対一の関係の中でのテーマである。伝道者は潜在的新入会員に、神から離れてしまう原因となる罪を列挙した聖書のさまざまな節を示す。ガラテヤの信徒への手紙五章十九—二十節［「肉の業は明らかです。それは、姦淫、わいせつ、好色、偶像礼拝、魔術、敵意、争い、そねみ、怒り、利己心、不和、仲間争い」〕、第二テモテの信徒への手紙三章一―五節〔「しかし、終わりの時には困難な時期が来ることを悟りなさい。そのとき、人々は自分自身を愛し、金銭を愛し、ほらを吹き、高慢になり、神をあざけり、両親に従わず、恩を知らず、神を畏れなくなります。また、情けを知らず、和解せず、中傷し、節度がなく、残忍になり、善を好まず、人を裏切り、軽率になり、思い上がり、神よりも快楽を愛し、信心を装いながら、その実、信心の力を否定するようになります。こういう人々を避けなさい」〕がよく用いられる。潜在的な回心者はこれらの罪の一覧をわが身に照らしながら、自らの人生にどれかがあるかと質問される。また、ピューリタンの場合のように、自らの罪深いありさまへの痛烈で苦痛に充ちた自覚と承認が、罪の束縛から、つまり過去から手を切りたいという願望を生み出すのに必要であると信じられている。また、私見では、このような個人の罪深さに焦点を当てることの根底にある目的は、その人の以前のアイデンティティを粉砕して、教会の聖書解釈に基づく新たなアイデンティティを再構築することにあると思われる。[21]

キリスト教の回心のこの側面を強調することで私が指摘したいのは、心理的でスピリチュアルな苦痛を引き起こすことが、多くの形式のキリスト教的回心に固有なことだということである。それは、回心者を粉々に粉砕して文字通り人生を変容させるような効果を持つと期待されている。以前のペルソナ〔社会的な役割や地位などの仮面〕の死が必要とされ、完全なる堕落と破壊から逃れる唯一の選択肢として神の力による復活が提供されている。[22]

放　下

放下（surrender）は献身の内的過程であり、回心のさまざまな局面のうちでもっとも理解が困難なものの一つである。それはまた、回心者にとっても、永続的で全面的なものとしてはもっとも達成困難な局面と言えそうである。放下の経験は、多くの回心者にとって、古い人生に背を向けて新たな人生をはじめる転機であり、自らの意志的決断によってではなく、神の恩寵の力によって生み出されるものである。キリスト教の伝統において神への全面的な放下のパラダイムとなっているのは、パウロの発言である。「生きているのは、もはやわたしではありません。キリストがわたしの内に生きておられるのです。わたしが今、肉において生きているのは、わたしを愛し、わたしのために身を献げられた神の子に対する信仰によるものです」（ガラテヤの信徒への手紙　二章二〇節）。外部のものは困惑するが、内部のものはそのような放下が新たな人生には絶対不可欠であると考えている。多くの宗教伝統が、回心者の行動や交際や信念を指導する導師（グル）、教師、制度、その他の権威に服従することを要求している。詳細にわたる規則や禁止事項に厳密に従わなければならない伝統もある。要求されている規律は多くの人々にとって驚くべきものであるが、宗教的な理屈からすれば、これらの一つ一つの段階は、通常の意識に優るスピリチュアルな意識を手に入れるために必要なのである。

放下は、制御の内的放棄であり、指導者や集団や伝統の権威を受け入れることである。そのことによって回心者は自らを完全に集団に捧げることができる。放下の核心へと至るのはきわめてむずかしく、この過程を理解するためにはいくつかの要素が検討されなければならない。これらは個別のきちんとした時系列的な段階ではなく、むしろ実際の放下の過程において互いに混じりあい重なりあった心理的でスピリチュアルな影響である。放下には五つの要素があると思われる。（一）潜在的な回心者が最初に放下の願望を持つかもしれない。それは集団の要求に対して従順でありたいという望みから発することもあるだろうし、スピリチュアルな変容への道を歩むには放下が必要であるという深い理解に発するものかもしれない。（二）放下には、自己制御の要求と、放下と変容の願望との間の葛藤が伴う。この葛藤の中で願望と不安が対立する。潜在的な回心者は新たな人生の選択肢にひかれながらも、制御を手放すことに伴う不安定を避けたいと願っている。（三）一般的に、葛藤は、「降参」（giving up）あるいは「屈服」（giving in）とでも呼べるようなものを通して解決される。これには比喩的な「信仰の飛躍」が必要だろう。（四）葛藤の解決は、自由や解放や突破の経験をもたらす。（五）放下は、もろくて不安定なものとなりがちであり、他の四つの要素を常に吟味しなければならない。放下は、絶え間なく再確認され、再体験されなければならない。人間存在とはそういうものである。

願　望

放下したいという願望は実際には、宗教集団によって放下が要求されていると認識されているから現れる場合もある。それが一方の極であり、帯域の対極には、放下がスピリチュアルな成長を導く道であるという認識や洞察がある。どちらの種類の願望も、必ずしも自発的に生じるわけではない。むしろ、放下の重要性を自らの人生において教えてくれたり体現していたりするような人々との付き合いを通して、それを学ぶ方が典型的である。スピリチュアルな内容を扱う本には、放下を求める願望の必要性の勧めや説明があふれている。エミール・グリフィンは、すばらしい著作『転回——回心経験への省察』において、こうした願望の性質について掘り下げている。[23]その願望は、失われた過去へのノスタルジアから生じることもある。疎外感が、自己を放棄して神との交わりや家族や友人との和解に身を委ねたいという深い願望の触媒となることもある。自らが選択した人生の目標を成就しても、かえって、それを超える何かがあるにちがいないという意識が生まれるかもしれない。画一的でせわしない生活や、「さらなるもの」への漠然とした憧れから願望が生まれてくるという人もいるだろう。

葛　藤

葛藤は、放下の過程の至るところにある。回心過程につきもののメタファーは、光の勢力と闇の勢力の間の戦争や闘いである。神とサタンが一人一人の人間の魂をめぐって争う。潜在的な回心者は、この闘いを胸の内に強く感じている。放下は、新たな選択による利益を得るためにを何をあきらめようとしているのか直視するよう人に要求する。この過程はけっして容易ではない。放下は実際、逆説的に見え、単純に意志の問題として起こることはありえない。根本的な自己保存本能によって、人は放下のことを勝利ではなく損失に等しいと考えたくなる。人は、放下によって得られる利益と、その選択肢を拒否した場合の悲惨な結果を思い起こすだろうが、それでも、さまざまな内的な力や外的な力が全面的な放下を妨げる。葛藤は、一方で既存の関係や活動や基本的信念に集中し、他方で超越的現実という選択肢に集中する。ある人が新たな現実をかたく信じていながら、古いパターンや必要と感じるものにさまざまな点で執着していると苦悶を強く感じることになり、その状態がいつまでも続くこともある。

葛藤の本質はそれを抱える人々や伝統によって異なる。福音主義のキリスト教徒が必要とするのは、罪深さを認めること、イエス・キリストの神性の告白、神の許しへの思慕、そして、自らの生と心の内へとイエスを招き入れることである。罪深さを知的に認めることは比較的容易である。心の底から罪深さを自覚することは、苦闘とともにしか訪れない。生涯に数々の罪を犯すことになるという事実を直視すれば、自らの善行や基本的な人柄のよさなどという考えは揺らいでしまう。個人的な罪の本質と帰結を探求することには多くの場合抵抗があるが、人が自らの窮状を理解しようと努力する一つの道である。善と悪とをそれほど明確に区別しない集団には、もっと穏やかな葛藤へのアプローチの仕方がある。苦悶に充ちた葛藤よりも、放下を妨げる障害物や邪魔ものを手放してしまう方がより一般的である。アンビヴァレンスの肯定も許されるかもしれない。人生における悪の要素を拒絶することによってであれ、何らかの重荷を手放すことによってであれ、放下することによる勝利の約束が、この葛藤の解決への見返りとして回心者に差し出されているのである。

「屈服」——安堵と解放

放下への最初の反応として、多くの場合、エネルギーと安堵の念がともにすさまじいほとばしりを見せる。葛藤に耐えるために貯められていたエネルギーが、今や新たな人生の水路へと流れ込み、回心者は信じられないほどの生命力と力の増大を感じ、大きな問題が容易に解決できてしまうほどの効果も期待できるだろう。その人は力を得たという感覚を持ち、神が生きていてその人自身の内に存在するという信念は、今や経験的現実となる。こうした力の増大と臨在の感覚は、神や超越者の存在を力強く証明するものであり、それが、変容や癒しや生まれ変わりへの希望を抱かせる。回心者は、ほんの二、三週間前には大きな内的抵抗や外的抵抗があったにもかかわらず、宗教が命じるとおりにすると気持ちが安まるのを感じるだろう。

ハリー・M・ティボー（一八九六―一九六六）は、アルコホーリクス・アノニマス（ＡＡ）研究の中でこの過程に興味深い洞察を提供している。[24]彼は、人々が多くの場合、長い期間にわたって問題と格闘するものであり、苦悶と不安によって消耗させられると主張している。無力というのは認めるのが恐ろしい状況である。ＡＡに参加した人は、最後にようやく自らがアルコール依存症であり、その現実を一人で変えるにはまったく無力であることを告白する。逆説的に、その無力さを正直に認めると力が与えられ、アルコール依存症に対処しようとする過程がはじまる。

私の考えでは、同様の過程がキリスト教の回心にも働いている。迷える罪人であるという自らの苦境を直視したとき、その認識に対する放下と、救い主としてのイエス・キリストに対する放下が、まさに新たな人生へのエネルギーが手に入る転機となる。ティボーの精神分析的解釈は、エネルギーという概念に集中しているが、同じ結論に達している。彼は、内的格闘を続けるために多くのエネルギーが動員されていることを認めている。放下とともにエネルギーは解放され、人生の他の側面に使われることになる。[25]マーク・ギャランターも同様の過程を主張している。つまり、人が集団と同一化するときに生じる「安堵の効果」である。[26]

放下の維持

より深いレベルでは、放下は言語による同意や単一の公的行為以上のものである。つまり、それは神への（ある者にとっては教会の権威への）生涯続く内的服従の過程である。それは忠誠心の方向を転換する内的な決意であり、その過程は決して完了することがない。古い衝動がときとして以前よりも強大になって回帰する。放下を最終的なものとして、何の留保も後退もなく達成するという経験をする人はほとんどいない。放下とは、人が自らを古いやり方とパターンから切り離して、より堅固なものへと育っていく献身の中に新たな人生を徐々に安定させていく過程である。

回心者の中の闘いは通常継続する。人々が多幸感や力の増大を感じつづけることができないとき、必ずエネルギーの喪失が引き金となって新たな危機がはじまる。彼らは自らの回心が妥当なものではなかったのではないかと心配したり、昔ながらの誘惑と疑念にさいなまれたりするかもしれない。例えば、私はイリノイ州ディアフィールドのトリニティ・カレッジで一九七五年から一九七八年まで教鞭をとっていたが、その間、福音主義のキリスト教に回心した多くの人々に出会った。これらの若い回心者を観察しながら、私は「回心後抑鬱」という観念を作っていった。それは、決定的献身の情動の最高潮の盛り上がりが、不可避的に先細っていくことである。この問題は、全面的で完全で突然起こる回心を勧めるどんな伝統にとっても深刻な問題である。

回心体験の力も、たいていの人々にとってやがて雲散霧消していくというのが、人間的な現実のようである。こうして、深刻な抑鬱に陥ってしまったり新たな宗教的献身を丸ごと棄ててしまったりすることから人々を保護するために、維持の手続きが重要となる。いくつかの宗教伝統は問題を認識しており、人々に新たな苦悩に出会うたびに改めて放下して献身する心構えを勧めている。また、これらの伝統は、自分自身に対してもっと辛抱強くなり、何年もかけて形成されてきた人生が、新たな思想、関係、ライフスタイルに合わせて再形成されるのに長い時間が必要であるという現実を進んで直視することも勧めている。それに対して、合衆国のほとんどの保守的福音主義的プロテスタントの運動などの伝統は、回心後のこの現象に対処するのにあまり備えができていないようである。その結果、多くの回心者が回心体験から二、三カ月経っただけで脱落したり、回心など役にも立たないと思えてくるような不満と失望の沼地へと沈み込んでいったりするのである。

証――言語の変容と個人史の再構築

すでに述べたとおり、証とは、個人の回心を物語るように証言することであり、相互に作用しあう二つの過程を含んでいる。つまり、言語の変容と個人史の再構築である。すでに見たとおり、回心とは、一つには、新たなレトリックあるいは言語体系を採用することである。言語は人の意識と世界の知覚を変容させる力強い手段であるから、証が、自らの回心体験を説明するため、また、自らの物語を語るためにこの修正されたレトリックを採用することであるのは驚くに当たらない。[27]

個人的な証は、献身を公に示すふつうの方法である。[28] 実際、人が集団に入るのにふさわしいかどうかを見極めるために証を要求する集団もある。証を勧めても要求しない集団もあり、また、正式な証を行わない集団もある。証を要求する集団も、何をもって「許容できる」回心物語とし、何をもって「許容できない」回心物語とするかという特性や厳密性によってさまざまなものがある。

証は回心の性質を理解するための豊かな資料となる。自らの回心の証ができるようになることは、多くの場合、回心過程自体の不可欠な一部となっている。[29] 回心者の証は言語の変容と個人史の再構築を公に示す機会となる。証はまた、共同体の基本的価値と目標を思い起こさせる有効な道具でもある。共同体は、「善き」回心者の証によってその集団の神学と手法の正しさが証明されるという感覚を持つとともに、新たな回心者の体験を祝福することができる。聴衆と語り手は、支援と強化の力強い母体を形成する。

出会いの段階において論じたメタファー、つまり新たな集団の物語を自らのものとして採用するというメタファーは、献身の段階にも持ち越される。そこでは、回心者が個人史の再構築を経験できるように、物語がより完全な形で語りの場を与えられる。通常の人生はすべて個人史の微妙な再構成として見ることができるが、宗教的回心においては多くの場合、自らの人生を再解釈することが、暗黙のうちにせよ明示的にせよ要求される。つまり自らの人生の再解釈とは、新たなメタファーや新たなイメージや新たな物語とともにその意味の新たなヴィジョンを獲得することである。

この観念は、回心の心理に的確に応用できるが、個人史の再構築という観念を研究してきたのは主として社会学者である。[30] ジェイムズ・ベックフォードとブライアン・テイラーが発見したのは、宗教集団は、人々が集団の満足がいくように自らの回心物語を語れるようになることを人々に要求することがあるということである。回心者は、他者の証を聞くうちに何が期待されているのかを学んでいき、徐々に自らの人生を共通の視点から眺めはじめる。個人は新たな準拠枠を自らのものとし、個人が新たな人間になろうと学ぶのにその準拠枠が役に立つのである。

例えば、ベックフォードは、エホバの証人が回心物語を語る特有の方法を持っていることに気づいた。[31] エホバの証人は、深い罪の感覚、危機、キリストへの放下という福音主義に典型的な筋書きで自らの回心を語ることはない。そうではなく、彼らは、徐々に進んでいく啓示と認識的真理の発見を伴うものとして、すなわち組織内の達成と作業として回心を語るのである。彼らの回心とは、エホバの証人について、また、彼らが解釈するかぎりの聖書について徐々に学んでいくことである。善き回心者であるためには、「真理の探求者」でなければならない。知識が増すにつれ、潜在的な回心者は自ら方向を定めた計画的な自己改造のプログラムに着手する。これは「天から下される」ような突然の回心などではない。さらに、回心は、制度としての教会の目標を促進するために、組織内で作業することと密接に関わっている。それは、とりわけ、教会の刊行物を配付したり、あるいは神の意志の真理を「出版」したりすることで、文字通りその「証人となること」によってなされる。

ベックフォードはまた、彼が組織的にエホバの証人を研究してきた長い年月の間に、彼らの制度も、語られる回心の物語のタイプも変化してきたと指摘する。こうして、証というのは、個人の変化の物語に留まるものではない。それは、進行しつつある制度的変化をも反映しているのである。

新たな言語を学びつつある個人は、目に見えるところでも水面下でも集団によって型にはめられていく。いくつかの集団は特有の言語とその調子さえも身に付けることを要求する。自分たちが評価したり好んだりしているものを肯定して、集団と歩みをともにしない人を無視したり穏やかに諭したりするだけの集団もある。語り手と聴衆の微妙な相互作用の過程は複雑で力強い。なぜなら、回心者はふつうまったく誠実な態度で語っており、「真理」を語りたいという純粋な願望から出た微妙な修正やときとして重大な修正を言語に加えるからである。また、研究が明らかにしてきたのは、公的な発言というかせを外されてひとり静かに黙読しているだけのときとはちがい、人が集団を前にして話すときに、語り手の信念はいくらかずつ修正されていくということである。したがって、宗教の指導者たちが、自らの新たな献身や生き方について口頭で公に伝えるよう新たな回心者たちに要求するのは理解しやすい。[32]

公的な証を必要としない集団は、一般に要求が厳しくないので、強力な回心体験とそれに関する報告を要求する集団よりも期待されたり表明されたりする変化が少ないしあまり劇的でもない。もっとも、このことが常に当てはまるわけではない。

動機の再定式化

回心と献身の研究においてもっとも魅力的なトピックの一つが、人々の回心の動機の本質である。[33] このことは、伝道者の関心事であるのと同様、回心研究者の関心事でもある。動機の重要性は献身の段階においてピークに達する。なぜなら、伝道者は多くの場合、潜在的な回心者の動機について問うからである。また、私の見解では、言語の変容と個人史の再構築の過程で動機そのものが変容する。回心者は回心の純粋な動機を表明しているのか、それとも、宗教生活に付随してくる別の何かを手に入れようとしているのか。もしもその人が「スピリチュアルな」目標によって動機づけられていたとしても、伝道者はときとして回心者の本当の動機を問うかもしれない。

動機とは結局のところ、単純でも単独のものでもない。それは複合されていて入り組んでおり、多くの場合、影響を受けやすい。例えば、人が最初に宗教運動に出会ったとき、その人の回心の動機は威信や帰属感やその他の付随的な見返りを得ることかもしれない。もっとも、相互作用の期間を経て深いスピリチュアルなあこがれや熱望、あるいは宗教的なそれらが生まれ、その人は回心に関するレトリックを変えるかもしれない。人々は時を経て変わり、動機もまた変化する。実際、変化は回心の本質である。たしかに、回心に唯一の動機しかないということはない。人格的でスピリチュアルな成長と発展の過程の中で、あるいは集団の要求や期待によりふさわしい新たな語彙を身につけることを通して、複合的で相互作用的で累積的なものであった当初の動機は、さらに変容していくだろう。

私は、動機に関して次のような仮説を提示する。

1　回心の動機は人によって異なる。

2　回心の動機は、複合的で相互作用的で累積的なものである。

3　さまざまな集団が、何を正しい動機と見なし何をまちがった動機と見なすかについてさまざまな規範を持つ（そして伝達する）。

4　どのような動機が認められたり勧められたり促されたりするかという許容範囲は集団によって異なる。

5　集団への加入あるいは回心の当初の動機は、その人が集団と相互作用するにつれて洗練されていく。なぜなら、会員資格が継続されたり回心が維持されたりするためには、回心者の当初の回心の動機と現在の回心の動機が一点に収斂していく必要があるからである。

6　各個人が回心するのは、それが自らを利すると**感じる**点と合致するときである。つまり、それらの利益とは、満足や利益や達成や改善や衝動である。

7　回心が継続するためには動機が持続されなければならない。

8　動機は、証の暗黙の規則や明示的な規則にしたがって、また、人が回心によって加わる集団のレトリックの体系にしたがって、選択されたり強調されたり優先順位を再検討されたり抹消されたりする。

第十章　帰　結

回心の帰結は、その研究においても解明においても複雑で多面的である。われわれは、回心の帰結の探求に対する五つのアプローチを描き出すことができる。つまり、一つ目は評価における個人的バイアスの役割であり、二つ目は一般的観察である。残りの三つは、社会文化的歴史的帰結、心理学的帰結、そして、回心の神学的帰結のそれぞれについての綿密な調査である。回心の帰結の評価は、必然的に記述的要素と規範的要素をともに具体化するが、私の議論は両者の間を自由に行き来する。

帰結の評価における個人的バイアス

回心を評価するに際して、バイアスの二つの潜在的な源泉を説明する必要がある。検討対象の特定の宗教的共同体は、当然それ自身の価値評価に関する基準を持っているだろう。集団が発達させてきた内部基準の観点から個人の回心を評価するためには、この基準を可能なかぎりはっきりとかつ完全に明確化しなければならない。このアプローチは多くの理由から重要である。そのうちでも主な理由は、回心する過程は結局のところ、宗教的な

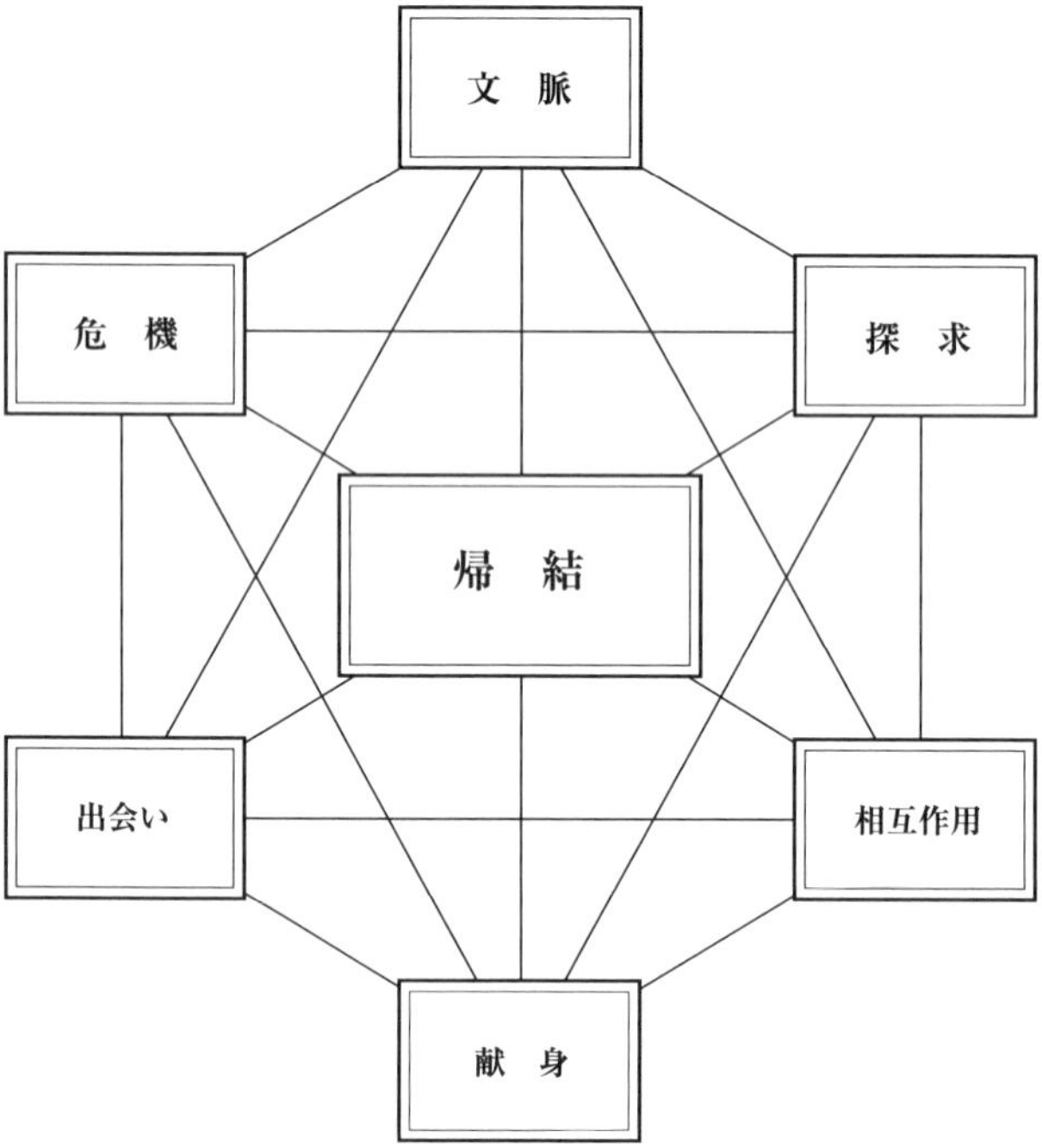

図 17　第七段階　帰結

共同体や伝統の枠内での宗教的回心であるという事実を強調することである。

しかしながら、それ以上に、研究者たちがバイアスを逃れていないという事実を認識する必要がある。研究者はこのことをできるかぎり明示しなければならない[1]。神学的方向性からのものであれ、人間科学の方向性からであれ、価値評価が規範的なものであると認識することが重要である。それはつまり、あらゆる種類の評価は、明示的であれ暗示的であれ、価値観や哲学が存在する特定の観点から発しているということである。どんな観点も純粋に「科学的」であることはない。回心研究の領域では評価は**常に**価値的志向性をもってなされる。その一例として、常に病理を探そうとするという心理学の枠内での傾向があり、心理学による回心の価値評価のほとんどが、回心の結果を罪悪感や敵意などへの不適切な対処であると評価する。回心に関する心理学的文献は（キリスト教系の心理学者、また、ヒューマニスティックな観点やトランスパーソナルな観点に立つ少数を除けば）、概して回心を否定的な光の下で描き出している。私はそうした価値評価を完全に拒絶するわけではない。要するに、私は、回心には心理学的観点からすると未熟で退行的なものもあると考えている。しかしながら、調査が研究者仲間その他の読者にとって最大限の価値を持つためには、評価をする人自身、自らの価値観がデータの解釈に影響を与えたり自らが属す学問分野のエートスが解釈を形成したりしている可能性を認めなければならない。回心研究では、たとえ研究者が不可知論者や人間性心理学者や無神論者であったとしても、その研究者が宗教的であるかどうか、また、対象とする集団によって伝道されているもう一つの現実に対して中立であるかどうかを明らかにしなければならない。

敬虔なローマ・カトリックの信徒が「客観的に」末日聖徒イエス・キリスト教会への回心者のメリットを価値評価できるだろうか。モルモン教徒がイスラームへの回心の妥当性と価値を評価できるだろうか。信仰を持たない者が現実の本質について自らが抱いている根本的仮定に対して徹底的に疑問を投げ掛けるような視点へと回心することの妥当性と価値を肯定できるだろうか。こうした検討が可能になるのは、報告をする研究者が次のような問い、あるいはそれにきわめて近いものを用いて、調査者自身の観点を明らかにしようとするときだけである。

私は宗教的か否か。

私は評価しようとしている人と同じような意味で、あるいは、同様な意味で宗教的なのか。

もし私が宗教的でないとすると、研究対象である宗教的回心の本質に対する私自身の個人的反応は何なのか。

私は嫌悪しているのか、魅惑されているのか。そのような現象を研究する際の私の根本的な課題はそもそも何なのか。

加えて、研究者は、可能なかぎりはっきりと自らの学問分野が用いている基準を明確にするべきである。心理学における心的健康を構成するものは何なのか。評価者の観点からは、どの程度回心が心的健康を増進すると判断されるのか。外部の価値体系に基づく評価は課題に適さないかもしれないが、他方で、研究者が自らの価値観とバイアスを明示して包み隠さないことが、評価を公正なものに近づけ、読者がこうしたバイアスを頭に入れておけるということも、研究者は認識すべきである。

帰結の本質

回心の帰結は、一つには、回心の本質や激しさや持続性によって、そして、個人または集団の置かれた文脈における回心への反応によって決定される。キリスト教史におけるもっとも劇的な回心の一つはタルソスのサウロの回心である。彼はかつて、イエスをメシアと信じるようになったユダヤ人に対する迫害者であった。サウロがパウロになったのは、迫害から布教へという深く根本的な変化をもたらした経験であった。[2] その経験は短いものであったが激烈なものであり、その現象の本質は、ルカの報告によれば、復活したキリストの直接経験であった。多くの研究者が、パウロの回心をキリスト教の急激な回心のパラダイムであると見なしている。[3]

ほとんどの人々にとって、回心はそれほど劇的でも激しくもない。南部バプテストとして育ったものの、その伝統に居心地のよさを感じたことがないという男性と、私はかつて話をしたことがある。大人になったとき、ほとんどの友人はユダヤ人であった。数年間、彼はさまざまなシナゴーグに通ったが、自らのイエス理解とユダヤ教をどのように和解させたらよいか、よくわからなかったという。ある日、シナゴーグにいるときに答えが与えられた。ラビが説教を行い、その中で問いかけた。「もしイエスが今夜サンフランシスコを訪れたとしたら、どこにいるのがいちばん居心地がよいと思われるだろうか。聖母マリア大聖堂（ローマ・カトリック）だろうか。グレース大聖堂（聖公会）だろうか。それとも市中のその他の教会だろうか」。最後にラビは断言した。「イエスがもっとも居心地がよいと感じるのは、まさしくこのシナゴーグにほかならない」。この発言を聞いて、その満たされないパブテスト信者は、そのシナゴーグが彼にとってももっとも居心地のよい場所であるという思いを確かに抱いた。この出来事は雷鳴のような啓示でもなく、彼にとって劇的な転機というわけでもなかった。しかし、それは、彼がユダヤ教徒となる過程を正式に開始するきっかけとなる洞察を生み出した。

人生のいくつの側面が回心によって影響を受けるだろうか。回心がもたらす変化はどの程度の範囲に及ぶのだろうか。回心者たちはどの程度、世俗世界から切り離されたり、より広い世界と和解したりするだろうか。主流のプロテスタント教会への回心は、人生に大きな変化を少ししかもたらさないだろう。しかし、正統派ユダヤ教徒に回心すると、食習慣を変えなければならなかったり、新たな仲間たちとつきあわなければならなかったり、職業も変更しなければならなかったり、新たな複雑な一連の儀礼に従わなければならなかったりするかもしれない。正統派ユダヤ教への回心により、すべてではないにせよ、家族の内部にまでおよぶ多くの過去のつながりを断ち切らなければならない。

変化の度合いを評価するときには直接的な結果の向こう側を見なければならない。現代の多くの研究者は、本物の回心とは、継続的な変容の過程であると考えている。最初の変化は重要であるが、長い過程や巡礼の最初の一歩にすぎない。より深遠な変化は、最初の回心が起こってから数カ月後、あるいは数年後にやって来るかもしれない。

イエズス会の神学者であるドナルド・J・ゲルピは、回心の規範的解釈へのさらに洗練されたアプローチを発展させてきた。[4]バーナード・ロナガンの業績とアメリカ哲学の伝統に依拠しながら、ゲルピは書いている。「私は『回心』という言葉を……成長と発達として識別しうる経験の領域に対する責任を引き受ける決断という意味で用いる。回心者は、責任のない人生から責任ある人生へと転じるのである。……『回心』という言葉によって私が意味するのは、無責任な行為を拒絶して自分自身の経験のある側面のその後の発達に責任をとるという決断である。『責任』は、説明責任を意味する。責任ある人々は、個人的に拘束力を持っていると考えている規範や理想に照らして、自らの行為の動機と結果を吟味する。彼らはまた、自らの決断の動機と結果に関して他者に答えなければならないことを認識している」[5]。

ゲルピの主張によれば、回心には情緒的次元、知的次元、倫理的次元、宗教的次元、社会的次元の五つがある。情緒的回心は自らの熱情や感情や意図とともに情動的生活に責任をとることを意味する。自らの情動の本質を吟味することは、人種差別や性差別などのようなものを直視してそれらを取り除くことによって情動的な成熟へと人を向かわせる。利己主義を他者への愛へと変えることは、情動的な価値基準を根本的に変えることを要求する。

知的回心は、理解や解釈を歪めているすべての形式の虚偽のイデオロギーや意識を直視することを個人に要求する。知的回心者には論理と厳密さが要求される。

倫理的回心や道徳的回心は、ただ目先の個人的必要を満足させる生活から正義という一貫した原理にそった生活へと移行するように迫る。個人的快楽の損得勘定の生活から正義によってまた正義のために他者志向的な生活へと移行することが、この種の回心には必須となる。

宗教的回心は、単なる偶像のためでなく「唯一の真の神」のために生きるように迫る。自己耽溺と他者の抑圧を助長するような宗教は堕落している。真の宗教は、個人的満足を超越したり、われわれ自身の似姿として寛大なる神々を創造することを超越したりするように迫る。ゲルピによると、宗教的回心は、神による歴史上の自己啓示や自己伝達に対する応答である。キリスト教の回心は宗教的回心の下位のタイプである。

回心の五番目のタイプは社会政治的である。回心というトピックについて何年も探求したすえに、ゲルピは近年、社会政治的回心を必須のものとして提唱している。本当の回心は、人が単なる個人的回心を超えて成長していくことを要求する。より広い世界の社会的制度や組織に関わるには、さらに別のレベルの回心が必要となり、それに必然的に伴うのは、こうした制度によって生み出される生活の質のために可能なかぎり最大限説明責任を引き受けて責任をとることである。その他のさまざまな形式の回心の内容も重要であるが、社会的回心の核となる価値評価は万人に対する正義である。そして、キリスト教の回心者にとって、イエス・キリストの倫理にしたがって生きるように制度に挑戦することは、一貫した論理的な目標であろう。

ゲルピは、最初の回心と進行中の回心にはちがいがあることを認識している。最初の回心は、ある経験領域において無責任な行動から責任ある行動へと移行する第一の局面である。進行中の回心は、一方で回心のさまざまな次元と、他方で生涯続く変化の継続的過程との間の相互作用である。一体化した回心とは、人生のすべての領域――情動的領域、情緒的領域、倫理的領域、知的領域、社会的領域――においてこれらの根本的変化を生き抜くことへの献身である。真の回心とは、単なる個人的回心から社会的世界で回心を生き抜くことへの移行である。

ゲルピによる回心への規範的アプローチはとても価値があり、ウォルター・コンとジム・ウォリスの重要な業績と一致している。[6] 宗教的次元、知的次元、情動的次元、倫理的次元、社会政治的次元という観点から慎重に回心を評価することは、洗練された回心の規範的解釈を発展させる出発点を与えてくれる。このアプローチは、過去の学問を支配していた偏狭な教派的視点を超越して人間科学と宗教研究を合流させる一方法を提供している。

回心の社会文化的歴史的帰結

回心は、個人にとって個人的な影響を持つにとどまらず、（とりわけ累積的な現象として）回心者の属す集団に対して社会文化的帰結をもたらすこともある。文化人類学者のポール・ターナーは、メキシコのチアパス州オヒチュクのインディオ、ツェルタル族のプロテスタントへの回心の影響を考察した。[7] ターナーの指摘では、町の四千人の住民の半数以上が回心した。結果として、貧困や病気や文盲率のレベルに変化が起こった。その地域のローマ・カトリック教会には司祭がひとりも居住しておらず、比較的勢力が弱い。加えて、インディオたちはスペインの植民地主義に搾取されてきたので、プロテスタント教会への回心は人心に訴える選択肢であった。インディオたちは貧しい小土地所有者であり、さらにアルコールの大量消費者である。アルコール飲料は地主を通じてしか手に入らないが、地主は極端な高値を課していた。そのため、インディオたちは多くの場合重い借金を背負っていた。

しかしながら、回心者はすべてのアルコールを控えるように要求された。彼らはアルコール消費量が減るとともにお金を貯めはじめ、生活が向上しはじめた。加えて、土地に伝わる祝祭への参加にかかっていた高い費用は、貧困の悪循環から脱出することを妨げていたが、回心者は参加を拒否した。また、回心者たちは、妖術の体系を否定するように教えられたので、邪悪な力から身を護るために必要だった多額の支払いからも解放された。

現代的な健康管理の方法が導入され、伝統的治療法が拒否されたことで、人々はより健康な生活を送りはじめ、清潔や公衆衛生、また、改善された食生活を基本原則として採用した。伝道師たちは一般信徒に基本的な医療技術を教えたので、土地の人々は自分たちの健康管理を積極的にできるようになり、すぐに健康状態は改善されて寿命が延びることになった。

オヒチュク地区のほとんどの人々は片言のスペイン語しか知らなかったので、宣教師たちは聖書を土地のインディオの言葉に翻訳して彼ら自身の言語で書かれた聖典の世界へと招き入れた。以前はほとんどの人々が文盲であった。今や自らの言語を読むことを学んで、その経験を通じてスペイン語――メキシコのより広い世界の支配的言語――にも関心を持つようになった。貧困や病気や文盲を減らすという回心の効果に加えて、ターナーの報告では、回心者たちは共同体への関わりを深めていった。かつては相手のいいなりであり絶望的な状態であったが、その状態は、自分たちの苦境に対する活動的で希望にみちた取り組みに取って代わられた。

小さな町の人口の半数に生じた回心の帰結に対するターナーの評価は肯定的である。しかしながら、彼自身がウィクリフ聖書翻訳協会の成員として地域に関わりを持っていたことが彼の価値評価に影響した可能性はとても高い。[8] ジャヤシュリー・B・ゴカーレは、回心の帰結をまた異なった仕方で評価した。[9] 彼女の研究はB・R・アンベードカルの指導力に刺激を受けていて、何百万人ものヒンドゥー教徒の仏教への回心に焦点を当てたものである。次のことを想起してみよう。一九五六年十月十四日に、五十万人以上のマハラシュトラ州の不可触民の人々であるマハールたちが、アンベードカル博士に率いられて、ヒンドゥー教を否認して仏教を奉じるようになったのである。ゴカーレは回心の帰結は交じりあっていると考える。もともとアンベードカルは、社会経済的なヒエラルキーの最下層に位置する人々という不可触民の自己意識を変容させようとしていた。マハールたちは基本的に、街路から動物の死体を片づけるなどの職業のせいで不浄と見なされた村の従僕であった。

仏教徒になることは、とりわけ自らの窮状に対して投げやりであった以前の態度に関して人々の自己理解を変化させ、そして、家族たちを刺激して子どもたちの教育のために自らを犠牲にする気にさせた。それでも、回心がカースト制度からの脱出を可能にしたわけではない。上位カーストのヒンドゥー教徒たちは、その他の不可触民のさまざまな集団と同様に、マハールたちを相変わらず広く行き渡った社会制度の一部であると見なし、彼らが社会的経済的「義務」を果たさないとして攻撃したり仏教徒を演じていると罵倒したりさえした。このように、実際の政治的影響や経済的影響や社会的影響はアンベードカルが思い描いたほどには広がらなかった。回心がマハールたちの自己意識を劇的に変化させて教育の要求を刺激した一方で、社会的な帰結としては、怒りと暴力が助長されてヒンドゥーのカースト制度がマハールたちに対して強化されることになった。現在、マハールは単純に仏教徒のカーストと呼び換えられている。

頭に入れておかなければならないのは、回心の効果は必ずしも直接的であったり過激であったり全体的であったりするわけではないということである。一般に表明されている回心のイデオロギーのせいで、即座に劇的な結果が生じると人々は期待している。時間をかけて現れる回心の累積的効果は、より明白で即時的な帰結と同じくらい歴史的に重要であると、私は主張したい。マハールたちが仏教に回心した社会的結果はかなり限られていたといっても、最終的な累積的効果がどのようなものになるかは知るよしもない。一九五一年にはインドのマハラシュトラ州の仏教人口は、二四八七人であった。アンベードカルによる大量回心から五年後の一九六一年に行われた人口調査では、仏教徒は二七八万九五〇一人であると報告されている。[10] トレヴァー・リングらの研究者は、アンベードカルの運動はより大きな仏教復興運動の一部であるとしている。[11] 仏教の復興がその他のさまざまな力とともに、インド人の精神のみならず政治構造にも影響を及ぼして、ヒンドゥー教の一極支配を侵食している。

ときとして跡をたどるのがむずかしいが、大規模な歴史的変化があるとき、回心の累積的な効果は絶大なものとなる。例えば、ローマ帝国のキリスト教化、フィリピン人の回心、中東とジャワのイスラーム化の事例がそうである。多くの人々は自らのバイアスのために、こうした歴史的変化の大波について語るときに回心という言葉を使おうとしない。私は、必ずしも明白でないとしても、その変化が重要なものなので、回心という言葉が適切であると主張したい。

ローマ帝国の回心には四世紀以上を要した。四世紀のコンスタンティヌス帝の回心の時点で、キリスト教の運動が比較的小規模であったにもかかわらず（帝国の判明している人口の一〇％以下であったという主張もあるだろう）、その変化は絶大なものであった。ラムゼイ・マクマレンは『ローマ帝国のキリスト教化』の中でその過程の本質を論じている。[12] 史上初めて、皇帝がキリスト教への回心者となったのである。それ以降、帝国の資源はキリスト教の事業を支援することと、異教を抑圧することに使われていった。迫害されていた者が迫害する側にまわったのである。

それでも、マクマレンは、「キリスト教で何かが変わったのか」という題の論文で刺激的な問いを投げかけている。[13] 彼の関心は、紀元三一二年から四一二年までの期間に起きた「ローマ帝国の回心」の直接的帰結に焦点が当てられている。マクマレンの目標は、「国民が今や信仰者となった結果として広範囲の**世俗**生活のパターンがどのように変わったのかを発見すること」であった。キリスト教が生活の全領域にわたって道徳性を向上させたという見解に基づいて、彼は、帝国内の膨大な人数によってなされたと言われている回心が引き起こした結果を洗い出そうとした。マクマレンは潜在的指標として五つの特定領域を選んだ。それらは、性的規範、奴隷制、剣闘士の見せ物、法的処罰、そして政治的腐敗である。史料の詳細な分析をした後で、奴隷制、剣闘士の見せ物、政治的腐敗、とりわけ贈収賄の領域には回心の影響が事実上ないことを彼は見出した。生活のこれらのさまざまな側面に関する態度は、回心以前の異教世界に浸透していた規範を相変わらず反映していた。

もっとも重大な効果は性的規範と法的処罰に見られる。性の領域では、「性的放縦」を助長するようないかなる行動に対しても、明らかな処罰対象の拡大が見られた。しかし、どこでもそうであるが、ダブル・スタンダードが存在し、エリートと庶民に対して使い分けられた。むしろ驚くべきことは、マクマレンが、法の横暴が顕著に増加したと記述していることである。第一に、ローマ市民法が生活のはるかに多くの側面、とりわけ個人的道徳や宗教的信仰を支配するまでに拡大された。第二に、刑罰がより残虐になった。紀元三一二年から四一二年までの間に、死刑と拷問がいっそう広範に行われるようになった。

マクマレンが行った回心の帰結の評価をどのようにとらえるべきだろうか。私は当初うろたえた。ほとんど変化がなかったなどということがどうしてありえたのか。そして、キリスト教がローマの**国教**になってからの最初の百年間に実際に起こったことが、必ずしもよい方向への変化ではなかったということがどうしてありえたのか。[14]

回心の帰結の評価には長期的視点が要求されるし、おそらくは見たくないことから目を背けないことが要求されるだろう。ローマ帝国の回心は、帝国のさまざまな地方でさまざまな結果が生じた複雑な過程であったし、帰結の本質は多くの要因によって決定されている。さらには、制度や社会や文化の回心は、個人や小規模集団への影響よりも評価がはるかに困難である。

多くの歴史家や神学者が最初の四百年間のキリスト教の影響を過大評価しているということも明記しておくべきだろう。多くの効果は特定の地域に限られていたので、帝国内の生活のより広大な流れからは孤立していた。さらに、国教化されたときにキリスト教自体が変質したので、回心の帰結は、深刻な制限を受けたものであったかもしれない。キリスト教がユダヤ教の一セクトの境界を越えてローマ帝国というヘレニズム世界に流れ込んだとき、キリスト教の根本的な本質が修正されたということがありうるのだろうか。

それらは、とても頭の痛い問題である。なぜなら、「本物の」キリスト教と「本物の」回心とは何かを考慮せずに探ることのできない問題だからである。われわれがいかなる姿勢をとるとしても、信仰の立場からは、ローマ帝国の回心が古代世界を大きく変えることがなかったという説には当惑を覚える。

アリステア・キーは、『コンスタンティヌス対キリスト』という著書の中で、コンスタンティヌス帝がキリスト教に回心したのではなく、逆にコンスタンティヌスがキリスト教の方をローマ帝国に取り込んで回心させたと主張している。[15] コンスタンティヌスの事例は、どのようにして回心の妥当性と価値を評価する基準を決定するのかという大きな問いを提起している。キーは、新約聖書に描かれているキリスト教徒たちの生活様式や倫理的水準や信仰という観点から見て、コンスタンティヌスがキリスト教を「堕落」させたと考えている。

同じような問題が、植民地時代の西欧諸国による回心事業の評価においても持ち上がる。スペイン人はフィリピンの人々を本物のキリスト教徒に回心させたのだろうか。あるいは、当時の世界の多くの場所を支配するためにスペイン人によって用いられていた思想と価値の統御形態へと回心させたのだろうか。その問いに答えるには一定の神学的観点が必要である。フィリピンとして知られるようになったその地域で宣教事業が有意な帰結をもたらしたということは確かに言える。ヴィセンテ・L・ラファエルの『植民地主義契約』は、この問題を念入りに深く掘り下げている。[16] 神学的立場がどうであれ、フィリピンという国の発展にスペインの宣教事業が与えてきた衝撃は根深いものである。アジアで唯一のキリスト教国として、フィリピンは太平洋諸国の中でも独特のアイデンティティを有しており、その功罪は別として、スペイン、そして後にはアメリカと、独自の関係を維持してきた。ローマ・カトリックの言語、神学、制度、特質の効果が、フィリピン国民の運命を形作ってきた。一八九八年以降はアメリカがフィリピンを支配してきた。アメリカの一極支配を背景に、プロテスタントはローマ・カトリック教会からの回心を進めたが、その試みはほとんど成功しなかった。ケントン・J・クライマーは、『フィリピンにおけるプロテスタント宣教——一八九八年～一九一六年』の中で、このような挫折した事業を要約している。[17]

宗教的景観

回心過程のもう一つの大きな帰結は、宗教の「地勢」とでも呼べるようなものの形成である。その一例が、イスラームとローマ・カトリックがフィリピンに与えた効果に関するダニエル・デッパーの研究である。[18] イスラームは、キリスト教よりも二百年早くフィリピンに到達した。今日まで、ミンダナオ島とスールー諸島はしっかりとイスラームの伝統に根差しており、フィリピン国民に独特の宗教的政治的効果を与えつづけている。スペインの宣教師たちは、低地住民の回心には大きな成功を収め、彼らを大共同体にまとめあげて、より多数の人々が宗教教育や育成に与れるようにした。高地住民はそれほど影響を受けなかった。

一八九八年の「スペインからの独立」革命の際にカトリック教会の分裂が起こり、フィリピン独立教会が形成された。この教会が大きな成功を収めたのは、宗教指導者が土着の強い指導力が育つことを阻害して人々を搾取してきたと感じられていた地域においてであった。合衆国がフィリピンを支配するようになってから（米西戦争後）、ローマ・カトリック教会の支配と縁が薄い地域や、ローマ・カトリック教会から不十分な待遇しか受けていなかった地域は、合衆国出身のプロテスタントの宣教師たちをもっとも開放的に受け入れた。彼らは少数派集団にすぎないが、プロテスタント、ムスリム、そしてさまざまな独立系教会の存在は、フィリピン国民がローマ・カトリックであるという一般的な観念を覆している。多くのこうしたパターンがいまだに今日のフィリピンの宗教生活や政治生活の本質をなしている。

意図されざる社会文化的帰結

回心の社会文化的帰結や歴史的帰結の研究のもっとも興味深い側面の一つは、宣教師たちが予期しなかった結果、また、たいていの場合、絶望した結果について吟味することである。例えば、研究者たちが論じてきたのは、世界の多くの場所、とりわけアフリカにおける宣教教育は、現地の人々たちを回心させたり、彼らに近代教育をほどこしたり、いくつかの場合には「野蛮人を文明化」したりするために工夫されていた。現実には、ヨーロッパの言語や文化や哲学を教えることがエリートを生み出すが、彼らは往々にして、最終的には西洋の教育や哲学を使って植民地主義の土台を揺さぶるのである。

ナショナリズム

他の多くの論者の中でもブレンダン・カーモディは、宣教教育が現地住民を回心させたり訓練したりするために考え出されたものであると指摘してきた[19]。しかし、ヨーロッパの言語と思想は、人々に民主主義やマルクス主義についても教えたので、政治化された知識人集団を形成することになった。そして、彼ら知識人集団がこうした政治思想や植民地主義に関する新知識をまとめあげ、革命や外交による独立の道を探っていった。

回心のもう一つの帰結として、部族を超えた同盟が創設された。これが最終的にはナショナリスト的な感情と目標を発達させる決定的な触媒となった。ノーマン・イサリントンは、南アフリカの宣教事業の研究の中で、初期の回心者のほとんどが、その地域の部族に受け入れられなかった人々であったと指摘している[20]。現地人と宣教師たちの判断によると、彼らは社会のくずであった。逆説的にも、宣教拠点の広がりと、植民地宣教師たちによる保護を通じて、これらの人々が教育とさまざまな技能を身につけ、やがて社会の中でエリートの地位につくようになった。

現地語の保存

聖書を現地語に翻訳することは多くの場合、逆説的にも現地語を保存するという効果を持った。ラミン・サネーは、このトピックについて幅広く書いてきた。なかでもすぐれた著作が『メッセージの翻訳』である。[21] サネーは、宣教師たちが多くの場合、現地人とその文化を侮辱していることを否定しないが、一方で、次のように強く主張する。たとえどんなに孤立した小集団の言語であっても、福音を現地語に翻訳しようとする宣教師たちの情熱が、現地の人々に、自らの言語と文化がそのような尊いメッセージを担うにふさわしい価値あるものであるということを深く感じさせるというのである。さらに、現地の言葉を記録して辞書や文法書を書くという骨の折れる努力が、そうでもしなければ近代化や世俗化や植民地化の渦の中に消えていったかもしれないさまざまな言語を保存する役目を果たしてきた。現地人が聖書を自らの言語で読めるようになると、神が聖典の中に述べなければならなかったことを自らの目で見ることができるようになる。多くの場合、この経験によって彼らは、まず、聖書の教えと合致していない宣教師たちを疑うことになり、結果的に独立した教会が生まれることもある。次に、権威というのは疑いや異議を唱えることができるものであるという思想を広めることもあるだろう。

世俗化

宗教的回心のもっとも興味深くて逆説的な帰結の一つは、それが世俗化過程を促進することがあるということである。[22] エルマー・S・ミラーがアルゼンチンのいくつかの部族集団の研究の中で気づいたのは、自らの宗派のキリスト教に人々を回心させようとしているプロテスタントの宣教師たちが、人々の世界観の激しい世俗化という意図しない結果を招いたということである。[23] 先住民の世界観は、あらゆる種類の出来事や人生経験に対する「超自然的」原因に関する解釈を豊かに蔵していた。実際、世界が善意の精霊や悪意の精霊に満ちあふれているという感覚が生の全体に浸透していた。宣教師たちは、こうした「迷信」を可能なかぎり排除しようとした。彼らは組織的で正式な教育を導入することで、霊的なかたわれや夢や幻覚によって知識が吹き込まれたり明らかにされたりするといった信仰を一掃した。彼らは病気を引き起こすのは細菌であり、精霊や魔女や邪術でないことを教えた。診断と治療法は科学であり、呪術ではなかった。経済は、今や宣教所の店舗と近代的農業技術によって形成され、勤勉な労働と適切な計算の結果であった。生産力は科学的方法によって管理されるのであり、地域のシャーマンの力とは無縁であった。宗教は宣教師の礼拝堂を通じて、個人と神の関係と、信仰深い者たちの共同体に限定されていた。ミラーが結論しているのは、宣教師が超自然的なものの役割を減じて制限するような宗教形態を勧めることで、図らずも世俗化勢力となったということである。

回心の心理学的帰結

回心を心理学的に価値評価するときには、自らの持っているバイアスと仮定を念頭に置いて、回心によって生じたのが進歩か退行か固着かを問わなければならない。これらの問いを探求した研究が、ロバート・B・シモンズによってなされた。[24] 彼は、ジーザス・ムーヴメント［イエスへの熱烈な信仰を促す運動］への回心が、本物の回心なのか、あるいは単にドラッグへの嗜癖をイエスへの嗜癖へと置き換えただけなのかを問題にした。[訳注1]「イエスへの依存」を強調したり集団の指導者と集団の規範への服従を強調したりしていることを考慮して、シモンズは、彼の研究対象の人格が何ら変化しておらず、ただある嗜癖がおそらくはより健全な嗜癖へと置き換えられただけであると感じた。

デイヴィッド・F・ゴードンによる原理主義者の集団の研究もためになる。[25] 一般的に言って、心理学者たちは、放下や自己放棄や集団への従属といった概念の価値をとても疑わしいと思っている。なぜなら、そのような概念は多くの場合、弱い自我と未成熟のしるしであると仮定されているからである。しかしながら、ゴードンは、自らの研究において、人々が実際に重大な生活上の肯定的変化を遂げたという結果を出した。それは、彼らが非生産的なやり方を放棄して新たなより適応力のある生活パターンを学んだからである。こうして、その集団によって伝道されている「自己に無頓着になる」というのは、心理学的にいえば、逆説的にも自我の制御と強さを人々に獲得させる効果があった。この種の心理学的研究は、評価の過程がいかに込み入ったものとなりうるかということを示している。

ジョエル・アリソンは、男子神学生の回心に関する研究（一九六〇年代に実施）において、彼らの回心が「前進的」であることを見出した。[26]彼が「前進的」という言葉で意味しているのは、彼らが、母親にとらわれている状態から発達上抜け出すことができたということである。これらの若者は、父親が亡くなっていたり、不在であったり弱かったりしたために母親に過度の依存をしていたのである。彼らの場合は、神との同一化が新たな形の自立を手に入れるための手段を提供した。言うまでもないことだが、そのような所見は、ジェンダーの問題について挑発的な問題を提起する。しかしながら、チャナ・ウルマンが女性も対象に含む彼女の研究（一九八〇年代に実施）の中で同様のパターンを見出したことは注目に値する。[27]

回心の心理学的評価へのもう一つのアプローチは、ジェイムズ・W・ファウラーとロムニー・M・モズレイによって提出された「信仰の発達」という観点である。[28]この観点からは、ある特定の人物の回心過程は、当該の人の年齢や発達段階にふさわしい基準に照らして検討されるべきであると主張される。回心と発達過程は、さまざまな多く異なった点で互いに関係しあっていることがある。例えば、ある発達段階から次の段階への移動は、回心のきっかけとなりうる。同様に、回心が新たな発達段階への移動を促進することもある。しかしながら、多くの回心は新たな段階への成長を必要とせず、単に回心を前にした人の発達段階を反映しているにすぎない。言い換えれば、人の発達レベルは、回心が処理されるフィルターとしての役割を果たす。それは、その回心によって何が達成されるかを決める変数を設定し、何が潜在的な回心者をひきつけるのかということに影響する。回心を見つめるレンズとして発達段階を用いることで、回心者が回心の結果、進歩したのか、退行したのか、それとも同じ段階にとどまっているのかという価値評価ができる。

「洗脳」と新宗教運動

ほとんどの社会学的な志向を持った調査は、新宗教運動に回心した人々にはほとんど病理は見られないと主張する。[29] しかしながら、多くの精神科医や心理学者やソーシャル・ワーカーは、多大なる害悪がおよぼされてきていると報告して、それを支持するさまざまな兆候を引き合いに出す。

この驚くべきくいちがいの理由は何なのか。[30] 社会学的観点が楽観的なのは、第一にほとんどの経験的な社会科学的調査が、新宗教運動の**現役成員**だけを対象としていることに由来するかもしれない。こうした人々の調査から、客観的で正確な結果を出すことは不可能であると論じることもできるだろう。なぜなら、彼らは「洗脳」されているからである。また別の可能性として、回心者は、緊密にまとめあげられた集団の中で役割を与えられているので、病理を隠すか、あるいは抑えておくことができるということもある。もっとも、このような検討は、主流の宗教集団の研究にも適用可能であるようにも思われる。

心理学的観点が悲観的なのは、セラピストによって行われるほとんどの研究が、さまざまな集団を離れた人々を対象にしているからかもしれない。セラピストたちは、何らかの理由で集団を拒否したり、何となくやめて出てきたり、あるいは、いくつかの事例では強制的に集団から出されたりしたような人々を相手にしている。現在結婚生活を送っている夫婦と、最近離婚した夫婦について結婚生活を調べてみれば、まったく同じような結果が出るのではないだろうか。研究者の方向性と研究対象にそのような根本的な差異があるとき、どのようにして新宗教運動への回心の影響に結論を出すことができるのだろうか。

回心物語

回心の帰結へのもう一つのアプローチは次のようなものである。とりわけキリスト教伝統内部の回心は、一般的にその過程の物語を生み出し、それが次に他の者の回心を刺激する。そうした物語は口頭で語り継がれ、自伝の形に描かれて、人々が自分自身の人生を解釈するパラダイムとなる。[31] キリスト教の歴史の中でとりわけ影響力の大きい回心は、アウグスティヌスの回心である。キリスト教の歴史において、彼の自伝『告白』は、十五世紀にもわたって、宗教意識を形作るものとして力を持ち続けている。何人かの回心者が、『告白』を読んでいる間に回心したと私に語ってくれた。ある英文学の教授から聞いた話では、その教授はユダヤ人として育ったが、大学院生時代にアウグスティヌスを読み、その経験を通じてキリスト教徒になる過程に踏み出したとのことである。

自伝は、ことによると他のどんなジャンルにもまして、きわめて個人的なレベルで人々をひきつける。回心を語る自伝は模倣を促したり強化を提供したりする。回心物語は、神学的に熟考を重ねてもまずできないような形で人生の機微にふれる。回心物語の伝統は、少なくともある部分は、新約聖書の使徒言行録に由来している。パウロ、コルネリウス、フィリピの看守、そしてリディアの回心は、宗教的変化の個人的効果を示している。どの回心物語も回心を呼びかけたり回心の正当性を確認したり人の回心の経験に形を与えたりする。

神学的帰結

ある回心が宗教伝統内部からどのように価値評価されるかということは、回心の帰結の評価において決定的な要素である。アーロン・リヒテンシュタインは、二つのレベルの評価が一般的であると主張している。[33] もっとも直接的な第一のレベルは、儀礼や行動の次元である。回心の候補者は回心に必要とされている儀礼を行ったかというものである。例えばユダヤ教を例にあげると、男性が割礼した証拠、ラビ法廷の立ち会い、律法（トーラー）に従うことへの同意、そして浸礼は比較的単純で簡単である。第二の次元はもっととらえどころがない。心の底から神を求めているか。その人に嘘いつわりはないか。その人の内面で実際に何が起こっているか。その人の動機は「純粋」か。あるいは、その人は付随的な見返りに流されているのではないか。この内的過程は、リヒテンシュタインによれば、判定することがはるかに困難である。

ユダヤ教への回心者は、儀礼的手続きと個人的体験によって共同体と神に関わる。儀礼は単に共同体への服従を求めるための厳格な必要事項ではなく、むしろ過去、現在、未来に渡るユダヤ教の信仰共同体への第一のつながりであると考えるべきである。共同体の手続きに従うことによって、その人は新たな人々との関係を作っていく。リヒテンシュタインによれば、その内的過程は新生に似ている。つまり、回心者は、神の僕として、クネセット・イスラエルつまりイスラエル共同体の一員としてユダヤ教の中に生まれるのである。

宣教師たちは多くの場合、回心に対して過度に楽観的な価値評価を下すという厳しい批判にさらされる。ある場合には、宣教師が支援機関に対して回心者数を水増しして報告したと非難されることもあるだろう。またある場合には、宣教師はナイーヴ過ぎて、実際には動機が疑わしい回心者たちが誠実であると思い込んでいるという非難もある。宣教師たちが決して価値評価を歪めないという考えを拒絶するのは愚かだろうが、たいていの場合、宣教師たちは回心の正当性を評価するときには極端に慎重になっているのである。宣教日誌や報告は、宣教師たちのこのトピックをめぐる苦闘の跡に満ちている。回心の真正さをどのように判定すればよかったのか。基準は何だったのか。回心者たちは起こったことを本当に理解したのか。回心のもたらす成果は、回心者が言葉で述べた信仰告白と一致するものであっただろうか。[34]

回心者が報告した神学的帰結

この十二年以上の間に、私はさまざまな方向へと回心した二〇〇名以上の回心者と話す機会を得てきた。私は回心者の報告による神学的帰結の性質を現象学的観点から要約したいと思う。私は、信条を述べたものでなく宗教体験に焦点を当てるように努めることにしたい。

これらの回心者が自らの経験について語るとき、彼らが表現する共通のテーマは神との関係の感覚である。彼らの報告によると、かつて彼らは神のことを意識していなかったか、神から離れてしまっていたが、今や彼らと神との間の深淵が橋渡しされている。神はもはや抽象概念でなく生きた現実である。細部が異なるかもしれないが、回心者はみな、以前にはなかった親密さやつながりの感覚の存在を語っている。「父」のような伝統的な言葉を用いる者もいるが、「母」「友人」「伴侶」「導き手」といった関係の近さを表す言葉を用いる者もいる。愛もまた共通のテーマである。何人かの回心者は、回心体験の後、愛の源泉に抱かれていると感じたと報告している。その愛はとても強力で、彼らは他者をもっと十分に愛せるような力を得たのだった。

回心者たちに見られる別の共通テーマは、回心を通じて罪から解放されたという感覚を持つことである。[35] ある回心者たちの場合、なかでも保守的なキリスト教会の回心者の場合には、回心以前には罪の感覚が蔓延していると感じていた者がいた。また、ある回心者たちの場合、まず自らの行為が他人に害を与えてしまっているので、彼らの罪意識は、何らかの形で彼らと神との関係を損なってしまっているという身を切るような認識となっていた。彼らにとって回心とは、「罪の重荷を取り払われる」のを経験することであり、自らの行為がもたらす苦痛からの解放感であった。自らの罪の帰結が（他人に対する害の場合と同じように）魔法のように取り除かれると信じていた人はほとんどいなかった。それでも彼らは神が自らの罪責感を取り除いてくれたと深く感じていた。すべてとは言えないが、かなりの数の回心者が罪に焦点を合わせている。

もう一つの共通テーマは、回心者が使命感や生きることの理由を手に入れるということである。また、ある回心者の場合には、「私は神によって、宣教師となるように、また、社会正義やその他特定の務めのために働く者となるように召し出されている」といった明確な焦点がある。多くの回心者の場合、特に聖職者になるという召し出しがあるのは驚くに当たらない。タルソスのサウロの古典的な例は、回心のこの要素をよく示す例である。彼は、異教世界と福音を分かちあうために「向きを変えた」のである。多くの人々は、自らのいのちが、利己主義に耽って費やしてもかまわないような自らの所有物ではないという深い新たな自覚を経験する。彼らは、救いの福音を分け合うことであれ、神のために他者に仕える愛ある人間になることであれ、目的のものを手に入れたのである。

他の回心者の場合には、新たな共同体と関わり、その成員になることを祝う。神の「家族」は今や彼らの家なのである。この家族は、普遍的であるとともに多くの種類の人々を含んでいるにもかかわらず、多くの場合、他の人々とのちがいがわかると感じられる。この帰属感が、その人のアイデンティティの感覚を支えるとともに、その人が奉仕してその一員となるような人々のネットワークを与える。

さらに他の回心者の場合には、回心は現実の本質を理解するための道である。ある回心者が語ってくれたところでは、彼の回心の旅の転機は、彼が教会で長い講話を行った後に訪れた。休憩時間に彼は外に出てあたりを歩き、もの思いにふけった。突然、彼は、生まれてはじめて人間のドラマ全体の深い意味を感じとった。新たな神学が人間の歴史の始まりと中ほどと結末の構造を彼に示した。それは単なる抽象的な図式ではなかった。というのは、彼はそのとき、自らがその全体図のどこにはめ込まれるのかを見てとったからである。このように、人生に意味と秩序があるという新たな感覚が彼の献身を維持する上で決定的であった。

他の回心者の場合には、回心とは、自己を観る視点のみならず宇宙全体を観る視点の深遠な転回である。回心者は自らの核心が変化したと感じるかもしれない。回心者は多くの場合、自らの経験の中心性や力や根本的な性質を肯定する。すべての回心者でないにしても、多くの回心者がこうした経験を持つ。彼らは、人生がすっかり新たにはじまりつつあり、今まさに彼らは以前と異なるように考えたりふるまったり意図したりすると感じるのである。今まさに神が中心にあり、自己が変容させられている。ある回心者の場合には、以前の断片化した自己や魂が今や統一されたという感覚がある。内的闘争が終わりを告げ、平安な感覚を持つようになる。

また他の回心者が報告している帰結は、それほど目をみはるようなものではない。自らの回心は長い旅の始まりにすぎないと主張する人たちもいる。神の恩寵がある道から別の道へと彼らの歩みを変えさせた。彼らはまばゆい光を見たわけでもなく、突然の啓示を受けたわけでもなく、実際、内的な力を感じて聖人のような行為に駆り立てられたというわけでもない。むしろ、神が存在するという穏やかな感覚が、彼らが旅を次の一歩へと進める勇気を与えたのである。

回心はどれほど長続きするのか

回心研究においてよく問われる問いは、回心はどれほど長く続くのかということに関するものである。[36] この問いは残念なことに、回心を、互いに絡みあう一連の相互影響的な体系において生じる動的な相互作用としてよりも、むしろ静的な一回限りの出来事として見る見方を前提としている。回心は、その直後の個々の文脈においては妥当なものかもしれないが、状況が変わればその人も変わるかもしれないし、他のさまざまな力が新たな献身にまさるかもしれない。そのような柔軟な人間観やそのような神学的献身へのリベラルな見方は評判がよくない。しかし、人を永久に変えるのでなければ回心は本物でないのだろうか。もちろん、変化したといっても、単に周りの変化に追従したにすぎないことが明らかなような状況もある。このような場合には、内的な変化や心からの変化はなく、あるのはただ自己防衛の衝動か露骨な私利私欲ということさえある。実際、回心してそのまま変わることのない人々は、本当にスピリチュアルな変容の道にあるとは言えないと論じてもよいだろう。そういう人々は回心体験を神聖なる瞬間として大切にしまい込み、それを何度も何度も思い起こすが、それは彼らの人生を変容させる力をほとんど持っていない。変化は絶えることなく重要で継続していくものである。ほとんどの宗教伝統は、進行していく成員の発達と成熟に役立つイデオロギーと技法を提供することによって変化を期待したり促したりしている。残念ながら、人々を支配下に置いたり従順にさせたりするために、いくつかの宗教によって悪質な方法も用いられている。

回心の反復

キリスト教の伝統では、リヴァイヴァル集会に出席しては毎回「回心の祝福を受けるために」「進み出る」人々に対してとても批判的な人々がいる。部外者は、その人が本当の回心をしておらず、そうでなければ何度も回心を繰り返す必要はないはずだと言うかもしれない。私見によれば、保守的なキリスト教徒の間では、リヴァイヴァルの集会では「おがくずの道」[訳注2]や「懺悔者席」に何度も立ち戻っていくことは、他のやり方では満たされない深いスピリチュアルな促しの表明である。言い換えれば、人々は、スピリチュアルな発達のために必要な生まれ変わりに支えられているという感覚を見出すために、リヴァイヴァル集会で前に進み出る以外の手だてを持ちあわせていないのである。私の考えでは、深いスピリチュアルな問題に向かいあい、取り組むことを可能にするようなメカニズムが不足している。いつくかの保守的なキリスト教徒の間では回心というテーマは、スピリチュアルな再生を求める人にとっては、もっとも有力であるというだけでなく、利用することができる唯一の儀礼化されたメカニズムなのである。

保守派にとって、回心の中心性は動かしがたい。なぜなら、俗世界とキリスト教徒との間のちがいがあまりにも大きいので、彼らは常にその深淵を忘れないようにしなければならず、自分たちが正しい側に立っていると確信できるような方法を提供しつづけなければならないからである。教会員たちにその深淵を常に思い出させることによって、成員たちは、自らが俗世界にも教会にも属していて、他ならぬ自らの存在から俗世界を消し去らなければならないという意識を鮮明に持ちつづけるのである。

結　論

すでに見てきたように、回心は複雑で多面的な過程であり、個人的な次元だけでなく、文化的次元や社会的次元、宗教的次元を伴っている。回心は、特別な出来事をきっかけとして起きることがあるが、ある場合には結果として突然の変化の体験に至り、たいていの場合には一定の期間にわたって生じるものである。人々は多くの理由で変化するが、その変化はときには永続し、ときには一時的でしかない。今日の神学者の中には本物の回心が一生涯を通じて起こると考えている人々がいる。

本書を構成する枠組となっている段階モデルは、人類学、心理学、社会学、宗教学の視点を統合するように考案された発見的な構造である。たとえ回心過程には時間的な序列が生じるとしても、段階の序列は普遍でも不変でもない。段階モデルは、宗教的変化において働いているテーマやパターンや過程の集まりを整理するのに役立つのである。段階モデルの部分について要約してみよう。

さまざまな段階

文脈——回心過程のエコロジー

文脈はすべての段階の中でももっとも包括的であり、回心が生じる動的な力の場である。文脈は、接近や伝達の様相を包括し、回心のモデルや方法を提供し、また、抵抗の原因を含んでいる。

人間は、自らが住んでいる世界と密接に結びついている。組織化された宗教は中でも回心の方法とモデルを伝える伝達手段である。人々は社会や教会から疎外されていると感じているかもしれないが、われわれはみな文脈の力動的な力の場から影響を受けている。抵抗と魅力のさまざまな力は、社会の知的風土、スピリチュアルな風土、文化的風土を満たしている。宗教組織は、（書籍や雑誌やテレビや映画のような）他の文化的なメディア同様、人の生活を変えることが望ましいか望ましくないかといったメッセージを日々人々に伝えている。書籍を読んだり、友人と話をしたり、講演会に出席したり、シナゴーグや教会やモスクや瞑想センターに参加したりすることは、われわれをみな回心のエコロジーである文脈的な領域の中に置く。人々はこれらの影響を自覚しているが、通常、変化を避ける。抵抗が浸透しているのである。

われわれには個人と環境を分ける傾向がある。われわれは、政治的世界、宗教的世界、経済的世界、社会的世界、文化的世界が人々によって形成されていることを忘れている。逆に言えば、人々は、さらに広い世界の社会化過程によって形作られているのである。関係のネットワークや、教育や訓練や制度的な構造の累積的な効果がすべて潜在的な回心者に影響を与える。結局のところ、宗教的な志向への献身に至るさらなる探求のための触媒として働く他者との会話や神秘的なヴィジョンのようなものを通じて人々が回心への軌跡を歩みはじめるのは、こうした影響を背景としてのことである。

危機――変化の触媒

危機は新たな選択の機会を与える。さまざまな危機が、個人や集団が自らの限界に直面するように強要し、また、葛藤を解決したり空隙を埋めたり、新たな状況に適応したり変容の道を見出したりする探求をするように刺激する。人生経験は多くの場合、危機を引き起こす。ときとして、人生の方向感覚喪失が新たな選択肢の探求を引き起こす。危機には多くの原因があるかもしれないが、強度や持続性や範囲の点で異なる。危機は、変化のための主要な力かもしれないか、もしくは、個人の状況を結晶化させる触媒となる出来事にすぎないかもしれない。

探求――積極的な探索

人間存在は、自らの問題の解決を積極的に探求し、意味や目的や超越を見つけようとして努力する。ある人の現状よりも多くのものやよいものを探求することは、人間存在に固有のように思われる。極端な個人的な脆弱さや強制的な環境のせいで、ときとして回心者は受容的であるかもしれないが、たいていの回心者は積極的に達成を追求する。探求はある程度まで個人の情動的可能性や知的可能性や宗教的可能性の影響を受ける。他のすべての人々と同じように、潜在的な回心者は、快感を経験したり苦痛を避けたりしたいという願望、また、概念的な体系を維持したり、自己評価を高めたり、満足のいく関係を確立したり、力や超越の感覚を獲得したりしたいという願望によって動機づけられている。

出会い――伝道者と潜在的な回心者の接触

出会いの段階は、危機に直面して新たな選択肢を求めている人々を、探求者に新たな志向性を提供しようとしている人々に出会わせる。しかしながら、関心の一致は必ずしもいつも見出されるわけではない。伝道者と潜在的な回心者は、互いに弁証法的な関係を持つ。各々の相手の相対的な力や特定の状況の間の差異に応じて、出会いは相互作用へと進むことができる。

出会いは、一般的には回心に至ることのない複雑なやりとりである。強力な個人的性癖や集団的性癖に基づく抵抗の結果、新たな選択肢のあからさまな拒絶か、あるいは、それに対する端的な無関心に至る。伝道者は多くの場合、根気強くて創造的である。潜在的な回心者の関心を引き出す新たな方法を求めて、伝道者は潜在的な回心者を理解して、彼らともっとよく意思の疎通を図ろうとする。能動的な主体としての潜在的な回心者はまた自らが欲しているものが何であるかを探し出したり、望んでいないものを拒絶したりするのに長けている。

相互作用――変化の母体

いったん、十分な相互的な関心が確立されたり生み出されたりすると、相互作用がさらに強いレベルの学習を伴う。多くの場合、関係こそが新たな選択肢に対する結びつきのもっとも効力のある道である。ある場合には、新たな関係を確立することは、新たな生き方が築かれる基盤を形作る。儀礼は、潜在的な回心者が単に知的なレベルを超えて宗教を経験することを可能にする。レトリックは、人生の宗教的局面にだけでなく、ある場合には個人の人生の全体にも意味のある解釈体系を提供する。社会的な設定で相互の期待に適合する役割を果たすことは、多くの場合使命感をもって潜在的な回心者、あるいは新たな回心者が新たな生き方を経験したり演じたりすることを可能にする。つまり、新たな自己感覚は、多くの場合回心者としての新たな役割の内面化を通じて現れるのである。

献身――変容の成就と地固め

献身は、回心過程の完成である。献身するという決断は多くの場合予期されている。放下という心理的でスピリチュアルな体験は、神や共同体との結合の感覚によって回心者を力づける。ある集団が要求するのは、個人が過去から分離したり、新たな「世界」へ移行したり、編入儀礼によって新たなアイデンティティを強化したりすることを可能にする特別な儀礼に参加することである。端緒の時期や移行の時期には、回心者は、いかにして新たな人格のように考えたり行動したり感じたりするかということを、さらに集中的に学ぶ。回心過程にとって中心的なのは、回心者が自らの個人史的な記憶を再構成したり、帰属の新たな体系を生のさまざまな局面に展開したりすることである。回心者は、編入儀礼によって新たな共同体の完全な成員となる。

帰結――回心過程の効果

変化の過程の至るところに回心の帰結が存在する。回心者は、自らが経験している体験の本質を多少なりとも自覚している。危機と探求の最初の体験から、また、他の場合には新たな選択肢との最初の出会いから、回心者は、新たな可能性を探求したり実験したり、また、ある意味では「折りあいをつけたり」している。しばらくしてから、ある帰結が他の帰結よりも明らかになってくる。ある人々にとって、その帰結は根本的に変容した人生である。それらの人々の信念や行動のパターンは、以前とはいちじるしく異なっている。使命感と目的感を獲得する他の人々もいれば、また、きわめて落ち着いた安心感や心の平安を獲得する他の人々もいる。回心過程はまた、破壊的な効果を持つことがある。ある人は、新たな志向性が期待されたものでないと思うかもしれない。また、ある場合には、回心者は、集団自身の目標のために操作されてきたことを悟る。いずれにしても回心は不安定である。それは擁護されたり培われたり支持されたり確認されたりしなければならない。それは共同体と追認と賛同を必要とする。回心者はスピリチュアルに発達するにつれて彼らの理解はさらに洗練され、彼らは自らの経験を振り返ったり再解釈したり再評価したりする。

第四段階 出会い	第五段階 相互作用	第六段階 献身	第七段階 帰結
伝道者 ・世俗的なさまざまな属性 ・回心の理論 ・回心への誘導 伝道者の戦略 ・戦略的なスタイル 　緩和 　集中 ・接触の様相 　公的／私的 　個人的／非個人的 回心の恩恵 ・意味の体系 ・情動的な満足感 ・生の技法 ・指導力 ・力 伝道者と回心者 ・最初の反応 ・抵抗 ・革新の普及 ・差異化した動機づけと体験 宣教師のさまざまな適応 回心者のさまざまな適応	隔離 変化の局面 ・物理的 ・社会的 ・イデオロギー的 関係 ・血縁関係 ・友人関係 ・指導力 ・弟子／教師 儀礼――魂の振り付け ・脱構築 ・再構築 レトリック――解釈の体系 ・帰属 ・理解の様相 役割――互恵的な期待と行為 ・自己と神 ・自己と他者	意志決定 儀礼 ・分離 ・移行 ・統合 放下 ・願望 ・葛藤 ・「屈服」――安堵と解放 ・放下の維持 証言――個人史の再構築 個人的な物語と共同体の物語を統合すること 動機づけの再公式化 ・多重的 ・順応的 ・相互作用的 ・累積的	状況評価における個人的バイアス 帰結の本質 ・効果的 ・知的 ・倫理的 ・宗教的 ・社会的／政治的 回心の社会文化的歴史的帰結 宗教的展望 意図されない社会文化的帰結 ・自民族中心主義 ・土地の固有性の保存 ・世俗化 心理的な帰結 ・進行 ・退行 ・停滞 回心のさまざまな物語 神学的な帰結

図18　回心過程の要約

第一段階 文脈	第二段階 危機	第三段階 探求
巨視的文脈 ・接近と制御の体系 微視的文脈 ・統合と矛盾の程度 文脈の輪郭 ・文化 ・社会的 ・個人的 ・宗教的次元の誘発性 文脈上の影響 ・抵抗と拒絶 ・少数集団 ・回心のさまざまな道 ・一致 ・回心のさまざまなタイプ 　伝統移行 　制度移行 　入信 　強化 　背教 ・回心のモチーフ 　知的 　神秘的 　実験的 　情緒的 　リヴァイヴァリズム 　強制的 規範的：禁止と助言	危機の本質 ・強度 ・持続 ・範囲 回心の触媒 ・神秘体験 ・臨死体験 ・病と癒し ・これですべてなのか ・超越への願望 ・変性意識 ・プロテウス的自己性 ・外的に刺激されたさまざまな危機	反応のスタイル ・積極的 ・消極的 構造的な利用可能性 ・情動的 ・知的 ・宗教的 動機上の構造 ・快の経験と苦痛の回避 ・概念上の体系 ・自尊心の増進 ・関係の確立と維持 ・力 ・超越

主要なテーマと問題

本書の主要な発見の一つは、「あれかこれか」といった断定を伴う永遠の議論が不適当であるということである。回心が突然かゆるやかか、部分的か全体的か、内面的か外面的かといったことに関する議論は、可能性の帯域を認めることによって解決される。回心には順応性がある。それは時間をかけて起こり、一定の回心を伝道している人々の期待によって形成されたり、その過程を歩んでいる人の経験によって形成されたりする。われわれは、いくつかの一般的なパターンを区別するかもしれないが、各々の回心者がそれぞれまったく同じ経験をすると主張することはできない。集団が異なれば個人も異なり、個人と集団の間の相互作用も異なる。

現象学的には突然の回心過程の要素とゆるやかな回心過程の要素がある。その問題が複雑になるのは、人々が回心過程にとって意味のあるものに関して固定観念をもっているため、回心のイメージに適合しないデータを系統立てて除去しがちであるという事実のせいである。

回心研究でもっとも複雑な問題の一つは、個人の経験と社会文化的宗教的環境の期待との比較である。ある人々は、回心が本物か偽物か区別するための明確な境界やガイドラインをもった普遍的な体験であると考えている。ユージン・V・ギャラガーの『期待と体験——宗教的回心を説明する』は、まさしくこの問題のすぐれた研究である。[1]ウェイン・プラウドフットの研究をもとに、ギャラガーは、回心が何であるかに関する期待の広範な影響があるとしても、「純粋」な回心体験が——そのようなものが存在するとして——何であるのかを見出すことがおそらく不可能であることに気づいている。[2]私が主張したいのは、期待から純粋な経験を分離することはまちがった分割であるということである。そのような分割は、人間の意識の本来の側面や神と人間との出会いがあらゆる文化に共通であることを想定している。むしろ、人間的な経験は定義上、環境によって形成される。人間的な経験と個人の環境の間には一定の弁証法が存在する。

宗教的な変化を公式化するイデオロギーや神学や典礼を支える宗教伝統によって経験と期待が公式化されるのは、もっとも重要な仕方の一つである。[3]私はキリスト教を通じて例証するが、私の考えでは、それはすべての宗教に当てはまる。回心に対する神学の中心的な効果は、回心過程に期待されるものや、期待の形成や回心者の経験のための規範の創造である。神学にはいくつかのタイプがある。概して、神学は、宗教的なメッセージがさまざまな文化の人々によって受け入れられたり理解されたりするように、新鮮で挑戦的な仕方で信念や生活様式を分節化しようとする学問的な努力である。正規の神学は、通常、神学や哲学の訓練を受けた人々による学術的な環境において行われるような神学である。アカデミックな神学者たちは、キリスト教共同体の信仰を哲学や現代思想の知的伝統の中で概念化するという、とても洗練された過程に従事している。彼らの著作が信徒席の人々にはめったに読まれないとしても、知識人向けの神学的な著作や論文の著者は、教師や説教師や牧師として教会に仕える聖職者層を形成する教授たちである。

第二のレベルの神学は、地元の会衆で説教師や教師や牧師によって用いられるような講話や著作である。私が主張したいのは、そのような形式の神学は「ふつう」の回心者の回心体験を形成する上でもっとも直接的に影響をもっているということである。

第三のレベルの神学的影響は、あまり明確に規定されていないが、それでもなお影響力がある。つまり、賛美歌や典礼や聖書がそれである。これらは牧師の説教と同じくらい重要である。何年もの間、人々は歌を歌ったり祈りを暗唱したり聖書を読んだりしてきたのである。イメージや観念や感情や物語や情動は回心過程をもたらすエートスを作るのに重要である。特定の指導者が回心のある側面を強調しないとしても、典礼や聖書には人々の意識に影響を与える多くの物事がある。私が主張したいのは、知識人の正式の神学よりも伝統が回心のモデルを伝達したり比較的に直接的な影響を及ぼしたりするということである。

回心の概念は相互関係にあるいくつかの異なったタイプの現象を包括する。回心は、領域の「キリスト教化」もしくは「イスラーム化」のような過程と見なされることもある。「ローマ帝国の回心（改宗）」もしくは「フィリピンの回心（改宗）」について語る人々がいる。回心は、宗教伝統間の運動として見なされることがあるし（伝統移行)、また、特定の伝統の枠内の宗教的選択肢の間の運動として見なされることもある(制度移行)。以前にいかなる宗教的な関係も持っていなかった回心者にとっては、回心はときとして集団に加入することを意味する(入信)。それはまた、宗教伝統の枠内の強化過程として考えられるかもしれない(強化)。これらの過程の基盤には、そうした区別を無効にするような統一性があると考えている。

私は、**回心**という言葉のこれらの用法がすべて適切であり、さまざまな意味が密接に絡み合っていると考える。ある地理的領域の回心(改宗)は人々が宗教的選択肢を利用できるような基礎を据えたり環境を提供したりする。言い換えれば、地理的領域の回心は、宗教的下部構造や文化的下部構造や個人的下部構造や社会的下部構造を通じて変化を促進する。

一つの伝統からもう一つの伝統への運動が可能になるのは、以前は未知の二つの文化的政治的体系(植民地時代のヨーロッパの宣教師の事例の場合のように)の間の出会いが存在する場合か、あるいは、接触のための下部構造がすでに確立されている環境にある場合である。例えば、イスラームとキリスト教はアフリカの多くの地域で利用可能であるし、先住民は多くの場合、どの宗教に忠誠を誓うかに関して選択できると期待されている。

言い換えれば、回心に伴う変化の過程は、支援体系や抑制、接触や抑圧、激励と落胆を含む下部構造の上に築かれている。強化は、ある者の宗教共同体の枠内の個人的恩恵の過程と確信が深化されることである。したがって、個人はすでに最小限度、信仰の共同体に関わっているが、その個人のスピリチュアルな経験が深められると推定される。

私は、これらの概念がすべて関係していて相互に結びついていると考える。個人の根本的で全面的な変容は——個人の情動や知性や道徳や宗教や社会的献身を含む——個人や集団にすでに存在している関係や儀礼や役割やレトリックの広大で複雑なネットワークを通じて可能になる。言い換えれば、そのようなタイプの回心が生じるためには下部構造と上部構造が適切でなければならない。組織の制度や教師や指導者や教理は、ある意味で当然のことと考えられている。それらが促す回心はすでに利用可能な原理や実践の強化である。

ある集団から他の集団への運動は、回心者の中の深いスピリチュアルな経験を引き出すかもしれないし、引き出さないかもしれない。しかしながら、ある集団から他の集団へのこれらの変化は、個人が経験している進行中のスピリチュアルな変容や宗教的な変容において重要かもしれないし、多くの場合、実際重要である。

宣教状況で回心者になることは――その個人が宗教と以前ほとんど結びついていなかった場合には特に――個人の生活において大きな再調整を必要とする変化である。ある人々にとってその変化は単に好都合である。他の人々にとってそれは神の新たな深い理解や神との新たな深い関係を必要とする。ある人々は、新たな回心者がある伝統の中で生まれ育ってきた人と同じくらい深く変容することを期待するが、これでは期待が大きすぎる。宣教の状況下で深く変容させられる人々もいるが、そうではない人々もいる。

将来の研究

今までのところ、この分野の研究は、性差を包括するものとみなされた（事実上男性に偏った）ものであったが、そのような研究を埋め合わせる女性の回心体験の研究はほとんどない。以下のような重要な問題が今後扱われる必要がある。つまり、女性は男性とは異なった形で回心を経験するのか。もしそうであるとすれば、これらのちがいは何なのか。女性の経験は、どの程度まで回心のステレオタイプの家父長的な要求によって歪められたり侮辱されたり否定されたりするのか。これらの問いは今までのところ、文献で挙げられたことがほとんどなかったし、適切に扱われたことはさらになかった。

スーザン・ジャスターは、この問題を持続的に考慮してきたわずかな人々の一人である。「異なった声で――独立戦争後のアメリカにおける宗教的回心をめぐる男性の物語と女性の物語」[4]というすばらしい論文の中で一七九〇年から一八三〇年の間の福音主義者の間の回心体験の本質を探求している。ジャスターは、「キリストには……男も……女もないという聖書の主張を究極的に反響させる再生の両性具有的なモデル」[5]を見出したが、裏付けとなる多様な研究がなくては、この結論を決定的で最終的なものと見なすことはほとんどできない。

同様にして、ゲイやレズビアンの人々が少なくとも制度上のレベルで彼らを落胆させたりけなしたりさえする信仰への回心から恩恵を得るのはなぜかという興味をそそる問いがある。しかし、ゲイやレズビアンの人々の間でキリスト教やユダヤ教に向かう運動が活発に高まっている。この運動は、いくつかの点で、確立された宗教的組織のきわめて基礎的な前提に異議を申し立てるものであるが、将来的には、要求に応えることを求めて革命的になるか、あるいは、運動の衰えや組織への吸収とともに意味を失うだろう。おそらく、その二つの間の何かが起こるだろう。いずれにしても、それは研究の活発さに関するかぎり未開拓の分野である。

扱われる必要がある回心研究のもう一つのトピックは、宗教伝統の形成や伝播における回心の本質である。ノーマン・ゴットワルド、ジェイコブス・ミルグローム、ドナルド・グレイ、W・モンゴメリーによる研究を例外として、創唱者［教祖］の経験と回心過程を結びつけようとしてきた人々はわずかしかいなかった。今までのところ、そのような研究はユダヤ教やキリスト教やイスラーム、また、宗教運動の初期の段階における回心の本質に焦点を合わせてきた。[6] 宗教伝統の創唱者の経験の本質は、一方で変化の基本的志向性を、他方でその経験がいかに規範的になるか（あるいは規範的になるかどうか）を明瞭に理解する上で重要である。また、重要なのは、特定の宗教伝統における回心の規範的本質の変化をたどることである。

また、宗教の発達における体系的な回心史の研究もなされるべきである。そのような歴史のさまざまな要素は現在利用することができる。[7] 回心の歴史は――本書に書かれたものの大部分に示唆されているが――多様な概念を浮き彫りにするだろうが、しかし、それはまた基盤となる統一を示すだろう。そのような歴史の規範的で記述的な側面を分類することは複雑になるだろうが、私見では、それは回心研究の現段階において決定的である。

最後に、心理学や社会学や人類学の分野は、われわれが現代社会における人々の実際の経験をさらに鋭く評価できるように新たなモデルを開発しなければならない。心理学がグローバルな文脈において機能する新たな人格理論を公式化する必要があるというエドワード・E・サンプソンの見解に私は賛同する。[8] 古いパラダイムは現代生活の宗教的変化を十分に理解するのには不十分である。

回心は逆説的である。それはとらえがたいが、包括的でもある。それは破壊し、救済する。回心は突然であり、それは徐々に進展もする。それは完全に神の働きでつくられるが、完全に人間の働きでつくられもする。回心は個人的であるとともに共同的であり、私的であるとともに公的である。それは受動的でも能動的でもある。それは世界からの退却であり、葛藤の解決であるが、他方、世界に入っていき、葛藤を生み出すのでないにせよそれと向き合うよう、力を与えるものでもある。回心は出来事であり過程である。それは最終的なものであるとともに終わりがない。それは決定的であり際限がない。回心はわれわれを困惑させ、また、変容させるのである。

訳者あとがき

本書は、ルイス・R・ランボー著『宗教的回心を理解する』（一九九三）（Lewis R. Rambo, Understanding Religious Conversion (New Haven and London: Yale University Press, 1993) の邦訳である。邦題は、『宗教的回心の研究』とした。方法論の面でも歴史の面でも分野の面でも広い範囲を扱っている本書の趣旨に即していると考えたからである。

著者は、エール大学大学院神学校で神学修士を収め、その後、シカゴ大学大学院で文学修士と哲学博士を授与されている。本書にあるとおり、現在、サンフランシスコ神学院「宗教と心理学」の教授であり、連合神学大学院（Graduate Theological Union）でも教鞭を執っている。また、著者は「キリストの教会」の牧師の経験があり、著者が研究者であるとともに信仰者であることが本書の中で明示されている。（ちなみに、「キリストの教会」自体はプロテスタントの保守的な教派であり、名称が似通っている「ボストンキリストの教会」などとはまったく別の伝統志向的な宗教団体であることに注意しなければならない。著者が参与観察のために後者に入った経験が書かれているが、そのちがいが前提されていないと、そのことは理解できない）。著者は、「まえがき」において、「「正真正銘」の回心とは、神の力による人格の全面的な変容である」（本書、四ページ）と述べているが、このことは、著者が信仰をもった研究者であることを認めなければ理解できないだろう。

翻訳に当たっては、渡辺がはじめに、序文、一、二、六章、結論を担当し、堀雅彦が三、四、五、七章、高橋原が八、九、十章を担当した。また、全体の用語の統一等に関しては、渡辺が行い、事実上、監訳に当たった。渡辺がまとめた訳稿に対して堀と高橋が手直ししたり代案を出したりしたものを再度、渡辺がまとめの作業を行った。

宗教心理学と回心研究とは、はじめから切っても切り離せない関係にある。ウィリアム・ジェイムズやスターバックの研究は、十九世紀末から二十世紀にかけてアメリカで盛んになったリヴァイヴァル（信仰復興運動）と大きな関係があった。ここでいう回心とは、本書にもたびたび出てくる、異教からキリスト教へという「キリスト教の迫害者ユダヤ人サウロが回心してキリストの篤信者パウロとなった」サウロの回心や「マニ教などの異教からキリスト教の聖人となった」アウグスティヌスの回心とは異なり、キリスト教徒として生まれながら世俗生活に浸っていた者が深い信仰に目覚めることを意味した。それはキリスト教徒としての「新生」（ボーン・アゲイン）を意味した。キリスト教徒にキリスト教徒としての「新生」を迫る福音派教会が台頭したのである。

その後、宗教心理学は停滞期を迎える。それはリヴァイヴァルがもはや研究対象とならなくなったことも一つの原因だろう。他方で、フロイトの精神分析やユングの分析心理学、エリクソンのアイデンティティ理論などの手法による研究が高まりをみせた。

さらに、新宗教研究が一九七〇年代以降、一つのジャンルとして確立され、宗教社会学や宗教心理学の手法が適用されるようになった。その際、新宗教への入信過程と脱会過程が大きな主題となった。しかしながら、とりわけアメリカでは、社会的に逸脱した新宗教はカルトと呼ばれ、社会的に指弾を受けるようになり、ときにカルト寄りと見なされる新宗教研究者とカルト対策団体の間で軋轢が生じたのであった。その余韻が今でも残っていることは否定できない。本書では両者の研究が併記されているが、中立的な立場を取ることのむずかしさがにじみ出ている。新宗教が、成熟した世俗社会や伝統社会にとって社会秩序をくつがえす不穏分子とみなされる大きな要因は、その積極的な改宗方針にある。あらゆる手段を用いて自らの成員を増やして、既存の家庭や地域社会などの秩序を破壊するとみなされるのである。

これはある意味で、高度な伝統文化をもった国家や社会に入ったキリスト教宣教師にする伝統社会の見方と似通った点がある。例えば、インドやインドネシア、イスラーム諸国などでは現代においてもキリスト教が迫害の対象となっているという。（イスラーム法上、棄教者は原則として死刑であることが大きな制約となっていることに注意すべきだろう。二〇一四年五月にはスーダンでキリスト教徒に改宗したとされたムスリムの女性に対して死刑判決が出た事例がある。）つまり、伝統宗教の宣教師であろうと新宗教の宣教者であろうと、既存の社会秩序に対する不安定要因とみなされるということである。このように、先進諸国における新宗教と非西洋諸国におけるキリスト教が宣教状況において光を当てられることになる。

回心研究の基盤を作ったウィリアム・ジェイムズやスターバックの場合には、等質な文化と人種構成の中での回心が問題になっていて、宣教状況や異文化接触は問題にはなっていなかった。しかしながら、ランボーの場合には、歴史を通じてさまざまな異文化接触を通して生じてきた回心を大きなテーマとして掲げているのが特徴的である。

回心という言葉は、日常語としては「かいしん」と読まれるが、もともとの仏教語としては、「えしん」と読まれる。仏教語では、「（1）心を改めて、仏道にはいること。改心。（2）小乗の信仰を改めて、大乗を信ずること。（3）浄土真宗で、自力の信仰を改めて他力を信ずること」といった意味がある。

むろん、本書で用いられる回心は、日常語としての回心が想定されている。平たく言えば、「心を向け直す」、「深い信仰心を起こす」といった意味があらかじめ考えられよう。

そこで、本書における回心（conversion）の用語法についてあらかじめ触れておきたい。実際、conversion は多義的であり、回心だけでなく、改宗、転向など、別の意味もある。それらに共通しているのは、心境や所属の変化である。一般的には、自発的な conversion は回心と訳されるが、他者からの強い影響下での conversion は改宗さらには強制改宗という言葉が使われる。また、政治的なイデオロギーや主義からの conversion は転向と訳されることが多い。これらのことを前提としながら、訳者は、conversionを回心という訳語で統一する道を選んだ。なぜなら、原著者がこれらの多様な意味を前提としながら、同一のconversionという用語を使用しているからである。

著者は、以下のように述べている。「本書では回心（conversion）という言葉は、いくつかのことを意味するだろう――それらの意味には必ずしも特定の優先順位はなく、何らかの定まった価値体系を担っているわけでもなく、回心という言葉が同時にそれらすべてを意味するわけでは決してない。それは端的に、信仰体系の欠如からある信仰への献身への変化［入信としての回心］、ある信仰体系への宗教的所属から他の宗教的所属への変化［改宗としての回心］、一つの信仰体系の枠内でのある志向から他の志向への変化［転派としての回心］を意味するだろう」（本書、一六ページ）。こうして、著者は、回心という言葉のもとに、少なくとも入信、改宗、転派という三つの意味を含めていることになる。しかしながら、著者はそれらに加えて、実際には「新生」（ボーン・アゲイン）としての回心の事例をもいくつか扱っているのである。チャールズ・コルソンの事例（本書、一三九ページ）はこれに該当すると言ってよいだろう。

また、著者は、回心が過程であることを強調している。「回心とは、人々、出来事、イデオロギー、制度、期待、志向などの動的な場において生じる宗教的変化の過程である。われわれは本書で（一）回心が単一の出来事ではなく時間のかかる過程であること、（二）回心が文脈の中で生じるため関係や期待や状況の母体と相互に影響を与えあうこと、（三）回心過程における要因が多様で相互作用するものであり累積するものであることの三つを理解するだろう。回心には唯一の原因や唯一の過程やその過程の唯一単純な帰結など存在しないのである」。（本書、二一ページ）。

さらに、著者は以下のように述べている。「本書の目的のために、私は、回心とは集団や個人がそうであると主張しているものであることを示唆する。回心過程は、第一に、回心者のあこがれや要求や志向性、第二に、入信対象の集団の本性、第三にこれらの過程が生じる特定の社会的母体という三者間の相互作用の産物である」（本書、二二三ページ）。

そして、著者は、回心をホリスティックなモデルにおいてとらえることを推奨している。それはつまり、文化体系、社会体系、人格体系、宗教体系のすべてを包括し、人類学、社会学、心理学、宗教学などのアプローチをすべて包含しなければならない。さらに、政治学、経済学、生物学などの考察も顧慮されなければならない（本書、二四—二五ページ）。

回心にはさまざまなタイプがある。背教ないし離反、強化、入信、制度移行、伝統移行の五つである。さらに、回心にはさまざまなモチーフがある。知的回心、神秘的回心、実験的回心、情緒的回心、リヴァイヴァリズム、強制的回心（強制改宗）の六つである（本書、三〇—三一ページ）。

そして、著者は、回心を継起的な段階モデルにおいてとらえている。著者によれば、回心には、文脈、危機、探求、出会い、相互作用、献身、帰結という七つの段階があるというのである（本書、三三—三五ページ）。

これら七つの段階のそれぞれにおいてローマ・カトリック教会、プロテスタント諸教会、ユダヤ教、仏教などの伝統宗教、また、ボストンキリスト教会、末日聖徒イエス・キリスト教会（モルモン教）などのキリスト教系新宗教、さらに、統一教会、ジーザス・ピープル、ハレ・クリシュナ、ディヴァイン・ライト・ミッション、UFOカルトなどの新宗教が扱われている。また、特筆すべき事例としては、インドとアフリカと中国と日本などのキリスト教宣教、アンベードカルと不可触民の仏教への集団回心、ビリー・グラハム、バハーイ教などが挙げられている。段階モデルの特徴とも言えるのかもしれないが、それぞれの事例がそれぞれの段階で扱われるため、ユング派の「中心の周回」による敷衍法のように、それぞれの事例が断片的に反復して扱われるという特徴がある。逆に言えば、どれか一つの事例に深く踏み込んだ分析が行われるといったことはない。

著者の方法論は、観察、記述、共感、理解、解釈、説明から成り立っている。要するに、人文科学的な方法論と社会科学的な方法論を包括しようとしているのである。

ランボーの研究の大きな特徴は、先行研究となる事例研究の積み重ねや回心研究を土台にして、包括的な宗教的回心論を構築することにあるということである。その意味で、さまざまなカテゴリーの中で先行研究がどのようなことを主張してきたのかが概観できるというメリットがあり、ある意味で回心研究の集大成という意味をもっていると言えよう。

本書を翻訳する作業は思った以上に骨の折れるものであった。そのため、企画してから十年以上の歳月を要してしまった。その間、忍耐強く協力して下さった共訳者の高橋原氏と堀雅彦氏に感謝するとともに、出版の労を執って下さったビイング・ネット・プレスの野村敏晴氏に心から感謝したい。

最後に、本書が回心研究の一助となることを願って筆を置きたい。

二〇一四年五月三〇日

訳者を代表して　渡辺　学

注

まえがき

1 私のエルサレムでの経験の概要については以下を参照。“Reflections on Conflict in Israel and the West Bank,” *Pacific Theological Review* 21 (1987): 48-56.

2 回心の研究者による驚くほど率直な自己開示に関しては以下を参照。Bennetta Jules-Rosette, “Conversion Experience: The Apostles of John Maranke,” *Journal of Religion in Africa* 7 (1976): 132-64.

3 以下を参照。 Sallie McFague, “Conversion: Life on the Edge of the Raft,” *Interpretation* 32 (1978): 255-68; Jim Wallis, *The Call to Conversion: Recovering the Gospel for These Times* (San Francisco: Harper and Row, 1981).

4 Anton T. Boisen, *Out of the Depths: An Autobiographical Study of Mental Disorder and Religious Experience* (New York: Harper and Brothers, 1960). また以下を参照。 Charles V. Gerkin, *The Living Human Document* (Nashville: Abingdon Press, 1984).

序　文

1 今日の宗教状況の記述と評価に関しては以下を参照。Frank Whaling, ed., *The World's Religious Traditions: Current Perspectives in Religious Studies* (New York: Crossroad, 1984); Frank Whaling, ed., *Religion in Today's World: The Religious Situation of the World from 1945 to the Present Day* (Edinburgh: T. and T. Clark, 1987); Richard T. Antoun and Mary Elain Hegland, eds., *Religious Resurgence: Contemporary Cases in Islam, Christianity, and Judaism* (Syracuse, N.Y.: Syracuse University Press, 1987); and Richard L. Rubenstein, ed., *Spirit Matters: The Worldwide Impact of Religion on Contemporary Politics* (New York: Paragon House, 1987).

2 私は、ピーター・L・バーガーが機能的ではなく実体的な手法と呼んでいる用法で**宗教**と**宗教的**という用語を用いる。宗教の機能的定義がいくぶん有用であるというには十分な根拠があるとしても、私は、個人にせよ集団にせよ、人間がスピリチュアルな存在領域、または超越的、超自然的な存在領域に対して抱く関心との関わりで宗教を定義することの方を好む。言い換えれば、私は、ヒンドゥー教、仏教、ユダヤ教、キリスト教、イスラームなどを参照して**宗教**を用いるのである。この論題に役に立つ議論としては以下を参照。Berger, "Some Second Thoughts on Substantive versus Functional Definitions of Religion," *Journal for the Scientific Study of Religion* 13 (1974): 125-34.

3　Emefie Ikenga-Metuh, "The Shattered Microcosm: A Critical Survey of Explanations of Conversion in Africa," *Neue Zeitschrift für Missionswissenschaft* 41 (1985): 241-54. また以下を参照。H. Byron Earhart, "Toward a Theory of the Formation of the Japanese New Religions: A Case Study of Gedatsu-Kai," *History of Religions* 20 (1980): 175-97. どちらの研究も理論の創造において複合的な要因を強調している。

第一章

1　James R. Scroggs and William G. T. Douglas, "Issues in the Psychology of Religious Conversion," *Journal of Religion and Health* 6 (1967): 204-16.

2　キリスト教史における回心の定義に対するさまざまなアプローチのすぐれた調査に関しては以下を参照。Marilyn J. Harran, *Luther on Conversion: The Early Years* (Ithaca, N.Y.: Cornell University Press, 1983), 15-53.

3　A. D. Nock, *Conversion* (New York: Oxford University Press, 1933), 1-16.

4　あまりにも厳格で狭い定義の例に関しては以下を参照。Richard V. Travisano, "Alternation and Conversion as Qualitatively Different Transformations," in *Social Psychology through Symbolic Interaction*, ed. Gregory P. Stone and Harvey A. Farberman (Waltham, Mass.: Ginn-Blaisdell, 1970), 594-606. また、以下を参照。David A. Snow and Richard Machalek, "The Convert as a Social Type," in *Sociological Theory 1983*, ed. Randall Collins (San Francisco: Jossey-Bass, 1983), 259-89; and Snow and Machalek, "The Sociology of Conversion," *Annual Review of Sociology* 10 (1984): 167-90.

5　以下を参照。Aharon Lichtenstein, "On Conversion," *Tradition* 23 (1988): 1-18, trans. Michael Berger.

6　これらの問題に対する私の志向性は、以下の研究に影響を受けている。Roland Robertson, *Meaning and Change:*

Explorations in the Cultural Sociology of Modern Societies (New York: New York University Press, 1978). また、同書の以下の章を参照のこと。"Conversion and Cultural Change," 186-222.

7 William James, *The Varieties of Religious Experience: A Study in Human Nature* (New York: Modern Library, 1902 and 1929).

8 上位の存在――神でさえ――に常に従属していることを意識していたいと考える人々は、とりわけ世俗的な知識人の場合には、わずかしかいない。強烈な神体験をしたという回心者といっしょにいるときには、私は、宗教的な領域についての率直な評価に関して自分が留保しているのを見出すし、その経験がもし本当なら、私に強力な決定的影響を及ぼすかもしれないと感じる。私の中の何かがむしろ神から逃走し続け、制御の幻想を抱く知識人の比較的従順で安全な世界に居座ろうとするだろう。

9 William R. Garrett, "Troublesome Transcendence: The Supernatural in the Scientific Study of Religion," *Sociological Analysis* 35 (1974): 167-80.

10 Richard W. Bulliet, *Conversion to Islam in the Medieval Period* (Cambridge, Mass.: Harvard University Press, 1979).

11 Ramsay MacMullen, *Christianizing the Roman Empire: A.D. 100-400* (New Haven: Yale University Press, 1984).

12 Jerald C. Brauer, "Conversion: From Puritanism to Revivalism," *Journal of Religion* 58 (1978): 227-48. さまざまな帰結に関するブラウアーの評価は適切であるが、私には、回心の動機づけや形態学や方法が同一的であるという彼の主張を受け入れることができない。

13 私には、私が一九八〇年代に使いはじめた回心のこのタイプ論の正確な起源をたどることができないでいる。以下の著作はそのタイプ論に言及しているが、出典を明らかにしていない。V. Bailey Gillespie, *The Dynamics of Religious Conversion* (Birmingham, Ala.: Religious Education Press, 1991), 14-15.

14 John Lofland and Norman Skonovd, "Conversion Motifs," *Journal for the Scientific Study of Religion* 20 (1981): 373-85.

15 John Lofland and Rodney Stark, "Becoming a World-Saver: A Theory of Conversion to a Deviant Perspective," *American Sociological Review* 30 (1965): 862-75.

16 リヴァイヴァルの集会に関するすばらしい記述に関しては以下を参照。Ted Ownby, *Subduing Satan: Religion,*

Recreation, and Manhood in the Rural South, 1865-1920 (Chapel Hill: University of North Carolina Press, 1990). とりわけ同書の一四四—六四ページを参照のこと。また、以下を参照。 Norman Pettit, *The Heart Prepared: Grace and Conversion in Puritan Spiritual Life,* 2d. ed. (Middletown, Conn.: Wesleyan University Press, 1989).

17 以下を参照。Lofland and Stark, "Becoming a World-Saver." Alan R. Tippett, "Conversion as a Dynamic Process in Christian Mission," *Missiology* 1 (1977): 203-21. また、以下を参照のこと。 Robert F. Berkhofer, Jr., "Protestants, Pagans, and Sequences among the North American Indians, 1760-1860," *Ethnohistory* 10 (1963): 201-32.

18 Clifford Geertz, *The Interpretation of Cultures* (New York: Basic Books, 1973). とりわけ、同書の三—三〇ページを参照のこと。

第二章

1 福音主義的なプロテスタントの視点から書かれた文化的文脈の重要性に関する二つの資料として以下を挙げることができる。 Hans Kasdorf, *Christian Conversion in Context* (Scottsdale, Pa.: Herald Press, 1980); Charles H. Kraft, *Christianity in Culture* (Maryknoll, N.Y.: Orbis Books, 1979). ローマ・カトリックの視点に関しては以下を参照。Louis J. Luzbetak, *The Church and Cultures* (Maryknoll, N.Y.: Orbis Books, 1988).

2 John A. Gration, "Conversion in Cultural Context," *International Bulletin of Missionary Research* 7 (1983): 157-63.

3 Anthony F. C. Wallace, "Revitalization Movements," *American Anthropologist* 58 (1956): 264-81; "Mazeway Resynthesis: A Biocultural Theory of Religious Inspiration," *Transactions of the New York Academy of Sciences,* 2d. series, 18 (1956): 626-38; and "Mazeway Disintegration: The Individual's Perception of Socio-Cultural Disorganization," *Human Organization* 16 (1957): 23-27.

4 刷新運動のさらに最近の評価に関して、また、その現象の心理学的神経学的基盤に関しては以下を参照。 Barbara W. Lex, "Neurological Bases of Revitalization Movements," *Zygon* 13 (1978): 276-312.

5 Eldridge Cleaver, *Soul on Fire* (Waco, Tex.: Word Books, 1978). 魅惑的な対比に関しては彼の以下の前著を参照のこと。 *Soul on Ice* (New York: McGraw-Hill, 1968).

6 クリーヴァーのブラック・パンサー党での役割が物議を醸していることに注意すべきである。なかでも女性と同性愛に関する彼の見解は激しく批判されている。私はこれらの問題を指摘してくれたエリザベス・L・モーガンに謝意を表したい。

7 Cleaver, *Soul on Fire,* 211-12.

8 William G. McLoughlin, *Revivals, Awakenings, and Reform* (Chicago: University of Chicago Press, 1978). その過程はまた、ユング派の観点から見ることもできる。John Weir Perry, *Roots of Renewal in Myth and Madness* (San Francisco: Jossey-Bass, 1976).

9 Geertz, *Interpretation of Cultures,* 255-310.

10 ヨーロッパの拡張と探検に伴うさまざまな過程に関するきわめて洗練された包括的な検討に関しては以下を参照のこと。Eric R. Wolf, *Europe and the People without History* (Berkeley: University of California Press, 1982). 今日の状況に関するすばらしい検討としては以下を参照のこと。Theodore H. Von Laue, *The World Revolution of Westernization: The Twentieth Century in Global Perspective* (New York: Oxford University Press, 1987).

11 以下を参照。Morton H. Fried, "Reflections on Christianity in China," *American Ethnologist* 14 (1987): 94-106. 中国のキリスト教の簡潔な歴史に関しては以下を参照。G. Thompson Brown, *Christianity in the People's Republic of China* (Atlanta: John Knox Press, 1986). 初期の宣教師に対する中国の反応に関する魅惑的な研究としては以下を参照。Jacques Gernet, *China and the Christian Impact: A Conflict of Cultures,* trans. Janet Lloyd (New York: Cambridge University Press, 1985). 日本のキリスト教の評価に関しては以下を参照。Richard H. Drummond, *A History of Christianity in Japan* (Grand Rapids, Mich.: Eerdmans, 1971); Tetsunao Yamamori, *Church Growth in Japan* (South Pasadena, Calif.: William Carey Library, 1974).

12 Abdullahi Ahmed An-Na'im, "The Islamic Law of Apostasy and Its Modern Applicability," *Religion* 16 (1986): 197-224.

13 世俗化をめぐる論争はきわめて複雑である。その概要に関しては以下を参照。Larry Shiner, "Six Meanings of 'Secularization,'" *Journal for the Scientific Study of Religion* 6 (1968): 207-20.

14 以下を参照。 Andrew M. Greeley, *Unsecular Man: The Persistence of Religion* (New York: Schocken Books, 1971) and *Religious Change in America* (Cambridge, Mass.: Harvard University Press, 1989).

15 以下を参照。 Bryan Wilson, *Religion and Secular Society* (Harmondsworth, U.K.: Penguin Books, 1966), and *Contemporary Transformations of Religion* (London: Oxford University Press, 1976).

16 以下を参照。 David Martin, *A General Theory of Secularization* (New York: Harper and Row, 1978).

17 以下を参照。 Peter L. Berger and Thomas Luckmann, *The Social Construction of Reality* (Garden City, N.Y.: Doubleday, 1967)〔山口節郎訳『現実の社会的構成』新曜社、二〇〇三年〕; Berger, *Sacred Canopy* (Garden City, N.Y: Doubleday, 1969)〔薗田稔訳『聖なる天蓋』新曜社、一九七九年〕Berger, *Facing Up to Modernity* (New York: Basic Books, 1977)。

18 Peter L. Berger, *The Heretical Imperative* (Garden City, N.Y: Doubleday, 1979).〔薗田稔・金井新二訳『異端の時代——現代における宗教の可能性』(新曜社、一九八七年)〕宗教と近代のさらに全般的な評価としては以下を参照のこと。 Berger, *Sacred Canopy*.〔『聖なる天蓋』〕

19 Robert Jay Lifton, "Protean Man," *Partisan Review* 35 (1968): 13-27.

20 Philip Cushman, "The Self Besieged: Recruitment-Indoctrination Processes in Restrictive Groups," *Journal for the Theory of Social Behavior* 16 (1986): 1-32.

21 私見では、スティーヴン・M・セイルズの一九七〇年代初期の研究は、回心のためのより大きな環境や動機づけの間の関係を経験的に検討している唯一のものである。彼は、ワシントン州シアトル市の経済的変動とあわせて、さまざまなタイプの教会の出席率を研究した。彼が見出したのは、シアトル市の経済的問題があるとき権威主義的な教会への回心率が増加することだった。以下を参照。 Sales, "Economic Threat as a Determinant of Conversion Rates in Authoritarian and Nonauthoritarian Churches," *Journal of Personality and Social Psychology* 23 (1972): 420-28.

22 仏教の簡潔で全般的な概要に関しては以下を参照のこと。 E. *Zurcher, Buddhism: Its Origin and Spread in Words, Maps, and Pictures* (London: Routledge and Kegan Paul, 1962).

23 洞察力のある回心過程の解釈と紀元一世紀のキリスト教の広がりに関しては以下を参照。 Wayne A. Meeks, *The First Urban Christians: The Social World of the Apostle Paul* (New Haven: Yale University Press, 1983). 紀元百年か

ら四百年の間の回心のすばらしい研究は以下に見出される。MacMullen, *Christianizing the Roman Empire.* キリスト教の世界的な広がりの概要に関しては以下を参照。 Stephen Neill, *A History of Christian Missions* (Harmondsworth, U.K.: Penguin Books, 1964, 2d ed., 1986, revised by Owen Chadwick).

24 イスラームの広がりに関する古典的な著作は以下のものである。T. W. Arnold, *Preaching of Islam: A History of the Propagation of the Muslim Faith* (Westminster, U.K.: Archibald Constable, 1896). 全般的な調査に関しては以下を参照。F. R. J. Verhoeven, *Islam: Its Origins and Spread in Words, Maps and Pictures* (New York: St. Martin's Press, 1962). イスラームに関するとても読みやすい調査としては以下を参照。Malise Ruthven, *Islam in the World* (New York: Oxford University Press, 1984).

25 James T. Duke and Barry L. Johnson, "The Stages of Religious Transformation: A Study of 200 Nations." *Review of Religious Research* 30 (1989): 209-24; "Religious Transformation and Social Conditions: A Macrosociological Analysis," in *Religious Politics in Global and Comparative Perspective,* ed. William H. Swatos, Jr. (New York: Greenwood Press, 1989), 75-109.

26 David B. Barrett, ed.. *World Christian Encyclopedia* (Nairobi: Oxford University Press, 1982).

27 Nock, *Conversion,* 9-10.

28 Charles H. Kraft, "Cultural Concomitant of Higi Conversion: Early Period," *Missiology* 4 (1976): 431-42.

29 Robert W. Balch and David Taylor, "Seekers and Saucers: The Role of the Cultic Milieu in Joining a UFO Cult," *American Behavioral Scientist* 20 (1977): 839-60. また、以下を参照。 Robert W. Balch, "Looking Behind the Scenes in a Religious Cult: Implications for the Study of Conversion," *Sociological Analysis* 41 (1980): 137-43.

30 Tippett, "Conversion as a Dynamic Process in Christian Mission," 203-21.

31 Kraft, "Cultural Concomitant of Higi Conversion," 431-42.

32 この論点を裏付けるものとして何千もの著作や論文を挙げることができるだろうが、ここでは二つ挙げれば十分だろう。 Vicente L. Rafael, *Contracting Colonialism: Translation and Christian Conversion in Tagalog Society under Early Spanish Rule* (Ithaca, N.Y.: Cornell University Press, 1988); Vincent J. Donovan, *Christianity Rediscovered: An*

Epistle from the Masai (Maryknoll, N.Y.: Orbis Books, 1978). さらに完全な文献目録に関しては以下を参照。 Lewis R. Rambo, "Current Research on Religious Conversion," *Religious Studies Review* 13 (1982): 146-59.

33 この問題に関するすばらしい調査としては以下を参照。 Frank Newport, "The Religious Switcher in the United States," *American Journal of Sociology* 44 (1979): 528-52; Wade Clark Roof and William McKinney, *American Mainline Religion* (New Brunswick, N.J.: Rutgers University Press, 1987).

34 Charles Selengut, "American Jewish Converts to New Religious Movements," *The Jewish Journal of Sociology* 30 (1988): 95-110.

35 このタイプの回心のもともとのアイディアは、ビリー・グラハムのクルセードについて読んでいたときに現れてきた。私はいくつかの評価に同意するが、少なくともある人々にとって、私が「強化」と呼ぶ深い体験が存在すると確信している。以下を参照。 Ronald C. Wimberley et al., "Conversion in a Billy Graham Crusade: Spontaneous Event or Ritual Performance?" *Sociological Quarterly* 16 (1975): 162-70, and Weldon T. Johnson, "The Religious Crusade: Revival or Ritual?" *American Journal of Sociology* 76 (1971): 873-90.　また、私が論じたいのは、ウィリアム・ジェイムズが『宗教経験の諸相』という古典的著作で報告している回心の多くは実際のところ、キリスト教の文脈で生まれ育った人々の物語であるので、彼らの回心はむしろ強化過程であり、まったく宗教的を持たない人々の回心ではないということである。回心の今日の研究は多くの場合、このタイプの回心を支持している。以下を参照。 Walter Conn, *Christian Conversion: A Developmental Interpretation of Autonomy and Surrender* (New York: Paulist Press, 1986); Jim Wallis, *The Call to Conversion* (San Francisco: Harper and Row, 1981). 世俗的なユダヤ人が正統派のユダヤ教に戻っていく今日の動きもまた、強化とみなされるだろう。以下を参照。 Janet Aviad, *Return to Judaism: Religious Renewal in Israel* (Chicago: University of Chicago Press, 1983).

36 背教の研究はわずかだが、以前よりは多くの資料が入手可能になってきている。以下を参照。 David G. Bromley, ed., *Falling from the Faith: Causes and Consequences of Religious Apostasy* (Beverly Hills: Sage Publications, 1988); Stuart A. Wright, *Leaving Cults: The Dynamics of Defection* (Washington, D.C.: Society for the Scientific Study of Religion, 1987).

37 回心のモデルは多くの視点からアプローチできる。アン・ハンセイカー・ホーキンスは、以下のすばらしい著作で元型概念を用いている。Anne Hunsaker Hawkins, *Archetypes of Conversion: The Autobiographies of Augustine, Bunyan, and Merton* (Lewisburg, Pa.: Bucknell University Press, 1985). 合衆国の回心の歴史では、ピューリタンの回心ほど探求された回心のモデルはない。この分野の古典の一つは以下のものである。Norman Pettit, *The Heart Prepared* (New Haven: Yale University Press, 1966). もっと最近のものとしては以下を参照。Patricia Caldwell, *The Puritan Conversion Narrative* (New York: Cambridge University Press, 1983); John Owen King, *The Iron of Melancholy* (Middletown, Conn.: Wesleyan University Press, 1983). これら二著は新たな議論をかきたてた。私の視点からは、以下の著作ほど価値のあるものはない。Charles Lloyd Cohen, *God's Caress: The Psychology of Puritan Religious Experience* (New York: Oxford University Press, 1986).

38 Olive M. Stone, "Cultural Uses of Religious Visions: A Case Study," *Ethnology* 1 (1962): 330.

39 Bill J. Leonard, "Getting Saved in America: Conversion Event in a Pluralistic Culture," *Review and Expositor* 82 (1985): 111-27.

第三章

1 Luther P. Gerlach and Virginia H. Hine, *People, Power, Change: Movements of Social Transformation* (Indianapolis: Bobbs-Merrill, 1970). 同じ著者による以下の論文も参照のこと。"Five Factors Crucial to the Growth and Spread of a Modern Religious Movement," *Journal for the Scientific Study of Religion* 7 (1968): 23-40.

2 この論争に関する貴重な調査としては、以下の論文を参照。James T. Richardson, "The Active vs. Passive Convert: Paradigm Conflict in Conversion, Recruitment Research," *Journal for the Scientific Study of Religion* 24 (1985): 163-79. このような論争は、新たな宗教運動や新たな信仰への勧誘に関してはとりわけ激しい。以下の論文をあわせて参照のこと。Richardson, "Psychology of Induction: A Review and Interpretation," in *Cults and New Religious Movements*, ed. Marc Galanter (Washington, D.C.: American Psychiatric Association, 1989), 211-33.

3 この問題に関するすぐれた議論として以下の論文がある。William B. Bankston, H. Hugh Floyd, Jr. and Craig J.

Forsyth, “Toward a General Model of the Process of Radical Conversion: An Interactionist Perspective on the Transformation of Self-Identity,” *Qualitative Sociology* 4 (1981): 279-97.

4　Augustine, *The Confessions of St. Augustine*, trans. John K. Ryan (Garden City, N.Y.: Doubleday, 1960).［服部英次郎訳『告白』上・中・下、岩波文庫、一九四〇―一九四九年。宮谷宣史訳『告白録』教文館、二〇一二年］特に二〇二―二〇三ページ、および第八巻末尾の数ページを参照のこと。

5　Lofland and Stark, “Becoming a World-Saver,” 862-75.

6　Ibid., 864.

7　以下を参照のこと。Bankston, Floyd, and Forsyth, “Toward a General Model,” 279-97; David A. Snow and Cynthia L. Phillips, “The Lofland-Stark Conversion Model: A Critical Reassessment,” *Social Problems* 27 (1980): 430-47.

8　Max Heirich, “Change of Heart: A Test of Some Widely Held Theories about Religious Conversion,” *American Journal of Sociology* 83 (1977): 653-80.

9　パウロの回心については膨大な文献がある。本章の目的は、回心の媒体となる危機としての宗教的経験の重要性を明らかにすることである。使徒行伝におけるルカの報告と、パウロの書簡における自伝的叙述の価値をめぐっては、コンセンサスが存在しない。これらの問題に関するすぐれた調査として以下のものがある。Beverly Roberts Gaventa, *From Darkness to Light* (Philadelphia: Fortress Press, 1986). 近年における最良の研究書としては以下を参照のこと。Alan F. Segal, *Paul the Convert* (New Haven: Yale University Press, 1990).

10　この問題の二つの調査と評価が以下の著作に見られる。Kenneth Ring, *Heading toward Omega* (New York: William Morrow, 1984). および Carol Zaleski, *Otherworld Journeys: Accounts of Near-Death Experience in Medieval and Modern Times* (New York: Oxford University Press, 1987).

11　回心と癒しが平行的かつ相互作用的な過程であるか、もしくは、平行する過程であるか相互作用的な過程であるという点に注目するのは興味深い。さらなる情報を求める向きには以下の文献を参照のこと。Jerome D. Frank, *Persuasion and Healing*, rev. ed. (New York: Schocken Books, 1974); James Dow, “Universal Aspects of Symbolic Healing: A Theoretical Synthesis,” *American Anthropologist* 88 (1986): 56-69. Brock K. Kilbourne and James T.

Richardson, “A Social Psychological Analysis of Healing,” *Journal of Integrative and Eclectic Psychotherapy* 7 (1988): 20-34.

12 James V. Downton, Jr., *Sacred Journeys: The Conversion of Young Americans to Divine Light Mission* (New York: Columbia University Press, 1979); “An Evolutionary Theory of Spiritual Conversion and Commitment: The Case of Divine Light Mission,” *Journal for the Scientific Study of Religion* 19 (1980): 381-96.

13 Chana Ullman, “Cognitive and Emotional Antecedents of Religious Conversion,” *Journal of Personality and Social Psychology* 43 (1982): 183-92.

14 Joel Allison, “Religious Conversion: Regression and Progression in an Adolescent Experience,” *Journal of the Scientific Study of Religion* 8 (1969): 23-38; “Adaptive Regression and Intense Religious Experience,” *Journal of Nervous and Mental Disease* 145 (1968): 452-63; “Recent Empirical Studies in Religious Conversion Experiences,” *Pastoral Psychology* 17 (September 1966): 21-34.

15 Robert F. Weiss, “Defection from Social Movements and Subsequent Recruitment to New Movements,” *Sociometry* 26 (1963): 1-20. および Janet Liebman Jacobs, *Divine Disenchantment: Deconverting from New Religions* (Bloomington: Indiana University Press, 1989) を参照されたい。

16 重要な役割を辞める過程に関して私がこれまでに出会った著作の中で最良のものは、以下の著作である。 Helen Rose Fuchs Ebaugh, *Becoming an Ex: The Process of Role Exit* (Chicago: University of Chicago Press, 1988).

第四章

1 Richardson, “The Active vs. Passive Convert.” 以下の論文も参照のこと。 Roger A. Straus, “Religious Conversion as a Personal and Collective Accomplishment,” *Sociological Analysis* 40 (1979): 158-65. 回心者を受動的なものと見る議論として主要でおそらくもっともよく知られたものは、以下の著作に収められている。 Flo Conway and Jim Siegelman, *Snapping: America’s Epidemic of Sudden Personality Change* (Philadelphia: J. B. Lippincott, 1978). 回心に関する「洗脳」モデルを取り巻くさまざまな問題に関する複雑な議論に関する魅力的考察としては、以下のものを参照された

い。Thomas Robbins, "Constructing Cultist 'Mind Control,'" *Sociological Analysis* 45 (1984): 241-56. 宣教の環境において回心者が能動的主体であることを肯定するきわめて強力な議論として、以下のものがある。Jack Goody, "Religion, Social Change, and the Sociology of Conversion," in *Changing Social Structure in Ghana: Essays in the Comparative Sociology of a New State and an Old Tradition*, ed. Jack Goody (London: International African Institute, 1975), 91-106. 回心者を能動的主体と見る事例研究としては以下を参照。John C. Rounds, "Curing What Ails Them: Individual Circumstances and Religious Choice Among Zulu-Speakers in Durban, South Africa," *Africa* 52 (1982): 77-89. この問題に関する洗練された理論的議論としては以下を参照。 Lorne Dawson, "Self-Affirmation, Freedom, and Rationality: Theoretically Elaborating 'Active' Conversions," *Journal for the Scientific Study of Religion* 29 (1990): 141-63.

2　この問題全体に考察を加えた見事な論文として以下を挙げたい。 Richardson, "The Active vs. Passive Convert." リチャードソンはこの論争において問題の全体像を見事に示しているが、回心が能動的か受動的かをあれかこれかの二者択一の決断としている点に私は同意できない。調査の文献には能動と受動の両方の様態が明らかに存在している。

3　Roger A. Straus, "Changing Oneself: Seekers and the Creative Transformation of Life Experience," in *Doing Social Life*, ed. John Lofland (New York: John Wiley and Sons, 1976), 252-73. また、以下のものもあわせて参照されたい。Straus, "Religious Conversion as a Personal and Collective Accomplishment."

4　アンベードカルについては膨大な伝記がある。すぐれた要約としては、以下のようなものが参考になる。A. Bopegamage, "Status Seekers in India: A Sociological Study of the Neo-Buddhist Movement." *Archives européennes de sociologie* 20 (1979): 19-39; B. G. Gokhale, "Dr. Bhimrao Ramji Ambedkar: Rebel Against Hindu Tradition," *Journal of Asian and African Studies* 11 (1976): 13-23; J. B. Gokhale, "The Sociopolitical Effects of Ideological Change: The Buddhist Conversion of Maharashtrian Untouchables." *Journal of Asian Studies* 45 (1986): 269-92; J. B. Gokhale, "Castaways of Caste," *Natural History* 95 (October 1986): 31-39.

5　K. G. Daniel, "The Conversion of the 'Hill Arrians' of Kerala State in India from 1848 to 1878: The Implications for Twentieth-Century Evangelism in India" (D. Min. diss., San Francisco Theological Seminary, 1989). ヘンリー・ベイカー・ジュニアによる以下の独創的な記述も参照されたい。 Henry Baker, Jr., *The Hill Arrians* (London: British

Book Society, 1862); *The Hill Arrians of Travancore and the Progress of Christianity among Them* (London: British Book Society, 1862).

6 アウグスティヌスの伝記で最良のものはおそらく以下の著作だろう。Peter Brown, *Augustine of Hippo: A Biography* (Berkeley: University of California Press, 1967).

7 一九八九年十一月にバークリーで行われた、ルイス・ランボーによるマーガレット・シンガーへのインタヴュー。なお、一九九〇年二月十三日に神学大学院連合 Graduate Theological Union で行われた回心セミナーでも発表された。以下の著作も参照。Richard Ofshe and Margaret T. Singer, "Attacks on Peripheral versus Central Elements of Self and the Impact of Thought-Reforming Techniques," *Cultic Studies Journal* 3 (1986): 3-24.

8 以下を参照。Frank K. Flinn, "Criminalizing Conversion: The Legislative Assault on New Religions et al.," in *Crime, Values, and Religion*, eds. James M. Day and William S. Laufer (Norwood, N.J.: Ables, 1987), 153-91; Stephen G. Post, "Psychiatry, Religious Conversion, and Medical Ethics," *Kennedy Institute of Ethics Journal* 1 (1991): 207-23.

9 以下を参照。David A. Snow, Louis A. Zurcher, Jr., and Sheldon Ekland-Olson, "Social Networks and Social Movements: A Microstructural Approach to Differential Recruitment," *American Sociological Review* 45 (1980): 787-801.

10 以下を参照。Ernest Eberhard, "How to Share the Gospel: A Step-by-Step Approach for You and Your Neighbors," *Ensign* 4 (June 1974): 6-12. モルモン教の全般的な宣教戦略は、少なくとも合衆国に関しては、全体として家族単位に訴えかけることである。実際、モルモン教のテレビ・ラジオの番組制作のほとんどは、家庭生活の改善という問題に焦点を当てている。モルモン教の宣教師は多くの場合、あなたは自分の家庭生活を改善したいと思いませんか、という問いとともに人々に近づくのである。末日聖徒イエス・キリスト教会［モルモン教］への回心に関するすぐれた研究として、以下を参照。Linda Ann Charney, "Religious Conversion: A Longitudinal Study" (Ph.D. diss., University of Utah, Salt Lake City, 1986).

11 Marc Galanter, "Psychological Induction into the Large Group: Findings from a Modern Religious Sect," *American Journal of Psychiatry* 137 (1980): 1574-79.

12 Downton, *Sacred Journeys*, 101-15.

13　Balch and Taylor, "Seekers and Saucers," 839-60.

14　David F. Gordon, "The Jesus People: An Identity Synthesis," *Urban Life and Culture* 3 (1974): 159-78.

15　Steven M. Tipton, *Getting Saved from the Sixties: Moral Meaning in Conversion and Cultural Change* (Berkeley: University of California Press, 1982).

16　以下を参照。Flavil Ray Yeakley, Jr., "Persuasion in Religious Conversion," unpub. diss., University of Illinois at Urbana-Champaign, 1975. また、教会用の書物としては以下がある。*Why Churches Grow*, 3d ed. (Broken Arrow, Okla.: Christian Communications, 1979).

17　Seymour Epstein, "The Implications of Cognitive-Experiential Self-Theory for Research in Social Psychology and Personality," *Journal for the Theory of Social Behavior* 15 (October 1985): 283-310. また、以下も参照のこと。Seymour Epstein and Edward J. O'Brien, "The Person-Situation Debate in Historical and Current Perspective," *Psychological Bulletin* 98 (1985): 513-37.

18　James A. Beckford, "The Restoration of 'Power' to the Sociology of Religion," *Sociological Analysis* 44 (1983): 11-33.

19　Walter Conn, *Christian Conversion*. コンの思想への簡略かつすぐれた入門的文献としては以下を参照。"Adult Conversions," *Pastoral Psychology* 34 (Summer 1986): 225-36; "Pastoral Counseling for Self-Transcendence: The Integration of Psychology and Theology," *Pastoral Psychology* 36 (Fall 1987): 29-48.

20　Carol Gilligan, *In a Different Voice: Psychological Theory and Women's Development* (Cambridge, Mass.: Harvard University Press, 1982).

21　動機の問題を考察するための一つの方法は、内因的な宗教性と外因的な宗教性をめぐる広範な議論を考慮に入れることである。このアプローチの一般的かつすぐれた概観として以下を参照。Michael J. Donahue, "Intrinsic and Extrinsic Religiousness: Review and Meta-Analysis," *Journal of Personality and Social Psychology* 48 (1985): 400-19.

第五章

1　宣教に関するもっとも広範囲にわたる統計的資料は、デイヴィッド・バレットの驚嘆すべき研究に認められる。以下を参照のこと。David B. Barrett, *World Christian Encyclopedia: A Comparative Study of Churches and Religions in the Modern World, A.D. 1900-2000* (Nairobi: Oxford University Press, 1982); "Five Statistical Eras of Global Mission," *Missiology* 12 (1984): 21-37; "Five Statistical Eras of Global Mission: A Thesis and Discussion," *International Bulletin of Missionary Research* 8 (October 1984): 160-69. 1985年以降、バレットは世界宣教に関する最新の統計を提供してきた。以下を参照のこと。"Annual Statistical Table on Global Mission: 1985," *International Bulletin of Missionary Research* 9 (January 1985): 30-31; for 1986, 22-23; for 1987, 24-25; for 1988,16-17; for 1989, 20-21; for 1990, 26-27; for 1991, 24-25; and for 1992, 26-27. 世界的な福音伝道における諸言語使用の効果に的を絞った情報としては以下を参照のこと。"Twentieth-Century Pentecostal, Charismatic Renewal in the Holy Spirit, with Its Goal of World Evangelization," *International Bulletin of Missionary Research* 12 (July 1988): 119-29. バレットはさらに、世界的規模の福音伝道に向けてのさまざまなプランを目録にしている。David B. Barrett and James W. Reapsome, *Seven Hundred Plans to World-Class Cities and World Evangelization* (Birmingham, Ala.: New Hope, 1986). その他の情報としては以下を参照のこと。Barrett, "Getting Ready for Mission in the 1990's: What Should We Be Doing to Prepare?" *Missiology* 15 (1987): 3-14; "Forecasting the Future in World Mission: Some Future Faces of Missions," *Missiology* 15 (1987): 433-50; *Cosmos, Chaos, and Gospel: A Chronology of World Evangelization from Creation to New Creation* (Birmingham, Ala.: New Hope, 1987); *Evangelize! A Historical Survey of the Concept* (Birmingham, Ala.: New Hope, 1987); *Evangelize the World: The Rise of a Global Evangelization Movement* (Birmingham, Ala.: New Hope, 1988). また、David B. Barrett and Todd M. Johnson, *Our Globe and How to Reach It: Seeing the World Evangelized by A.D. 2000 and Beyond* (Birmingham, Ala.: New Hope, 1990).

2 ジェイムズ・アクステルによる注目すべき歴史的研究を参照のこと。James Axtell, *The Invasion Within: The Contest of Cultures in Colonial North America* (New York: Oxford University Press, 1985). その種の変化を報告している宣教師は多いが、中でもすぐれたものとして以下の二つが挙げられる。John V. Taylor, *The Primal Vision: Christian Presence amid African Religion* (London: SCM Press, 1963); Donovan, *Christianity Rediscovered*.

3 以下を参照。Frank Whaling, "A Comparative Religious Study of Missionary Transplantation in Buddhism,

Christianity, and Islam," *International Review of Mission* 70 (1981): 314-33.

4 この書物を書き上げた後、私は宣教に関する以下の魅力的研究を見出した。 Julian Pettifer and Richard Bradley, *Missionaries* (London: BBC Books, 1990). 光を当てられるべき新しい著作としてもう1冊挙げておきたい。 Kenelm Burridge, *In the Way: A Study of Christian Missionary Endeavours* (Vancouver: University of British Columbia Press, 1991).

5 Thomas O. Beidelman, "Social Theory and the Study of Christian Missions in Africa," *Africa* 44 (1974): 235-49; "Contradictions between the Sacred and Secular Life: The Church Missionary Society in Ukaguru, Tanzania, East Africa, 1876-1914," *Comparative Studies in Society and History* 23 (1981): 73-95; *Colonial Evangelism* (Bloomington: Indiana University Press, 1982).

6 Richard M. Eaton, "Approaches to the Study of Conversion to Islam in India," in *Approaches to Islam in Religious Studies,* ed. Richard C. Martin (Tucson: University of Arizona Press, 1985), 106-23.

7 Beidelman, "Social Theory and the Study of Christian Missions in Africa," 240.

8 Ruth Rouse, "The Missionary Motive," *International Review of Missions* 25 (1936): 250-58.

9 宣教の動機づけに関するすぐれたケース・スタディとしては以下を参照のこと。 C. Tineke Carmen, "Conversion and the Missionary Vocation: American Board of Missionaries in South Africa," *Mission Studies: Journal of the IAMS* 4 (1987): 27-38.

10 R. Pierce Beaver, "American Missionary Motivation before the Revolution," *Church History* 31 (1962): 216-26.

11 そのような動機に対する批判の例としては以下を参照。 Francis Jennings, "Goals and Functions of Puritan Missions to the Indians," *Ethnohistory* 18 (1971): 197-212. 研究者たちの意見がこれらの問題に関して鋭くわかれている点が注目に値する。 James Axtell, *After Columbus: Essays in the Ethnohistory of Colonial North America* (New York: Oxford University Press, 1988).

12 以下を参照。 William R. Hutchison, "A Moral Equivalent for Imperialism: Americans and the Promotion of 'Christian Civilization,' 1880-1910," *Indian Journal of American Studies* 13 (1983): 55-67; *Errand to the World: American*

Protestant Thought and Foreign Missions (Chicago: University of Chicago Press, 1987). ハチソンの著作は、宣教事業の背後で複雑にせめぎあう諸々の動機を明らかにする手腕においてみごとである。個別具体的なケース・スタディとしては以下を参照。 Kenton J. Clymer, *Protestant Missionaries in the Philippines', 1898-1916: An Inquiry into the American Colonial Mentality* (Urbana: University of Illinois Press, 1986).

13 今日のローマ・カトリックの視座に関しては以下を参照。 Brian Cronin, "Missionary Motivation," *Milltown Studies* 23 (1989): 89-107.

第六章

1 Ruth Mazo Karras, "Pagan Survivals and Syncretism in the Conversion of Saxony," *Catholic Historical Review* 72 (1986): 554. また、以下を参照。 MacMullen, *Christianizing the Roman Empire,* 86-101.

2 Karras, "Pagan Survivals," 572.

3 シンクレティズムに関するすぐれた議論としては以下を参照。 Carsten Colpe, "Syncretism," in *Encyclopedia of Religion*, ed. Mircea Eliade (New York: Macmillan, 1987), 218-27.

4 デイヴィッド・バレットの著作は、キリスト教世界の宣教の活動範囲を整理・分類し、評価を加えた資料としては最良のものである。バレットは単にデータを収集するのみではなく、彼自身が世界的宣教の適切な方法と考えるものについて、強い立場を保持している。本書第五章注1、バレットの著作リストを参照のこと。

5 以下を参照。 David R. Heise, "Prefatory Findings in the Sociology of Missions," *Journal for the Scientific Study of Religion* 6 (1967): 49-58.

6 以下を参照。 Irwin Scheiner, *Christian Converts and Social Protest in Meiji Japan* (Berkeley: University of California Press, 1970); F. G. Notehelfer, *American Samurai: Captain L. L. Janes and Japan* (Princeton: Princeton University Press, 1985).

7 ジョエル・ミグダルは人々がいかにして、また何ゆえに近代化するのかについて魅力的な洞察を示しているが、私は彼の著作が回心の問題にも深く関わると考える。 Joel S. Migdal, "Why Change? Toward a New Theory of Change

among Individuals in the Process of Modernization," *World Politics* 26 (1974): 189-206. この論文は私が周縁性の問題について考えていることに関して、多くを語ってくれている。

8 Snow, Zurcher, and Ekland-Olson, "Social Networks and Social Movements," 787-801.

9 この重要な論点が私の中で初めて明確になったのは、E・バーク・ロシュフォルドの著作を読んでいたときである。E. Burke Rochford, Jr., "Recruitment Strategies, Ideology, and Organization in the Hare Krishna Movement," *Social Problems* 4 (1982): 399-410; *Hare Krishna in America* (New Brunswick, N.J.: Rutgers University Press, 1985).

10 メリル・シンガーによる以下の魅力的な著作を参照されたい。Merrill Singer, "The Use of Folklore in Religious Conversion: The Chassidic Case," *Review of Religious Research* 22 (1980): 170-85; "Chassidic Recruitment and the Local Context," Urban Anthropology 7 (1978): 373-83.

11 私の論評の大部分は、以下の論文で与えられた情報に基礎を置いている。R. Lanier Britsch, "Mormon Missions: An Introduction to the Latter-Day Saints Missionary System," *Occasional Bulletin of Missionary Research* 3 (January 1977): 22-27. なお、統計は以下による。"Statistical Report 1988," The Ensign 18 (1988): 20.

12 Epstein, "The Implications of Cognitive-Experiential Self-Theory," 283-310.

13 Susan F. Harding, "Convicted by the Holy Spirit: The Rhetoric of Fundamental Baptist Conversion," *American Ethnology* 14 (1987): 167-81.

14 Peter G. Stromberg, "The Impression Point: Synthesis of Symbol and Self," *Ethos: Journal of the Society for Psychological Anthropology* 13 (Spring 1985): 56-74. 人類学と心理学をきわめて独創的な仕方で結合している点で、ストロンバーグの著作は啓発的である。彼の以下の論文を参照のこと。"Consensus and Variation in the Interpretation of Religious Symbolism: A Swedish Example," *American Ethnologist* 8 (1981): 544-59; *Symbols of Community: The Cultural System of a Swedish Church* (Tucson: University of Arizona Press, 1986); "Ideological Language in the Transformation of Identity," *American Anthropologist* 92 (1990): 42-56.

15 ウルマンのすばらしい仕事として以下の論文を参照のこと。Chana Ullman, "Cognitive and Emotional Antecedents of Religious Conversion." また、以下の論文、著作も併せて参照のこと。"Psychological Well-Being among Converts

in Traditional and Nontraditional Religious Groups." *Psychiatry* 51 (1988): 312-22; *The Transformed Self: The Psychology of Religious Conversion* (New York: Plenum Press, 1989).

16 Rodney Stark and William Sims Bainbridge, "Networks of Faith: Interpersonal Bonds and Recruitment to Cults and Sects," *American Journal of Sociology* 85 (May 1980): 1376-95.

17 Benjamin Weininger, "The Interpersonal Factor in the Religious Experience," *Psychoanalysis* 3 (Summer 1955): 27-44.

18 この決定的な論点を最初に提示したのは、ジェイコブ・ニードルマンによる以下の著作である。Jacob Needleman, *The New Religions* (Garden City, N.Y.: Doubleday, 1970), 16-18.

19 この話題をめぐる詳細な議論としては以下を参照。Lewis R. Rambo, "Charisma and Conversion," *Pastoral Psychology* 31 (1982): 96-108. この論点に関する私の仕事は、以下の論文からきわめて深く影響を受けている。Charles Camic, "Charisma: Its Varieties, Preconditions, and Consequences," *Sociological Inquiry* 50 (1980): 5-23; Joachim Wach, "Master and Disciple," *Journal of Religion* 42(1962): 1-21. また、以下の論文も非常に有用である。Kathryn L. Burke and Merlin B. Brinkerhoff, "Capturing Charisma: Notes on an Elusive Concept," *Journal for the Scientific Study of Religion* 20 (1981): 274-84.

20 以下を参照。Beckford, "The Restoration of 'Power' to the Sociology of Religion"; Meredith B. McGuire, "Discovering Religious Power," *Sociological Analysis* 44 (1983): 1-10.

21 Harold W. Turner, "The Hidden Power of the Whites," *Archives de sciences sociales de religions* 46 (1978): 41-55.

第七章

1 本書の最終的な構成を終えた後で、私は以下の論文を見つけた。Erik Cohen, "Christianity and Buddhism in Thailand: The 'Battle of the Axes' and the 'Contest of Power,'" *Social Compass* 38 (1991): 115-40. この卓越した論文は、私が検討しているのと同じ問題を追究している。

2 私が拒絶という選択肢を明確に意識するようになったのは、スティーヴン・カプランが私の回心セミナーで行った以下の発表によってである。Steven Kaplan, "Rejection of Conversion," Hebrew University of Jerusalem, 1985.（未刊行論文。）
3 以下を参照。 Stark and Bainbridge, "Networks of Faith," 1376-95; Eberhard, "How to Share the Gospel," 6-12.
4 Galanter, "Psychological Induction into the Large Group," 1574-79.
5 この問題に関する繊細な記述として以下を参照。 Nancy Tatom Ammerman, *Bible Believers: Fundamentalists in the Modern World* (New Brunswick, N.J.: Rutgers University Press, 1987).
6 Elizabeth Isichei, "Seven Varieties of Ambiguity: Some Patterns of Igbo Response to Christian Missions," *Journal of Religion in Africa* 1970 (3): 209-27 を参照されたい。
7 Ibid., 211.
8 Ibid., 212.
9 Ibid., 218.
10 Ibid., 227.
11 以下を参照。 Norman A. Etherington, "An American Errand into the South African Wilderness," *Church History* 39 (1970): 62-71.
12 Robert L. Montgomery, "The Spread of Religions and Macrosocial Relations," *Sociological Analysis* 52 (1991): 37-53.
13 ロビン・ホートンによる以下の論文を参照のこと。 Robin Horton, "African Conversion," *Africa* 41 (1971):85-108; "On the Rationality of Conversion, Part I," Africa 45 (1975): 219-35; "On the Rationality of Conversion, Part II," Africa 45 (1975): 373-99.
14 Humphrey J. Fisher, "Conversion Reconsidered: Some Historical Aspects of Religious Conversion in Black Africa," *Africa* 43 (1973): 27-40; "The Juggernaut's Apologia: Conversion to Islam in Black Africa," *Africa* 55 (1985): 153-73.
15 以下をも参照のこと。 Nock, *Conversion*, 7.
16 Fisher, "Conversion Reconsidered," 37.
17 Bulliet, *Conversion to Islam*, 26-32. 革新の拡散に関するもっとも権威ある著作は以下である。 Everett M. Rogers, *Diffusion of Innovations*, 3d ed., (New York: The Free Press, 1983).

18 ビュリエットの議論に加えて、以下の論文も参照のこと。Roger S. Bagnall, "Religious Conversion and Onamastic Change in Early Byzantine Egypt," *Bulletin of the American Society of Papyrologists* 19 (1982): 105-24; G. H. R. Horsley, "Name Changes as an Indication of Religious Conversion in Antiquity," *Numen* 34 (1987): 1-17.

19 Bulliet, *Conversion to Islam,* 32.

20 Ibid., 53.

21 Ibid., 57.

22 エリック・コーエンによる以下のきわめて興味深い論文を参照のこと。Erik Cohen, "The Missionary as Stranger: A Phenomenological Analysis of Christian Missionaries' Encounter with the Folk Religions of Thailand," *Review of Religious Research* 31 (1990): 337-50. コーエンは、宣教師たちが異文化に身を投じることによって多くの場合きわめて重要な点で影響を受ける経緯について考察を加えている。コーエンの著作はカプランの著作と同様、唱道者たちがいかにして変化をとげるかを考察する上で、重要な糸口を与えてくれる。

23 Steven Kaplan, "The Africanization of Missionary Christianity: History and Typology," *Journal of Religion in Africa* 16 (1986): 166-86.

24 「現地化」に関する魅力的な議論としては以下を参照。Cohen, "The Missionary as Stranger," 337-50.

25 Taylor, *The Primal Vision.*

26 Donovan, *Christianity Rediscovered.*

27 Keshari N. Sahay, "The Impact of Christianity on the Uraon of the Chainpur Belt in Chotanagpur: An Analysis of Its Cultural Processes," *American Anthropologist* 70 (1968):923-42. 詳細に関してさらに完全な情報を求める向きは、サハーイによる以下を参照。 *Sahay, Christianity and Culture Change in India* (New Delhi: Inter-India Publications, 1986).

第八章

1 キリスト教の入信儀礼に関するすぐれた研究として以下を参照。Thomas H. Morris, *The RCIA: Transforming the Church* (New York: Paulist Press, 1989).

2　ローマ・カトリック教会の福音伝道と回心へのアプローチに関するさらなる議論については以下を参照。Robert Duggan, ed., *Conversion and the Catechumenate* (New York: Paulist Press, 1984), and Kenneth Boyack, ed., *Catholic Evangelization Today* (New York: Paulist Press, 1987).

3　Arthur L. Greil and David R. Rudy, "Social Cocoons: Encapsulation and Identity Transformation Organizations," *Sociological Inquiry* 54 (Summer 1984): 260-78.

4　隔離 encapsulation の問題に関するすぐれた社会学的アプローチについてはピーター・バーガーの以下の著作を参照。Peter Berger, *Social Construction of Reality*; *Sacred Canopy*. 社会心理学的視点としては以下を参照。Roger A. Straus, "Religious Conversion as a Personal and Collective Accomplishment," *Sociological Analysis* 40 (1979): 158-165; "The Social Psychology of Religious Experience: A Naturalistic Approach," *Sociological Analysis* 41 (1981): 57-67.

5　以下を参照。Ammerman, *Bible Believers*, 72-102 and 147-166.

6　Lofland and Skonovd, "Conversion Motifs," 862-75.

7　この資料は以下に依拠している。Greil and Rudy, "Social Cocoons," 260-78.

8　私の人間関係、儀礼、レトリック、役割に関する定式化は、ロバート・C・ジラー、セオドア・サービン、ネイサン・アドラーのきわめて重要な研究を総合しようという試みである。以下を参照。Robert C. Ziller, "A Helical Theory of Personal Change," *Journal for the Theory of Social Behavior* 1 (1971): 33-73, and Theodore R. Sarbin and Nathan Adler, "Self-Reconstitution Processes: A Preliminary Report," *Psychoanalytic Review* 57 (1970): 599-616.

9　実質的に、すべての社会科学的回心研究は、人間関係の重要性を強調している。人間関係の役割について注目した最初期のものは以下である。Weininger, "The Interpersonal Factor in the Religious Experience," 27-44. 回心の経験的研究の最重要論文は、ロフランドとスターク「世界救済者になること」(Lofland and Stark, "Becoming a World-Saver") であり、回心における「情緒的絆」を強調したことに刺激されて、広範な調査がなされてきた。このトピックに関する視点の修正については以下を参照。John Lofland, "'Becoming a World-Saver' Revisited," *American Behavioral Scientist* 20 (1977): 805-18. 広範な経験的調査としては、以下のものがある。Stark and Bainbridge, "Networks of Faith," David A. Snow, Louis A. Zurcher, Jr., and Sheldon Ekland-Olson, "Further Thoughts on Social

Networks and Movement Recruitment," *Sociology* 17 (1983): 112-20. より新しいものとしては、マーク・ギャランターも人間関係を強調している。Marc Galanter, *Cults: Faith, Healing, and Coercion* (New York: Oxford University Press, 1989). このトピックに関する最近の理論的発展については以下を参照。 Lee A. Kirkpatrick and Phillip R. Shaver, "Attachment Theory and Religious Childhood Attachments, Religious Beliefs, and Conversion," *Journal for the Scientific Study of Religion* 29 (1990): 315-34; Lee A. Kirkpatrick, "An Attachment Theory Approach to the Psychology of Religion," *International Journal for the Psychology of Religion* 2(1992): 3-28.

10 以下を参照。 Weininger, "The Interpersonal Factor in the Religious Experience," 27-44.

11 Charles W. Colson, *Born Again* (New York: Bantam Books, 1976), 97-137.

12 以下を参照。 C. S. Lewis, *Surprised by Joy* (New York: Harcourt, Brace and World, 1955).

13 Sheldon Vanauken, *A Severe Mercy* (San Francisco: Harper and Row, 1977). ［シェルドン・ヴァノーケン（一九一四―一九九六）はアメリカの作家］。

14 Ullman, *The Transformed Self*, 29-106.

15 Jacobs, *Divine Disenchantment*, 73-88.

16 W. Arens, "Islam and Christianity in Sub-Saharan Africa: Ethnographic Reality or Ideology," *Cahiers d'études africaines* 15 (1975): 443-56.

17 See Lewis R. Rambo, "Congregational Care and Discipline in the San Francisco Church of Christ: A Case Study," paper presented at the Christian Theological Seminary, Indianapolis, 3 March 1990.

18 Jarle Simensen, "Religious Change as Transaction: The Norwegian Mission to Zululand, South Africa, 1850-1906," *Journal of Religion in Africa* 16 (1986): 82-100.

19 私は以下の論文でこの問題についてより徹底的に論じている。 "Charisma and Conversion," 96-108.

20 以下を参照。 Victor W. Turner, *The Ritual Process: Structure and Anti-Structure* (Chicago: Aldine, 1969). 古典的な儀礼研究として以下も参照。 Arnold Van Gennep, *The Rites of Passage*, trans. Monika B. Vizedom and Gabrielle L. Caffee (Chicago: University of Chicago Press, 1960 [1908]).

21 Theodore W. Jennings, "On Ritual Knowledge," *Journal of Religion* 62 (1982): 113.

22 Ibid., 118.

23 Downton, *Sacred Journeys,* 145-49; "An Evolutionary Theory of Spiritual Conversion and Commitment," 381-86.

24 以下を参照。H. Garfunkel, "Conditions of Successful Degradation Ceremonies," *American Journal of Sociology* 6 (1956): 420-24.

25 Elliot Aronson and Judson Mills, "The Effect of Severity of Initiation on Liking for a Group," *Journal of Abnormal and Social Psychology* 59 (1959): 177-81.

26 Virginia H. Hine, "Bridge Burners: Commitment and Participation in a Religious Movement," *Sociological Analysis* 31 (1970): 61-66.

27 David L. Preston, "Becoming a Zen Practitioner," *Sociological Analysis* 42 (1981): 47-55; "Meditative Ritual Practice and Spiritual Conversion-Commitment: Theoretical Implications Based on the Case of Zen," *Sociological Analysis* 43 (1982): 257-70.

28 Stephen R. Wilson, "Becoming a Yogi: Resocialization and Deconditioning as Conversion Processes," *Sociological Analysis* 45 (1984): 301-14; "In Pursuit of Energy: Spiritual Growth in a Yoga Ashram," *Journal of Humanistic Psychology* 22 (1982): 43-55.

29 Ofshe and Singer, "Attacks on Peripheral versus Central Elements of Self," 3-24; Cushman, "The Self Besieged," 1-32.

30 多くの回心者が祈りについて言及しているが、エミリー・グリフィン以上に雄弁に語っている者はいない。Emilie Griffin, *Turning: Reflections on the Experience of Conversion* (Garden City, N.Y.: Doubleday, 1980). このトピックに関するより広範な議論については、彼女の以下の著作を参照。*Clinging: The Experience of Prayer* (San Francisco: Harper and Row, 1984).

31 以下を参照。James A. Beckford, "Accounting for Conversion," *British Journal of Sociology* 29 (1978): 249-62; Brian Taylor, "Conversion and Cognition: An Area for Empirical Study in the Microsociology of Religious Knowledge," *Social Compass* 23 (1976): 5-22; "Recollection and Membership: Convert's Talk and the Ratiocination of Commonality,"

Sociology 12 (1978): 316-24; Snow and Machalek, "The Sociology of Conversion," 167-90. クリフォード・L・ステイプルズとアーマンド・L・モースはスノーとマカレックの、回心のレトリックによる指標に関する理論を検証する調査を行った。ステイプルズとモースは、回心者にとって個人史の再構築が鍵となることを発見した。以下を参照。Clifford L. Staples and Armand L. Mauss, "Conversion or Commitment? A Reassessment of the Snow and Machalek Approach to the Study of Conversion," *Journal for the Scientific Study of Religion* 26 (1987): 133-47.

32 Ralph Metzner, *Opening to Inner Light: The Transformation of Human Nature and Consciousness* (Los Angeles: Jeremy P. Tarcher, 1986), and "Ten Classical Metaphors of Self-Transformation," *Journal of Transpersonal Psychology* 12 (1980): 47-62.

33 役割理論と回心に関するすぐれた議論については、以下を参照。David G. Bromley and Anson Shupe, "Affiliation and Disaffiliation: A Role-Theory Interpretation of Joining and Leaving New Religious Movements," *Thought* 61 (1986): 197-211. 回心過程における役割演技（ロールプレイング）に関する最初期の言及については以下を参照。Hans L. Zetterberg, "Religious Conversion and Social Roles," *Sociology and Social Research* 36 (1952): 159-66.

34 Theodore R. Sarbin, "Role: Psychological Aspects," in *Encyclopedia of the Social Sciences*, ed. David L. Sills (New York: Macmillan and Free Press, 1968), 546-52.

35 Bromley and Shupe, "Affiliation and Disaffiliation," 197-211.

36 Balch, "Looking Behind the Scenes in a Religious Cult," 137-43.

37 このトピックに関する魅力的な議論については以下を参照。Wach, "Master and Disciple," 1-21; Lee Yearley, "Teachers and Saviors," *Journal of Religion* 65 (1985): 225-43.

第九章

1 この問題に関するすぐれた議論については、以下を参照。Eileen Barker, "The Conversion of Conversion: A Sociological Anti-Reductionist Perspective," in *Reductionism in Academic Disciplines*, ed. Arthur Peacocke (London: Society for Research in Higher Education, 1985), 58-75; C. David Gartrell and Zane K. Shannon, "Contacts, Cognitions,

and Conversion: A Rational Choice Approach," *Review of Religious Research* 27 (1985): 32-48; William C. Tremmel, "The Converting Choice," *Journal for the Scientific Study of Religion* 10 (1971): 17-25.

2 意識的で公然たる決断の効果に関する興味深い研究については以下を参照。Christine Liu, "Becoming a Christian Consciously versus Nonconsciously," *Journal of Psychology and Theology* 19 (1991): 364-75.

3 Holy Bible, New Revised Standard Version (Grand Rapids, Mich.: Zondervan, 1988), 227.［聖書の和訳は新共同訳を使用。］

4 ポール・W・プリュイサー以上にこの苦闘を巧みに描写したものはいない。以下を参照。Paul W. Pruyser, *Between Belief and Unbelief* (New York: Harper and Row, 1974).

5 意思決定と選択に関するすぐれた議論については以下を参照。Barker, "The Conversion of Conversion." また以下も参照。Gartrell and Shannon, "Contacts, Cognitions, and Conversion."

6 Gartrell and Shannon, "Contacts, Cognitions, and Conversion," 32-48.

7 Marc Galanter, Richard Rabkin, Judith Rabkin, and Alexander Deutsch, "The 'Moonies': A Psychological Study of Conversion and Membership in a Contemporary Religious Sect," *American Journal of Psychiatry* 136 (February 1979): 165-70.

8 以下のすぐれた論文を参照。Lucy Bregman, "Baptism as Death and Birth: A Psychological Interpretation of Its Imagery," *Journal of Ritual Studies* 1 (Summer 1987): 27-42.

9 アンベードカルの改宗運動の物語は多くの著作に見られる。第四章注（4）と、以下を参照。Eleanor Zelliot, "Background on the Mahar Buddhist Conversion," in *Studies on Asia,* 1966, ed. Robert K. Sakai (Lincoln, Neb.: University of Nebraska Press, 1966), 49-63; "Buddhism and Politics in Maharashtra," in *South Asian Politics and Religion,* ed. Donald Eugene Smith (Princeton: Princeton University Press, 1966), 191-212; "The Revival of Buddhism in India," *Asia* 10 (1968): 33-45.

10 以下を参照。Trevor Ling, *Buddhist Revival in India: Aspects of the Sociology of Buddhism* (New York: St. Martin's Press, 1980), 67-92.

11 長期的な結果については、注9で挙げた文献で広範に論じられている。この問題については次章で論じる。

12 Rosabeth Moss Kanter, "Commitment and Social Organization: A Study of Commitment Mechanisms in Utopian Communities," *American Sociological Review* 33 (1968):499-517.

13 Hine, "Bridge Burners," 61-66.

14 以下を参照。 Aharon Lichtenstein, "On Conversion," *Tradition* 23 (1988): 1-18, trans. Michael Berger.

15 Henry Ansgar Kelly, *The Devil at Baptism: Ritual, Theology, and Drama* (Ithaca, N.Y.: Cornell University Press, 1985). 以下も参照。 Thomas M. Finn's "Ritual Process and the Survival of Early Christianity: A Study of Apostolic Tradition of Hippolytus," *Journal of Ritual Studies 3* (1989): 69-85; "It Happened One Saturday Night: Ritual and Conversion in Augustine's North Africa," *Journal of the American Academy of Religion* 58 (1990): 589-616.

16 Tippett, "Conversion as a Dynamic Process," 203-21.

17 原理主義者のキリスト教徒に関する行き届いた研究として以下を参照。 Nancy Tatum Ammerman, *Bible Believers.* キリスト教、ユダヤ教、イスラームの原理主義の検討については、以下を参照。Bruce B. Lawrence, *Defenders of God* (San Francisco: Harper and Row, 1989).

18 Alan Morinis, 'The Ritual Experience: Pain and the Transformation of Consciousness in Ordeals of Initiation," *Ethos* 13 (1985): 150-74.

19 David Kobrin, "The Expansion of the Visible Church in New England, 1629-1650," *Church History* 36 (1967): 189-209.

20 Brauer, "Conversion: From Puritanism to Revivalism," 227-48.

21 この問題に関するきわめて興味深い視点については以下を参照。Cushman, "The Self Besieged"; Ofshe and Singer, "Attacks on Peripheral versus Central Elements of Self."

22 心理的苦痛の誘発の同様の過程に関する研究にいては、ジョージ・D・ボンドによる、仏教における死の瞑想に関する重要な論文を参照。George D. Bond, "Theravada Buddhism's Meditations on Death and the Symbolism of Initiatory Death," *History of Religions* 19 (1980): 237-58.

23 Griffin, *Turning,* 31-50.

24　放下という主題についてもっとも明快に説明しているのが、ハリー・M・ティボーである。Harry M. Tiebout, *Conversion as a Psychological Phenomenon* (New York: National Council on Alcoholism, 1944); “Therapeutic Mechanisms of Alcoholics Anonymous,” *American Journal of Psychiatry* 100 (1944): 468-73; “Psychological Factors Operating in Alcoholics Anonymous,” in *Current Therapies of Personality Disorders*, ed. Bernard Glueck (New York: Grune and Stratton, 1946), 154-65; “The Act of Surrender in the Therapeutic Process, with Special Reference to Alcoholism,” *Quarterly Journal of Studies on Alcohol* 10 (1949): 48-58; *Surrender versus Compliance in Therapy* (Center City, Minn.: Hazelden, 1953); “Alcoholics Anonymous — An Experiment of Nature,” *Quarterly Journal of Studies on Alcohol* 22 (1961): 52-68; and “What Does ‘Surrender’ Mean?” *Grapevine* (April 1963): 19-23.

25　Tiebout, “The Act of Surrender in the Therapeutic Process,” 48-58.

26　Marc Galanter, “The ‘Relief Effect’: A Sociobiological Model for Neurotic Distress and Large-Group Therapy,” *American Journal of Psychiatry* 135 (May 1978): 588-91.

27　伝記の再構築の過程に関するもう1つの説明の仕方は、帰属理論である。以下を参照。Bernard Spilka, Phillip Shaver, and Lee A. Kirkpatrick, “A General Attribution Theory for the Psychology of Religion,” *Journal for the Scientific Study of Religion* 24 (1985): 1-20; Wayne Proudfoot and Phillip Shaver, “Attribution Theory and the Psychology of Religion,” *Journal for the Scientific Study of Religion* 14 (1975): 317-30.

28　数多くの人々が、このトピックに関する私自身の考えに決定的な役割を果たした。ブライアン・テイラーは自分の回心の「物語を語ること」の実際の過程の重要性を指摘した最初の人物に数えられる。Brian Taylor, “Conversion and Cognition: An Area for Empirical Study”; “Recollection and Membership.” ジェイムズ・A・ベックフォードの仕事は私のアプローチに影響を与えてきた。James A. Beckford, “Accounting for Conversion.” 以下も参照。Meredith B. McGuire, “Testimony as a Commitment Mechanism in Catholic Pentecostal Prayer Groups,” *Journal for the Scientific Study of Religion* 16 (1977): 165-68; J. Stephen Kroll-Smith, “The Testimony as Performance: The Relationship of an Expressive Event to the Belief System of a Holiness Sect,” *Journal for the Scientific Study of Religion* 19 (1980): 16-25; Shimazono Susumu（島薗進）, “Conversion Stories and Their Popularization in Japan’s

New Religions," *Japanese Journal of Religious Studies* 13 (1986): 157-75; Elaine J. Lawless, "The Night I Got the Holy Ghost': Holy Ghost Narratives and the Pentecostal Conversion Process," *Western Folklore* 47 (1988): 1-19; Elaine J. Lawless, *God's Peculiar People* (Lexington: University Press of Kentucky, 1988).

29 回心物語の性質について指摘した最初の人物のひとりが、オリーヴ・M・ストーンである。Olive M. Stone, "Cultural Uses of Religious Visions," 329-48.

30 以下も参照。Snow and Machalek, "The Sociology of Conversion," 167-90; Mordechai Rotenberg, "The 'Midrash' and Biographic Rehabilitation," *Journal for the Scientific Study of Religion* 25 (1986): 41-55.

31 Beckford, "Accounting for Conversion," 249-62.

32 Ziller, "A Helical Theory of Personal Change," 33-73.

33 回心の動機の比較研究については以下を参照。G. Jan van Butselaar, "Christian Conversion in Rwanda: The Motivations," *International Bulletin of Missionary Research* 5 (1981): 111-13; Jarle Simensen, "Religious Change as Transaction," 82-100.

第十章

1 以下を参照。Ken Wilber, "The Pre/Trans Fallacy," ReVISION 3 (1980): 51-72. ウィルバーは、宗教体験が進歩的なものか退行的なものかを識別することの困難さに焦点を当てている。ある観察者達にとっては、現れている行動や報告されている経験はきわめて似通っているかもしれない。ウィルバーはこれらの問題に、トランスパーソナル心理学の観点からアプローチしている。キリスト教からのアプローチとしては以下を参照。James E. Loder, *The Transforming Moment* (Colorado Springs: Helmers and Howard, 1989); Conn, *Christian Conversion*.

2 私はサウロ／パウロの回心をあえてこのような言い回しで書いた。ある人々がしているように、サウロがキリスト教に改宗したと論じることは、ユダヤ教と、後にキリスト教となるものとの関係にわれわれの観点を押し付けることになる。サウロの回心は――新約聖書の記述が正しいと仮定するならば――ユダヤ教からキリスト教への改宗ではなく、ひとりのユダヤ人の、ユダヤ教内部のある運動（サウロの場合はパリサイ派）から、イエスをメシアとして信仰するユダヤ人集団への移動であった。この問題に関する広範な議論については以下を参照。Segal, *Paul the Convert.*

3 パウロの生涯における劇的変化については、万人の認めるところであるが、C・H・ドッドは、パウロの忠誠心はイエスのセクトを攻撃する側から、唱道する側に移ったものの、パウロの人格は回心の瞬間にはそれほど大きく変化していないと論じている。パウロの手紙が、長い期間にわたる発展過程の証拠となっていると彼は論じている。以下を参照。C. H. Dodd, *New Testament Studies* (Manchester: Manchester University Press, 1953): 67-128, originally published as "The Mind of Paul: A Psychological Approach," *John Rylands Library Bulletin* 17 (1933): 91-105; "The Mind of Paul: Change and Development," *John Rylands Library Bulletin* 18 (1934): 69-110.

4 ドナルド・J・ゲルピは回心のトピックについて広く論じている。特に回心について明らかにしている以下の諸論文を参照。Donald J. Gelpi, "Conversion: The Challenge of Contemporary Charismatic Piety," *Theological Studies* 43 (December 1982): 606-28; "The Converting Jesuit," *Studies in the Spirituality of Jesuits* 18 (January 1986): 1-38; "The Converting Catechumen," *Lumen vitae* 42 (1987): 401-15; "Religious Conversion: A New Way of Being," in *The Human Experience of Conversion: Persons and Structures in Transformation,* ed. Francis A. Eigo (Villanova, Pa.: Villanova University Press, 1987), 175-202; "Conversion: Beyond the Impasses of Individualism," in *Beyond Individualism,* ed. Donald J. Gelpi (Notre Dame, Ind.: University of Notre Dame Press, 1989), 1-30.

5 Gelpi, "The Converting Jesuit," 4-5.

6 Conn, Christian Conversion, and Wallis, *The Call to Conversion.* これらの著作は、ゲルピの業績とともに、キリスト教共同体への重要な挑戦である。コンの著作は、倫理学と発達心理学の観点から回心過程を丹念に掘り下げたものである。コンの仕事はゲルピと同じカテゴリー（情動的、知的、倫理的、宗教的、社会的）を探求しているが、心理学的観点と人間の発達能力という観点に立っている。一方で、ウォリスは、第一に回心の社会政治的次元に焦点を当てている。彼の著作は刺激的で深みのあるものである。興味深いことに、ローマ・カトリック教会と、プロテスタントの福音主義の神学的観点からの関心がここで合流している。

7 Paul R. Turner, "Religious Conversion and Community Development," *Journal for the Scientific Study of Religion* 18 (1979): 252-60; "Religious Conversion and Folk Catholicism," *Missiology* 12 (1984): 111-21.

8 以下を参照。 Paul R. Turner, “Evaluating Religions,” *Missiology* 19 (1991): 131-42.

9 J. B. Gokhale, “The Sociopolitical Effects of Ideological Change.” アンベードカルの運動に関する良質な概説としては以下の論文を参照。 “Castaways of Caste.”

10 Gokhale, “Sociopolitical Effects of Ideological Change,” 270.

11 Ling, *Buddhist Revival in India.* 以下も参照。 Heinrich Dumoulin, ed., *Buddhism in the Modern World* (New York: Collier Books, 1976), 67-92.

12 MacMullen, *Christianizing the Roman Empire.* 彼の以下の著作も参照。 “Two Types of Conversion to Early Christianity,” *Vigiliae Christianae* 37 (1983): 174-92; “Conversion: A Historian’s View,” *The Second Century* 5 (1985/1986): 67-96; *Paganism and the Roman Empire* (New Haven: Yale University Press, 1981); and *Constantine* (London: Croom Helm, 1967).

13 Ramsay MacMullen, “What Difference Did Christianity Make?” *Historia* 35 (1986):322-43.

14 しばしの内省の後に別の反応が現れた。私の「深層」の反応は、私が原理主義者であったという過去を、そのすべてのバイアスとともに反映している。私は自問自答する。「そう、もちろん、変化などなかった。なぜなら、ローマ・カトリック教会はキリスト教を堕落させたからである。したがって、それは歪められた背教者の宗教なのだから肯定的な結果などほとんどなかったことになる」。

15 Alistair Kee, *Constantine versus Christ* (London: SCM Press, 1982).

16 Vicente L. Rafael, “Confession, Conversion, and Reciprocity in Early Tagalog Colonial Society,” *Comparative Studies in Society and History* 29 (1987): 320-39; *Contracting Colonialism*.

17 Kenton J. Clymer, *Protestant Missionaries in the Philippines.*

18 Daniel Doeppers, “The Evolution of the Geography of Religious Adherence in the Philippines before 1898,” *Journal of Historical Geography* 2 (1976): 95-110; “The Philippine Revolution and the Geography of Schism,” *Geographical Review* 66 (1976):158-77.

19 Brendan Carmody, “Conversion and School at Chikuni, 1905-39,” *Africa* 58 (1988): 193-209; “Conversion to Roman

Catholicism in Zambia: Shifting Pedagogies," *African Christian Studies* 4 (1988): 5-24; "Mission Primary Schools and Conversion: Help or Hindrance to Church Growth?" *Missiology* 17 (1989): 177-92. これらの問題に関する完全な議論については以下を参照。 Carmody, "Nature and Consequences of Conversion in Jesuit Education at Chikuni: 1905-1978," unpub. diss., Graduate Theological Union, Berkeley, 1986.

20 Norman Etherington, "Social Theory and the Study of Christian Missions in Africa: A South African Case Study," *Africa* 47 (1977): 31-40; "Mission Station Melting Pot as a Factor in the Rise of South African Black Nationalism," *International Journal of African Historical Studies* 9 (1976): 592-605; "An American Errand into the South African Wilderness," *Church History* 39 (1970): 62-71.

21 Lamin Sanneh, *Translating the Message: The Missionary Impact on Culture* (Maryknoll, N.Y.: Orbis Books, 1989). 彼の以下の著作も参照のこと。 *West African Christianity: The Religious Impact* (Maryknoll, N.Y.: Orbis Books, 1983); "The Horizontal and the Vertical in Mission: An African Perspective," *International Bulletin of Missionary Research* 7 (1983): 165-71. この問題をもっとも簡潔に述べたものとしては以下を参照。 "Christian Missions and the Western Guilt Complex," *Christian Century* 104 (8 April 1987): 330-34.

22 世俗化は、もちろん、それ自体がきわめて複雑なトピックである。たとえば、以下を参照。Shiner, "Six Meanings of 'Secularization,'" Martin, *A General Theory of Secularization*, 207-220.

23 Elmer S. Miller, "The Christian Missionary: Agent of Secularization," *Anthropological Quarterly* 43 (1970): 14-22.

24 Robert B. Simmonds, "Conversion or Addiction: Consequences of Joining a Jesus Movement Group," *American Behavioral Scientist* 20 (July/August 1977): 909-24.

25 David F. Gordon, "Dying to Self: Self-Control through Self-Abandonment," *Sociological Analysis* 45 (1984): 41-56.

26 以下を参照。 Joel Allison, "Adaptive Regression and Intense Religious Experience," *Journal of Nervous and Mental Disease* 145 (1968): 452-63; "Religious Conversion: Regression and Progression in Adolescent Experience," *Journal for the Scientific Study of Religion* 8 (1969): 23-38.

27 以下を参照。 Chana Ullman, *The Transformed Self* (New York: Plenum Press, 1989), 29-74.

28 James W. Fowler, *Stages of Faith: The Psychology of Human Development and the Quest for Meaning* (San Francisco: Harper and Row, 1981); *Becoming Adult, Becoming Christian* (San Francisco: Harper and Row, 1984). 以下も参照。 Romney M. Moseley, *Becoming a Self Before God: Critical Transformations* (Nashville: Abingdon Press, 1991).

29 以下を参照。 Arnold S. Weiss and Richard H. Mendoza, "Effects of Acculturation into the Hare Krishna Movement on Mental Health and Personality," *Journal for the Scientific Study of Religion* 29 (1990): 173-84.

30 この問題に関するすぐれた議論については以下を参照。 James T. Richardson, "The Psychology of Induction," 211-38.

31 以下の著作でこの点について、個人的レベルでの説得力ある指摘がされている。 Emilie Griffin, *Turning*. この問題に関するすぐれた学問的アプローチは以下の著作に現れている。 Anne Hunsaker Hawkins, *Archetypes of Conversion*.

32 アウグスティヌスの回心に関する最近の研究については以下を参照。 Donald Capps and James E. Dittes, eds., *The Hunger of the Heart: Reflections on the Confessions of Augustine* (West Lafayette, Ind.: Society for the Scientific Study of Religion, 1990).

33 Lichtenstein, "On Conversion," 1-18.

34 ジェイムズ・アクステルはこの問題を巧みに掘り下げている。 James Axtell, "Were Indian Conversions *Bona Fide?*" *After Columbus: Essays in the Ethnohistory of Colonial North America* (New York: Oxford University Press, 1988), 100-21. 近年、宣教師によるアメリカ先住民の改宗事業を低く評価している学者達に直接異議を唱えて、アクステルは次のように説得力のある議論を展開している。宣教師達は神学的観点を与えられて、新しい回心者達に厳格な基準を適用した。実際、アクステルはそうした基準は、英国人の植民者のピューリタン教会における基準よりもずっと厳しいものであったと主張している。

35 罪に関するすぐれた議論については以下を参照。 Edward V. Stein, *Guilt: Theory and Therapy* (Philadelphia: Westminster Press, 1968).

36 このトピックに関する議論は以下を参照。 Robert O. Eerm with Caroline M. Whiting, *Billy Graham: Do the Conversions Last?* (Minneapolis: World Wide Publications, 1988).

結論

1　Eugene V. Gallagher, *Expectation and Experience: Explaining Religious Conversion* (Atlanta: Scholars Press, 1990).

2　Wayne Proudfoot, *Religious Experience* (Berkeley: University of California Press, 1985).

3　私は新たな回心の神学をめぐるとても重要な最近の動向について注目したい。それは、「ボーン・クリスチャン」（生まれたときからのキリスト教徒）、つまりキリスト教の教会で育てられた人々の回心過程の持続的性質に向けられた注意を際立たせることが重要である。ジム・ウォリスの以下の著作は、ある福音派のキリスト教徒が、主にして救世主であるイエス・キリストに対する信仰への個人的回心の始まりよりも先に進もうとする様子を描いている。Jim Wallis, *The Call to Conversion* (San Francisco: Harper and Row, 1981). ウォリスは、個人の生活様式の全面的な変容としての回心という、急進的な回心概念を導入する。そのような変容は、政治的経済的宗教的伝統——この場合には合衆国の保守的立場——に対して根本的に挑戦するほどのものである。言うまでもなく、ウォリスの著書は福音派の指導者たちの間に広範な議論を引き起こした。

　バーナード・ロナガンはローマ・カトリックの神学者であるが、回心に関してきわめて啓発的な著作を残してきた。（ロナガンの著作と完全な文献目録に関しては以下を参照のこと。Vernon Gregson, ed., *The Desires of the Human Heart: An Introduction to the Theology of Bernard Lonergan* [New York: Paulist Press, 1988].）ロナガンに対する応答にはウォルター・コン、ロバート・M・ドラン、ドナルド・ゲルピの著作が含まれている。（以下を参照のこと。Walter Conn, *Christian Conversion: A Developmental Interpretation of Autonomy and Surrender* [New York: Paulist Press, 1986]; Robert M. Doran, *Psychic Conversion and Theological Foundations: Toward a Reorientation of the Human Sciences* [Chico, Calif.: Scholars Press, 1981]; Donald L. Gelpi, *Inculturating North American Theology: An Experiment in Foundational Method* [Atlanta: Scholars Press, 1988].）回心が宗教的要因や道徳的要因や知的要因を包括するというロナガンの考えに基づいて、彼らは情動的（感情的心理学的）要因と社会的（政治的など）要因を回心の変化や効果の一覧に加えた。これらの神学者は主として、すでにキリスト教徒となっている人が経験する全面的な変容の持続的で深化する過程に関心を抱いている。かれらは宣教の設定での回心やカトリックへの大規模な回心には、もっていたとしても少ししか関心を示していない。彼らが関心を抱いているのは、イエス・キリストの召命と神の支配に対する従順によって媒介された根本的な変化である。コンは発達心理学の観点からその問題にアプローチし、ゲルピはアメリカの哲学的神学的伝統から検討している。

4 Susan Juster, "'In a Different Voice': Male and Female Narratives of Religious Conversion in Post-Revolutionary America," *American Quarterly* 41 (1989): 34-62. 私は本書を書き終えてから女性の回心に関する以下の二冊の新著を見出した。Lynn Davidman, *Tradition in a Rootless World: Women Turn to Orthodox Judaism* (Berkeley: University of California Press, 1991); Virginia Lieson Brereton, *From Sin to Salvation; Stories of Women's Conversions, 1800 to the Present* (Bloomington: University of Indiana Press, 1991). ブレアトンはもう一本の論文に言及している。Debra Renee Kaufman, "Patriarchal Women: A Case Study of Newly Orthodox Jewish Women," *Symbolic Interaction* 12 (1989): 299-315.

5 Juster, "'In a Different Voice,'" 36.

6 以下を参照。Norman K. Gottwald, *Tribes of Yahweh* (Maryknoll, N.Y.: Orbis, 1979); "Religious Conversion," *Perspectives in Religious Studies* 15 (1988): 49-66; Jacob Milgrom, "Religious Conversion and the Revolt Model for the Formation of Israel," *Journal of Biblical Literature* 101 (1982): 169-76; Donald P. Gray, "Was Jesus a Convert?" *Religion in Life* 43 (1974): 445-55; M. Montgomery Watt, "Conversion in Islam at the Time of the Prophet," *Journal of the American Academy of Religion* 47 (1979): 721-32.

7 私がここで推奨している研究の一例は、カール・F・モリソンの研究の中に見出せる。Karl F. Morrison, *Understanding Conversion* (Charlottesville: University Press of Virginia, 1992); *Conversion and Text: The Cases of Augustine of Hippo, Herman-Judah, and Constantine Tsatsos* (Charlottesville: University Press of Virginia, 1992).

8 Edward E. Sampson, "The Challenge of Social Change for Psychology: Globalization and Psychology's Theory of the Person," *American Psychologist* 44 (1989): 914-21. また、以下を参照。Philip Cushman, "Why the Self Is Empty: Toward a Historically Situated Psychology," *American Psychologist* 45 (1990): 599-611.

訳　注

まえがき

1　ここでいうキリストの教会（Churches of Christ）は、キリスト教会全般を指すのではなく、一つのセクトとしての教団のことを指している。主としてアメリカ中西部、西部、南部に見られる保守的なプロテスタント諸教会を指す。

序　文

1　「神の死」の神学は、ゲイブリル・ヴァニハンやトマス・アルタイザーなどにおいて展開された。W・E・ホーダン『現代キリスト教神学入門』布施濤雄訳、日本基督教団出版局、一九六九年参照。

第一章

1　洗礼（baptism）は大きく分けて、額に水をかけるだけの形式と全身を水に浸す形式のものに分かれる。後者は浸礼とも訳されるが、ここでは聖書の記述に従って、「洗礼」を両者の上位概念として用いることにする。

2　「洗脳、強制説得、思想改造、プログラミング」と列挙されているが、「洗脳」はもともと中国共産党によって用いられた中国語であり、それがブレイン・ウォッシング（brain-washing）と英訳された。本来は、ブルジョア階級の人間を中国共産党員へと変える思想教育を意味している。映画『ラスト・エンペラー』はその一端を描いている。「思想改造」も同じ意味で用いられる。「強制説得」や「プログラミング」はむしろ、一九七〇年代以降のアメリカのカルト問題において用いられ、「プログラミング」を解除する技術という意味で「デプログラミング」という手法が用いられた。これもまた、実際には本人の同意を伴わない隔離や監禁を介した強制的手法であり、それ自体「強制説得」ではないかという疑義がもたれている。

第二章

1 ブラックパンサー党とは、一九六〇年代後半から一九七〇年代にかけてアメリカ合衆国において黒人のための民族主義運動・解放闘争を展開していた急進的で革命主義的な政治組織であり、共産主義と民族主義を標榜していた。一九六五年のマルコム・Xの暗殺後に活動を開始し、一九六八年のマーティン・ルーサー・キング牧師の暗殺後に盛り上がりを見せた。

2 『旧約聖書』「詩編二十三」は「賛歌。ダビデの詩」であり、その内容は以下の通りである。「主は羊飼い、わたしには何も欠けることがない。主はわたしを青草の原に休ませ、憩いの水のほとりに伴い、魂を生き返らせてくださる。主は御名にふさわしく、わたしを正しい道に導かれる。死の陰の谷を行くときも、わたしは災いを恐れない。あなたがわたしと共にいてくださる。あなたの鞭、あなたの杖、それがわたしを力づける。わたしを苦しめる者を前にしても、あなたはわたしに食卓を整えてくださる。わたしの頭に香油を注ぎ、わたしの杯を溢れさせてくださる。命のある限り、恵みと慈しみはいつもわたしを追う。主の家にわたしは帰り、生涯、そこにとどまるであろう」。

3 イスラーム法（シャリーア）上、そもそも棄教が死刑を意味することに注意が必要である。そのことは、「ムハンマドが棄教者の殺害を命じた」という「預言者の言行録」（ハディース）の記述に由来する。

4 プロテウスとは、ギリシア神話の海神であるが、他の者に変身する能力を持っている。リフトンは、プロテウスのこのような特徴をとらえて、現代人の特徴として「プロテウス」的人格と呼んだ。

5 近年の研究では、中国のキリスト教徒は人口の十%に達するという推計もある。そのため、本書が書かれたころの状況とはかなり異なっていると考えられる。Fenggang Yang, *Religion in China: Survival and Revival under Communist Rule* (Oxford: Oxford University Press, 2011).

6 まず、アーミッシュとは、アメリカ合衆国のペンシルヴェニア州や中西部、カナダのオンタリオ州などに居住するプロテスタントのドイツ系移民の宗教集団である。創始者、メノ・シモンズにちなんでメノナイトとも呼ばれる。ペンシルヴェニア・ダッチと呼ばれるドイツ語方言を話し、十八世紀当時の生活様式を維持して、電気、ガス、水道、自動車、電話などの文明の利器を拒否している。また、フッター派とは、十六世紀に生まれたプロテスタントの再洗礼派の流れをくむ一派である。名称は、南チロル出身の創始者で、火刑に処せられたヤーコプ・フッターにちなんでいる。

迫害によって東方やアメリカに移住した。アメリカ合衆国では、サウスダコタ州やモンタナ州に共同体がある。隔絶した生活を送り、信仰と固有の文化を護って、フッター派ドイツ語を固持している点では、アーミッシュに似ている。さらに、ブラック・ムスリム（モスレムとも表記される）とは、一九三〇年代からアメリカの一部の黒人の間で信奉されている社会的宗教的運動である。白人を悪魔と見て、非白人を奴隷化する道具であるとキリスト教のことを批判する。

7　クルシッロ（Cursillo）運動とは、一九四四年にスペインのローマ・カトリック教会ではじめられて、世界各国に広まった三日間にわたる黙想会の運動である。

第三章

1　ディヴァイン・ライト・ミッション（Divine Light Mission）は、一九六〇年に北インドでグル・シュリ・ハンス・ジ・マハラジによって設立された宗教団体。バガヴァッド・ギータなどの影響が見られるが、一般にインド系の新宗教とみなされている。一九七〇年代に西洋でも信者を増やした。

第四章

1　アンベードカル（Bhimrao Ramji Ambedkar）（一八九三―一九五六）はインドの政治家であり、不可触民階級に生まれた。アメリカ合衆国のコロンビア大学を卒業し、教師・弁護士を経て、一九二六年にボンベイ［現在ではムンバイ］立法参事会員に選ばれ、一九四二年にはインド内閣の労働相、独立後の初代法相（一九四七―五一）を務めた。不可触民階級の地位向上のために尽くしたことで知られる。

2　ここでは二〇〇万人と書かれているが、本書第十章では五〇万人からはじまって五年後には二七九万人以上になったとされていることに注意。

3　ジーザス・ピープルとは、ジーザス・ムーヴメントの参加者たちのことを意味する。ジーザス・ムーヴメント Jesus Movement というのは、一九六〇年代後半から一九七〇年代前半にアメリカ西海岸のヒッピー文化の中で育った、イエス・キリストへの献身運動であり、参加者はジーザス・ピープルとかジーザス・フリークと呼ばれた。一九八〇年代にはすでにほぼ終息している。

4 エスト est とは、エアハード・セミナー・トレーニング Erhard Seminars Training の略語であり、ウェルナー・H・エアハードによって一九七一年にサンフランシスコで設立された潜在能力開発運動 human potential movement。

第五章

1 ここでは一般的なキリストの教会よりもむしろ、もっと狭い国際キリストの教会、なかでもボストンキリストの教会を代表とする師弟宣教を行う宣教的な教団を指していると考えられる。その強引な宣教手法には批判も多い。

第七章

1 イボとは、正確にはイグボ（Igbo）と呼ばれるアフリカの民族であり、最大規模の民族の一つである。ナイジェリア、カメルーン、赤道ギニアに多く居住している。

第八章

1 チャールズ・コルソン（Charles Colson）（一九三一―二〇一二）は、リチャード・ニクソン大統領の特別顧問だったが、後年、福音主義のキリスト教指導者となった。刑務所伝道にも力を尽くし、多くの名誉博士号を授与されるとともに、二〇〇八年にはジョージ・W・ブッシュ大統領から大統領市民勲章を授与されている。

2 ウォーターゲート事件とは、アメリカ合衆国で一九七二年から一九七四年にかけて起こった政治スキャンダルであり、リチャード・ニクソン大統領が辞任に追い込まれた。ニクソン大統領が率いる共和党政権のときに野党民主党本部があるウォーターゲート・ビルに盗聴器を仕掛けようとして侵入したところから事件がはじまり、最終的にアメリカ史上初めて現役大統領が辞任に追い込まれた。

3 ウィリアム（ビリー）・フランクリン・グラハム（William(Billy) Franklin Graham, Jr）（一九一八―　）アメリカの福音伝道者。説教者として名声を築く。一九五〇年代にアメリカとイギリスで一連の信仰復興運動を組織した。

4 早乙女忠・中村邦生訳『喜びのおとずれ――C・S・ルイス自叙伝』筑摩書房、ちくま文庫、二〇〇五年。

5　「顔見知り」(Inklings) は、C・S・ルイスが同僚のトールキンやチャールズ・ウィリアムズとともに毎週木曜日に開いていた会合の名前。

6　オラル・ロバーツ (Granville "Oral" Roberts)(一九一八―二〇〇九)。米国のプロテスタント伝道者で信仰治療者。テレビ伝道で知られる。一九六三年にはオクラホマ州タルサにオラル・ロバーツ大学を設立している。

7　認知的不協和の理論とは、個人のもつ二つの情報の間に不一致が生じたときに、不一致を低減する行動が起こるとするもの。

8　禅の特徴は、即座に悟るという頓悟にあるが、ここでは禅的な生き方によって身に染みてくる生活様式としての回心を強調している。したがって、ここでは、むしろゆっくり時間を掛けて悟るという意味の漸悟に力点を置いていると言っても過言ではないだろう。

第九章

1　マハール (Mahar) とは不可触カーストの呼称。

第十章

1　第四章訳注3参照。

2　「おがくずの道」(sawdust trail) とは、伝道集会の通路を指すアメリカの表現。伝道集会の会場の座席間の通路がぬかるむため、おがくずで覆われていたことからそう言われた。

文献目録

Allison, Joel. 1966. "Recent Empirical Studies in Religious Conversion Experiences." *Pastoral Psychology* 17:21-34.

____. 1968. "Adaptive Regression and Intense Religious Experience." *Journal of Nervous and Mental Disease* 145:452-63.

____. 1969. "Religious Conversion: Regression and Progression in an Adolescent Experience." *Journal for the Scientific Study of Religion* 8:23-38.

Ammerman, Nancy Tatom. 1987. Bible Believers: *Fundamentalists in the Modern World*. New Brunswick, N.J.: Rutgers University Press.

An-Na'im, Abdullah Ahmed. 1986. "The Islamic Law of Apostasy and Its Modern Applicability." *Religion* 16:197-224.

Anthony, Dick, Bruce Ecker, and Ken Wilbur, eds. 1987. *Spiritual Choices: The Problem of Recognizing Authentic Paths to Inner Transformation*. New York: Paragon House Publishers.

Antoun, Richard T., and Mary Elain Hegland, eds. 1987. *Religious Resurgence: Contemporary Cases in Islam, Christianity, and Judaism*. Syracuse, N.Y.: Syracuse University Press.

Arens, W. 1975. "Islam and Christianity in Sub-Saharan Africa: Ethnographic Reality or Ideology." *Cahiers d'études africaines* 15:443-56.

Arnold, T. W. 1986. *The Preaching of Islam: A History of the Propagation of the Muslim Faith*. Westminster, U.K.: Archibald Constable.

Aronson, Elliot, and Judson Mills. 1959. "The Effect of Severity of Initiation on Liking for a Group." *Journal of Abnormal and Social Psychology* 59:177-81.

Augustine. 1960. *The Confessions of St. Augustine*. Translated by John K. Ryan. Garden City, N.Y.: Doubleday.

Aviad, Janet. 1983. *Return to Judaism: Religious Renewal in Israel*. Chicago: University of Chicago Press.

Axtell, James. 1985. *The Invasion Within: The Contest of Cultures in Colonial North America*. New York: Oxford

University Press.

——. 1988. *After Columbus: Essays in the Ethnohistory of Colonial North America.* New York: Oxford University Press.

Bagnall, Roger S. 1982. "Religious Conversion and Onomastic Change in Early Byzantine Egypt." *Bulletin of the American Society of Papyrologists* 19:105-24.

Baker, Henry, Jr. 1862. *The Hill Arrians.* London: British Book Society.

——. 1862. *The Hill Arrians of Travancore and the Progress of Christianity among Them.* London: British Book Society.

Baker, Irwin R., and Raymond F. Currie. 1985. "Do Converts Always Make the Most Committed Christians?" *Journal for the Scientific Study of Religion* 24:305-13.

Balch, Robert W. 1980. "Looking behind the Scenes in a Religious Cult: Implications for the Study of Conversion." *Sociological Analysis* 41:137-43.

Balch, Robert W., and David Taylor. 1977. "Seekers and Saucers: The Role of the Cultic Milieu in Joining a UFO Cult." *American Behavioral Scientist* 20:839-60.

Bankston, William B., H. Hugh Floyd, Jr., and Craig J. Forsyth. 1981. "Toward a General Model of the Process of Radical Conversion: An Interactionist Perspective on the Transformation of Self-Identity." *Qualitative Sociology* 4:279-97.

Barker, Eileen. 1985. "The Conversion of Conversion: A Sociological Anti-Reductionist Perspective." *Reductionism in Academic Disciplines.* Edited by Arthur Peacocke. London: Society for Research in Higher Education.

Barnhart, Joe Edward, and Mary Ann Barnhart. 1981. *The New Birth: A Naturalistic View of Religious Conversion.* Macon, Ga.: Mercer University Press.

Barrett, David B. 1982. *World Christian Encyclopedia: A Comparative Study of Churches and Religions in the Modern World, 1900-2000.* Nairobi: Oxford University Press.

——. 1984. "Five Statistical Eras of Global Mission." *Missiology* 12:21-37.

——. 1984. "Five Statistical Eras of Global Mission: A Thesis and Discussion." *International Bulletin of Missionary Research* 8:160-69.

———. 1985-1990. "Annual Statistical Table[s] on Global Mission." *International Bulletin of Missionary Research* 9:30-31; 10:22-23; 11:24-25; 12:16-17; 13:20-21; 14:26-27.

———. 1987. "Getting Ready for Mission in the 1990s: What Should We Be Doing to Prepare?" *Missiology* 15:3-14.

———. 1987. "Forecasting the Future in World Mission: Some Future Faces of Missions." *Missiology* 15:433-50.

———. 1987. *Cosmos, Chaos, and Gospel: A Chronology of World Evangelization from Creation to New Creation.* Birmingham, Ala.: New Hope.

———. 1987. *Evangelize! A Historical Survey of the Concept.* Birmingham, Ala.: New Hope.

———. 1988. *Evangelize the World: The Rise of a Global Evangelization Movement.* Birmingham, Ala.: New Hope.

———. 1988. "The Twentieth-Century Pentecostal/Charismatic Renewal in the Holy Spirit, with Its Goal of World Evangelization." *International Bulletin of Missionary Research* 12:119-29.

Barrett, David B., and Todd M. Johnson. 1990. *Our Globe and How to Reach It: Seeing the World Evangelized by A.D. 2000 and Beyond.* Birmingham, Ala.: New Hope.

Barrett, David B., and James W. Reapsome. 1986. *Seven Hundred Plans to World-Class Cities and World Evangelization.* Birmingham, Ala.: New Hope.

Battin, Margaret P. 1990. *Ethics in the Sanctuary: Examining the Practices of Organized Religion.* New Haven: Yale University Press.

Beaver, R. Pierce. 1962. "American Missionary Motivation before the Revolution." *Church History* 31:216-26.

Beckford, James A. 1978. "Accounting for Conversion." *British Journal of Sociology* 29:249-62.

———. 1983. "The Restoration of 'Power' to the Sociology of Religion." *Sociological Analysis* 44:11-33.

Beidelman, Thomas O. 1974. "Social Theory and the Study of Christian Missions in Africa." *Africa* 44:235-49.

———. 1981. "Contradictions between the Sacred and Secular Life: The Church Missionary Society in Ukaguru, Tanzania, West Africa, 1876-1914." *Comparative Studies in Society and History* 23:73-95.

———. 1982. *Colonial Evangelism.* Bloomington: Indiana University Press.

Beit-Hallahmi, Benjamin. 1989. *Prolegomena to the Psychological Study of Religion*. Lewisburg, Pa.: Bucknell University Press.

——. 1992. *Despair and Deliverance: Private Salvation in Contemporary Israel*. Albany, N.Y.: State University of New York Press.

Berger, Peter L. 1969. *The Sacred Canopy*. Garden City, N.Y.: Doubleday.

——. 1974. "Some Second Thoughts on Substantive versus Functional Definitions of Religion." *Journal for the Scientific Study of Religion* 13:125-34.

——. 1977. *Facing Up to Modernity*. New York: Basic Books.

——. 1979. *The Heretical Imperative*. Garden City, N.Y.: Doubleday.

Berger, Peter L., and Thomas Luckmann. 1967. *The Social Construction of Reality*. Garden City, N.Y.: Doubleday.

Berkhofer, Robert F., Jr. 1963. "Protestants, Pagans, and Sequences among the North American Indians, 1760-1860." *Ethnohistory* 10:201-32.

Bond, George D. 1980. "Theravada Buddhism's Meditations on Death and the Symbolism of Initiatory Death." *History of Religions* 19:237-58.

Bopegamage, A. 1979. "Status Seekers in India: A Sociological Study of the NeoBuddhist Movement." *Archives européennes de sociologie* 20:19-39.

Boyack, Kenneth, ed. 1987. *Catholic Evangelization Today*. New York: Paulist Press.

Brauer, Jerald C. 1978. "Conversion: From Puritanism to Revivalism." *journal of Religion* 58:227-48.

Bregman, Lucy. 1987. "Baptism as Death and Birth: A Psychological Interpretation of Its Imagery." *Journal of Ritual Studies* 1:27-42.

Brereton, Virginia Lieson. 1991. *From Sin to Salvation: Stories of Women's Conversions, 1800 to the Present*. Bloomington: University of Indiana Press.

Britsch, R. Lanier. 1977. "Mormon Missions: An Introduction to the Latter-Day Saints Missionary System." *Occasional*

Bulletin of Missionary Research 3:22-27.

Bromley, David G., ed. 1988. *Falling from the Faith: Causes and Consequences of Religious Apostasy*. Beverly Hills: Sage Publications.

Bromley, David G., and Anson Shupe. 1986. "Affiliation and Disaffiliation: A Role-Theory Interpretation of Joining and Leaving New Religious Movements." *Thought* 61:197-211.

Brown, G. Thompson. 1986. *Christianity in the People's Republic of China*. Atlanta: John Knox Press.

Brown, Peter. 1967. *Augustine of Hippo: A Biography*. Berkeley: University of California Press.

Bulliet, Richard W. 1979. *Conversion to Islam in the Medieval Period: An Essay in Quantitative History*. Cambridge, Mass.: Harvard University Press.

Burke, Kathryn L., and Merlin B. Brinkerhoff. 1981. "Capturing Charisma: Notes on an Elusive Concept." *Journal for the Scientific Study of Religion* 20:274-84.

Burridge, Kenelm. 1991. *In the Way: A Study of Christian Missionary Endeavours*. Vancouver: University of British Columbia Press.

Caldwell, Patricia. 1983. *The Puritan Conversion Narrative*. New York: Cambridge University Press.

Carnic, Charles. 1980. "Charisma: Its Varieties, Preconditions, and Consequences." *Sociological Inquiry* 50:5-23.

Capps, Donald. 1990. "Sin, Narcissism, and the Changing Face of Conversion." *Journal of Religion and Health* 29:233-51.

Capps, Donald, and James E. Dittes, eds. 1990. *The Hunger of the Heart: Reflections on the Confessions of Augustine*. West Lafayette, Ind.: Society for the Scientific Study of Religion.

Carmen, C. Tineke. 1987. "Conversion and the Missionary Vocation: American Board of Missionaries in South Africa." *Mission Studies: Journal of the IAMS* 4:27-38.

Carmody, Brendan Patrick. 1986. "The Nature and Consequences of Conversion in Jesuit Education at Chikuni, 1905-1978." Unpub. diss., Graduate Theological Union, Berkeley.

——. 1988. "Conversion and School at Chikuni, 1905-39." *Africa* 58:193-209.

———. 1988. "Conversion to Roman Catholicism in Zambia: Shifting Pedagogies." *African Christian Studies* 4:5-24.

———. 1989. "Mission Primary Schools and Conversion: Help or Hindrance to Church Growth?" *Missiology* 17:177-92.

———. 1992. *Conversion and Jesuit Schooling in Zambia*. New York: E. J. Brill.

Charney, Linda Ann. 1986. "Religious Conversion: A Longitudinal Study." Ph.D. diss., University of Utah, Salt Lake City.

Churchill, Winston. 1956-1958. *A History of the English-Speaking Peoples*. New York: Dodd and Mead.

Cleaver, Eldridge. 1968. *Soul on Ice*. New York: McGraw-Hill.

———. 1978. *Soul on Fire*. Waco, Tex.: Word Books.

Clymer, Kenton J. 1986. *Protestant Missionaries in the Philippines, 1898-1916: An Inquiry into the American Colonial Mentality*. Urbana: University of Illinois Press.

Cohen, Charles Lloyd. 1986. *God's Caress: The Psychology of Puritan Religious Experience*. New York: Oxford University Press.

Cohen, Erik. 1990. "The Missionary as Stranger: A Phenomenological Analysis of Christian Missionaries' Encounter with the Folk Religions of Thailand." *Review of Religious Research* 31:337-50.

———. 1991. "Christianity and Buddhism in Thailand: The 'Battle of the Axes' and the 'Contest of Power.'" *Social Compass* 38:115-40.

Colpe, Carsten. 1987. "Syncretism." *Encyclopedia of Religion*. Edited by Mircea Eliade. New York: Macmillan.

Colson, Charles W. 1976. *Born Again*. New York: Bantam Books.

Conn, Walter. 1986. *Christian Conversion: A Developmental Interpretation of Autonomy and Surrender*. New York: Paulist Press.

———. 1986. "Adult Conversions." *Pastoral Psychology* 34:225-36.

———. 1987. "Pastoral Counseling for Self-Transcendence: The Integration of Psychology and Theology." *Pastoral Psychology* 36:29-48.

Conway, Flo, and Jim Siegelman. 1978. *Snapping: America's Epidemic of Sudden Personality Change*. Philadelphia: J. B.

Lippincott.

Cronin, Brian. 1989. "Missionary Motivation." *Milltown Studies* 23:89-107.

Cushman, Philip. 1986. "The Self Besieged: Recruitment-Indoctrination Processes in Restrictive Groups." *Journal for the Theory of Social Behavior* 16:1-32.

Daniel, K. G. 1989. "The Conversion of the 'Hill Arrians' of Kerala State in India from 1848 to 1878: The Implications for Twentieth-Century Evangelism in India." D. Min. diss., San Francisco Theological Seminary, San Anselmo.

Danzger, M. Herbert. 1989. *Returning to Tradition: The Contemporary Revival of Orthodox Judaism*. New Haven: Yale University Press.

Davidman, Lynn. 1991. *Tradition in a Rootless World: Women Turn to Orthodox Judaism*. Berkeley: University of California Press.

Dawson, Lorne. 1990. "Self-Affirmation, Freedom, and Rationality: Theoretically Elaborating 'Active' Conversions." *Journal for the Scientific Study of Religion* 29:141-63.

Deikman, Arthur J. 1985. *The Observing Self: Mysticism and Psychotherapy*. Boston: Beacon Press.

——. 1990. *The Wrong Way Home: Uncovering the Patterns of Cult Behavior in American Society*. Boston: Beacon Press.

Dodd, C. H. 1953. *New Testament Studies*. Manchester, U.K.: Manchester University Press.

Doeppers, Daniel. 1976. "The Evolution of the Geography of Religious Adherence in the Philippines before 1898." *Journal of Historical Geography* 2:95-110.

——. 1976. "The Philippine Revolution and the Geography of Schism." *Geographical Review* 66:158-77.

Donahue, Michael J. 1985. "Intrinsic and Extrinsic Religiousness: Review and Meta-Analysis." *Journal of Personality and Social Psychology* 48:400-19.

Donovan, Vincent J. 1978. *Christianity Rediscovered: An Epistle from the Masai*. Maryknoll, N.Y.: Orbis Books.

Dow, James. 1986. "Universal Aspects of Symbolic Healing: A Theoretical Synthesis." *American Anthropologist* 88:56-69.

Downton, James V., Jr. 1979. *Sacred Journeys: The Conversion of Young Americans to Divine Light Mission*. New York:

Columbia University Press.

——. 1980. "An Evolutionary Theory of Spiritual Conversion and Commitment: The Case of Divine Light Mission." *Journal for the Scientific Study of Religion* 19:381-86.

Drummond, Richard H. 1971. *A History of Christianity in Japan*. Grand Rapids, Mich.: Eerdmans Publishing Company.

Duggan, Robert, ed. 1984. *Conversion and the Catechumenate*. New York: Paulist Press.

Dumoulin, Heinrich, ed. 1976. *Buddhism in the Modern World*. New York: Collier Books.

Earhart, H. Byron. 1980. "Toward a Theory of the Formation of the Japanese New Religions: A Case Study of Gedatsu-Kai." *History of Religions* 20:175-97.

Eaton, Richard M. 1985. "Approaches to the Study of Conversion to Islam in India." *Approaches to Islam in Religious Studies*. Edited by Richard C. Martin. Tucson: University of Arizona Press.

Ebaugh, Helen R. F. 1988. *Becoming an Ex: The Process of Role Exit*. Chicago: University of Chicago Press.

Eberhard, Ernest. 1974. "How to Share the Gospel: A Step-by-Step Approach for You and Your Neighbors." *Ensign* 4:6-12.

Engel, James F. 1990. "The Road to Conversion: The Latest Research Insights." *Evangelical Missions Quarterly* 26:184--95.

Epstein, Seymour. 1985. "The Implications of Cognitive-Experiential Self-Theory for Research in Social Psychology and Personality." *Journal for the Theory of Social Behavior* 15:283-310.

Epstein, Seymour, and Edward J. Obrien. 1985. "The Person-Situation Debate in Historical and Current Perspective." *Psychological Bulletin* 98:513-37.

Etherington, Norman A. 1970. "An American Errand into the South African Wilderness." *Church History* 39:62-71.

——. 1976. "Mission Station Melting Pot as a Factor in the Rise of South African Black Nationalism." *International Journal of African Historical Studies* 9:592-605.

——. 1977. "Social Theory and the Study of Christian Missions in Africa: A South African Case Study." *Africa* 47:31-40.

Feldman, Emanuel, and Joel B. Wolowelsky, eds. 1990. *The Conversion Crisis: Essays from the Pages of Tradition*.

Hoboken, N.J.: Ktav.

Ferm, Robert O. 1959. *The Psychology of Christian Conversion*. Westwood, N.J.: Fleming H. Revell.

Ferm, Robert O., with Caroline M. Whiting. 1988. *Billy Graham: Do the Conversions Last?* Minneapolis: World Wide Publications.

Finn, Thomas M. 1989. "Ritual Processes and the Survival of Early Christianity: A Study of the Apostolic Tradition of Hippolytus." *Journal of Ritual Studies* 3:69-90.

——. 1990. "It Happened One Saturday Night: Ritual and Conversion in Augustine's North Africa." *Journal of the American Academy of Religion* 58:589-616.

Finney, John M. 1978. "A Theory of Religious Commitment." *Sociological Analysis* 39:19-35.

Fisher, Humphrey J. 1973. "Conversion Reconsidered: Some Historical Aspects of Religious Conversion in Black Africa." *Africa* 43:27-40.

——. 1986. "The Juggernaut's Apologia: Conversion to Islam in Black Africa." *Africa* 55:153-73.

Flinn, Frank K. 1987. "Criminalizing Conversion: The Legislative Assault on New Religions et al." *Crime, Values, and Religion*. Edited by James M. Day and William S. Laufer. Norwood, N.J.: Ables.

Forster, Brenda, and Joseph Tabachnik. 1991. *Jews by Choice: A Study of Converts to Reform and Conservative Judaism*. Hoboken, N.J.: Ktav.

Fowler, James W. 1981. *Stages of Faith: The Psychology of Human Development and the Quest for Meaning*. San Francisco: Harper and Row.

——. 1984. *Becoming Adult, Becoming Christian*. San Francisco: Harper and Row.

Frank, Jerome D. 1974. *Persuasion and Healing*. Rev. ed. New York: Schocken Books.

Fried, Morton H. 1987. "Reflections on Christianity in China." *American Ethnologist* 14:94-106.

Galanter, Marc. 1978. "The 'Relief Effect': A Sociobiological Model for Neurotic Distress and Large-Group Therapy." *American Journal of Psychiatry* 135:588-91.

_____. 1980. "Psychological Induction into the Large Group: Findings from a Modern Religious Sect." *American Journal of Psychiatry* 137:1574-79.

_____. 1989. *Cults, Faith, Healing, and Coercion.* New York: Oxford University Press.

Galanter, Marc, Richard Babkin, Judith Babkin, and Alexander Deutsch. 1979. "The 'Moonies': A Psychological Study of Conversion and Membership in a Contemporary Religious Sect." *American Journal of Psychiatry* 136:165-70.

Gallagher, Eugene V. 1990. *Expectation and Experience: Explaining Religious Experience.* Atlanta: Scholars Press.

_____. "Conversion and Salvation in the Apocryphal Acts of the Apostles." *The Second Century* 8:13-30.

Garfunkel, H. 1956. "Conditions of Successful Degradation Ceremonies." *American Journal of Sociology* 6:420-24.

Garrett, William R. 1974. "Troublesome Transcendence: The Supernatural in the Scientific Study of Religion." *Sociological Analysis* 35:167-80.

Gartrell, C. David., and Zane K. Shannon. 1985. "Contacts, Cognitions, and Conversion: A Rational Choice Approach." *Review of Religious Research* 27:32-48.

Gaventa, Beverly Roberts. 1986. *From Darkness to Light. Philadelphia:* Fortress Press.

Geertz, Clifford. 1973. *The Interpretation of Cultures.* New York: Basic Books.

Gelpi, Donald J. 1982. "Conversion: The Challenge of Contemporary Charismatic Piety." *Theological Studies* 43:606-28.

_____. 1986. "The Converting Jesuit." *Studies in the Spirituality of Jesuits* 18:1-38.

_____. 1987. "The Converting Catechumen." *Lumen vitae* 42:401-15.

_____. 1987. "Religious Conversion: A New Way of Being." *The Human Experience of Conversion: Persons and Structures in Transformation.* Edited by Francis A. Eigo. Villanova, Pa.: Villanova University Press.

_____. 1989. "Conversion: Beyond the Impasses of Individualism." *Beyond Individualism.* Edited by Donald J. Gelpi. South Bend, Ind.: University of Notre Dame Press.

Gerlach, Luther P., and Virginia H. Hine. 1970. *People, Power, Change: Movements of Social Transformation.* Indianapolis: Bobbs-Merrill.

———. 1968. "Five Factors Crucial to the Growth and Spread of a Modern Religious Movement." *Journal for the Scientific Study of Religion* 7:23-40.

Gemet, Jacques. 1985. *China and the Christian Impact: A Conflict of Cultures*. Translated by Janet Lloyd. New York: Cambridge University Press.

Gibbon, Edward. 1936. *The Decline and Fall of the Roman Empire*. New York: Harper and Brothers.

Gillespie, V. Bailey. 1991. *The Dynamics of Religious Conversion: Identity and Transformation*. Birmingham, Ala.: Religious Education Press.

Gilligan, Carol. 1982. *In a Different Voice: Psychological Theory and Women's Development*. Cambridge, Mass.: Harvard University Press.

Gokhale, B. G. 1976. "Dr. Bhimrao Ramji Ambedkar: Rebel against Hindu Tradition." *Journal of Asian and African Studies* 11:13-23.

Gokhale, J. B. 1986. "Castaways of Caste." *Natural History* 95:31-39.

———. 1986. "The Sociopolitical Effects of Ideological Change: The Buddhist Conversion of Maharashtrian Untouchables." *Journal of Asian Studies* 45:269-82.

Goody, Jack, ed. 1975. *Changing Social Structure in Ghana: Essays in the Comparative Sociology of a New State and an Old Tradition*. London: International African Institute.

Gordon, David F. 1974. "The Jesus People: An Identity Synthesis." *Urban Life and Culture* 3:159-78.

———. 1984. "Dying to Self: Self-Control through Self-Abandonment." *Sociological Analysis* 45:41-56.

Gottwald, Norman K. 1988. "Religious Conversion and the Societal Origins of Ancient Israel." *Perspectives in Religious Studies* 15:49-66.

Gration, John A. 1983. "Conversion in Cultural Context." *International Bulletin of Missionary Research* 7:157-63.

Greeley, Andrew M. 1972. *Unsecular Man: The Persistence of Religion*. New York: Schocken Books.

———. 1989. *Religious Change in America*. Cambridge, Mass.: Harvard University Press.

Greil, Arthur L., and David R. Rudy. 1984. "Social Cocoons: Encapsulation and Identity Transformation Organizations." *Sociological Inquiry* 54:260-78.

Griffin, Emilie. 1980. *Turning: Reflections on the Experience of Conversion*. Garden City, N.Y.: Doubleday.

——. 1984. *Clinging: The Experience of Prayer*. San Francisco: Harper and Row.

Harding, Susan F. 1987. "Convicted by the Holy Spirit: The Rhetoric of Fundamental Baptist Conversion." *American Ethnology* 14:167-81.

Harran, Marilyn J. 1983. *Luther on Conversion:* The Early Years. Ithaca, N.Y.: Cornell University Press.

Hassan, Steve. 1988. *Combatting Cult Mind Control*. Rochester, Vt.: Park Street Press.

Hawkins, Ann Husaker. 1985. *Archetypes of Conversion: The Autobiographies of Augustine, Bunyan, and Merton*. Lewisburg, Pa.: Bucknell University Press.

Heirich, Max. 1977. "Change of Heart: A Test of Some Widely Held Theories about Religious Conversion." *American Journal of Sociology* 83:653-80.

Heise, David R. 1967. "Prefatory Findings in the Sociology of Missions." *Journal for the Scientific Study of Religion* 6:49-58.

Hiebert, Paul G. 1978. "Conversion, Culture, and Cognitive Categories." *Gospel in Context* 1:24-29.

——. 1983. "The Category 'Christian' in the Mission Task." *International Review of Mission* 72:421-27.

Hine, Virginia H. 1970. "Bridge Burners: Commitment and Participation in a Religious Movement." *Sociological Analysis* 31:61-66.

Hofmeyr, J. 1986. "A Catastrophe Model of Conversion." *Religions in Southern Africa* 7:47-58.

Hoge, Dean R. 1981. *Converts, Dropouts, Returnees: A Study of Religious Change among Catholics*. New York: Pilgrim Press.

Holy Bible. 1988. New Revised Standard Version. Grand Rapids, Mich.: Zondervan.

Horsley, G. H. R. 1987. "Name Changes as an Indication of Religious Conversion in Antiquity." *Numen* 34:1-17.

Horton, Robin. 1971. "African Conversion." *Africa* 41:85-108.

——. 1975. "On the Rationality of Conversion, Part I." *Africa* 45:219-35.

——. 1975. "On the Rationality of Conversion, Part II." *Africa* 45:373-99.

Hutchison, William R. 1983. "A Moral Equivalent for Imperialism: Americans and the Promotion of 'Christian Civilization,' 1880-1910." *Indian Journal of American Studies* 13:55-67.

——. 1987. *Errand to the World: American Protestant Thought and Foreign Missions.* Chicago: University of Chicago Press.

Ifeka-Moller, Caroline. 1974. "White Power: Social-Structural Factors in Conversion to Christianity, Eastern Nigeria, 1921-1966." *Canadian Journal of African Studies* 8:55-72.

Ikenga-Metuh, Emefie. 1985. "The Shattered Microcosm: A Critical Survey of Explanations of Conversion in Africa." *Neue Zeitschrift für Missionswissenschaft* 41:241-54.

Isichei, Elizabeth. 1970. "Seven Varieties of Ambiguity: Some Patterns of Igbo Response to Christian Missions." *Journal of Religion in Africa* (3):209-27.

Jacobs, Janet Liebman. 1989. *Divine Disenchantment: Deconverting from New Religions.* Bloomington: Indiana University Press.

James, William. 1929. *The Varieties of Religious Experience: A Study in Human Nature.* New York: Modern Library.

Jennings, Francis. 1971. "Goals and Functions of Puritan Missions to the Indians." *Ethnohistory* 18:197-212.

Jennings, Theodore W. 1982. "On Ritual Knowledge." *Journal of Religion* 62:113-27.

Johnson, Cedric B., and H. Newton Malony. 1982. *Christian Conversion: Biblical and Psychological Perspectives.* Grand Rapids, Mich.: Zondervan.

Johnson, Weldon T. 1971. "The Religious Crusade: Revival or Ritual?" *American Journal of Sociology* 76:873-90.

Jones, James W. 1991. *Contemporary Psychoanalysis and Religion: Transference and Transcendence.* New Haven: Yale University Press.

Jules-Rosette, Benneta. 1976. "The Conversion Experience: The Apostles of John Maranke." *Journal of Religion in Africa*

7:132-64.

Juster, Susan. 1989. "'In a Different Voice': Male and Female Narratives of Religious Conversion in Post-Revolutionary America." *American Quarterly* 41:34-62.

Kanter, Rosabeth Moss. 1968. "Commitment and Social Organization: A Study of Commitment Mechanisms in Utopian Communities." *American Sociological Review* 33:499-517.

Kaplan, Steven. 1985. "Rejection of Conversion." Unpub. paper, Hebrew University of Jerusalem.

——. 1986. "The Africanization of Missionary Christianity: History and Typology." *Journal of Religion in Africa* 16:166-86.

Karras, Ruth Mazo. 1986. "Pagan Survivals and Syncretism in the Conversion of Saxony." *The Catholic Historical Review* 72:553-72.

Kasdorf, Hans. 1980. *Christian Conversion in Context.* Scottsdale, Pa.: Herald Press.

Kaufman, Debra Renee. 1989. "Patriarchal Women: A Case Study of Newly Orthodox Jewish Women." *Symbolic Interaction* 12:299-315.

Kee, Alistair. 1982. *Constantine versus Christ.* London: SCM Press.

Kelly, Henry Ansgar. 1985. *The Devil at Baptism: Ritual, Theology, and Drama.* Ithaca, N.Y.: Cornell University Press.

Kilbourne, Brock K., and James T. Richardson. 1988. "A Social Psychological Analysis of Healing." *Journal of Integrative and Eclectic Psychotherapy* 7:20-34.

King, John Owen. 1983. *The Iron of Melancholy.* Middletown, Conn.: Wesleyan University Press.

Kirkpatrick, Lee A. 1992. "An Attachment Theory Approach to the Psychology of Religion." *The International Journal for the Psychology of Religion* 2:3-28.

Kirkpatrick, Lee A., and Phillip R. Shaver. 1990. "Attachment Theory and Religion: Childhood Attachments, Religious Beliefs, and Conversion." *Journal for the Scientific Study of Religion* 29:315-35.

Kobrin, David. 1967. "The Expansion of the Visible Church in New England, 1629-1650." *Church History* 36:189-209.

Kox, Willem, Wim Meeus, and Harm't Hart. 1991. "Religious Conversion of Adolescents: Testing the Lofland and Stark Model of Religious Conversion." *Sociological Analysis* 52:227-40.

Kraft, Charles H. 1976. "Cultural Concomitant of Higi Conversion: Early Period." *Missiology* 4:431-42.

____. 1979. *Christianity in Culture*. Maryknoll, N.Y.: Orbis Books.

Kroll-Smith, J. Stephen. 1980. "The Testimony as Performance: The Relationship of an Expressive Event to the Belief System of a Holiness Sect." *Journal for the Scientific Study of Religion* 19:16-25.

Lawless, Elaine J. 1988. "'The Night I Got the Holy Ghost': Holy Ghost Narratives and the Pentecostal Conversion Process." *Western Folklore* 47:1-19.

____. 1988. *God's Peculiar People*. Lexington: University Press of Kentucky.

Lawrence, Bruce B. 1989. *Defenders of God*. San Francisco: Harper and Row.

Leonard, Bill J. 1985. "Getting Saved in America: Conversion Event in a Pluralistic Culture." *Review and Expositor* 82:111-27.

Levtzion, Nehemia, ed. 1979. *Conversion to Islam*. New York: Holmes and Meier.

Lewis, C. S. 1955. *Surprised by Joy*. New York: Harcourt, Brace and World.

Lex, Barbara. 1978. "Neurological Bases of Revitalization Movements." *Zygon* 13:276-312.

Lichtenstein, Aharon. 1988. "On Conversion." Translated by Michael Berger. *Tradition* 23:1-18.

Lifton, Robert Jay. 1968. "Protean Man." *Partisan Review* 35:13-27.

Ling, Trevor. 1980. *Buddhist Revival in India: Aspects of the Sociology of Buddhism*. New York: St. Martin's Press.

Liu, Christine. 1991. "Becoming a Christian Consciously versus Nonconsciously." *Journal of Psychology and Theology* 19:364-75.

Loder, James E. 1989. *The Transforming Moment*. Colorado Springs: Helmers and Howard.

Lofland, John. 1977. "'Becoming a World-Saver' Revisited." *American Behavioral Scientist* 20:805-18.

Lofland, John, and Norman Skonovd. 1981. "Conversion Motifs." *Journal for the Scientific Study of Religion* 20:373-85.

Lofland, John, and Rodney Stark. 1965. "Becoming a World-Saver: A Theory of Conversion to a Deviant Perspective." *American Sociological Review* 30:862-75.

Luzbetak, Louis J. 1988. *The Church and Cultures*. Maryknoll, N.Y.: Orbis Books.

MacMullen, Ramsay. 1967. *Constantine*. London: Croom Helm.

——. 1981. *Paganism and the Roman Empire*. New Haven: Yale University Press.

——. 1983. "Two Types of Conversion to Early Christianity." *Vigiliae Christianae* 37:174-92.

——. 1984. *Christianizing the Roman Empire, A.D. 100-400*. New Haven: Yale University Press.

——. 1985-86. "Conversion: A Historian's View." *The Second Century* 5:67-96.

——. 1986. "What Difference Did Christianity Make?" *Historia* 35:322-43.

——. 1988. *Corruption and the Decline of Rome*. New Haven: Yale University Press.

Martin, David. 1978. *A General Theory of Secularization*. New York: Harper and Row.

McFague, Sallie. 1978. "Conversion: Life on the Edge of the Raft." *Interpretation* 32:255-68.

McGuire, Meredith B. 1977. "Testimony as a Commitment Mechanism in Catholic Pentecostal Prayer Groups." *Journal for the Scientific Study of Religion* 16:165-68.

——. 1983. "Discovering Religious Power." *Sociological Analysis* 44:1-10.

McLoughlin, William G. 1978. *Revivals, Awakenings, and Reform*. Chicago: University of Chicago Press.

Meeks, Wayne A. 1983. *The First Urban Christians: The Social World of the Apostle Paul*. New Haven: Yale University Press.

Metzner, Ralph. 1980. "Ten Classical Metaphors of Self-Transformation." *Journal of Transpersonal Psychology* 12:47-62.

——. 1986. *Opening to Inner Light: The Transformation of Human Nature and Consciousness*. Los Angeles: Jeremy P. Tarcher.

Migdal, Joel S. 1974. "Why Change? Toward a New Theory of Change among Individuals in the Process of Modernization." *World Politics* 26:189-206.

Milgrom, Jacob. 1982. "Religious Conversion and the Revolt Model for the Formation of Israel." *Journal of Biblical Literature* 101:169-76.

Miller, Elmer S. 1970. "The Christian Missionary: Agent of Secularization." *Anthropological Quarterly* 43:14-22.

Montgomery, Robert L. 1991. "The Spread of Religions and Macrosocial Relations." *Sociological Analysis* 52:37-53.

Morinis, Alan. 1985. "The Ritual Experience: Pain and the Transformation of Consciousness in Ordeals of Initiation." *Ethos* 13:150-74.

Morris, Thomas H. 1989. *The RCIA: Transforming the Church.* New York: Paulist Press.

Morrison, Karl F. 1992. *Conversion and Text: The Cases of Augustine of Hippo, Herman-Judah, and Constantine Tsatsos.* Charlottesville: University Press of Virginia.

____. 1992. *Understanding Conversion.* Charlottesville: University Press of Virginia.

Moseley, Romney M. 1991. *Becoming a Self before God: Critical Transformation.* Nashville: Abingdon Press.

____. 1991. "Forms of Logic in Faith Development Theory." *Pastoral Psychology* 39:143-52.

Murphey, Murray G. 1979. "The Psychodynamics of Puritan Conversion." *American Quarterly* 31:135-47.

Needleman, Jacob. 1970. *The New Religions.* Garden City, N.Y.: Doubleday.

Neill, Stephen. 1986. *A History of Christian Missions.* 2d ed. Revised by Owen Chadwick. Harmondsworth, U.K.: Penguin Books.

Newport, Frank. 1979. "The Religious Switcher in the United States." *American Journal of Sociology* 44:528-52.

Nock, A. D. 1933. *Conversion.* New York: Oxford University Press.

Notehelfer, F. G. 1985. *American Samurai: Captain L. L. Janes and Japan.* Princeton: Princeton University Press.

Ofshe, Richard, and Margaret T. Singer. 1986. "Attacks on Peripheral versus Central Elements of Self and the Impact of Thought-Reforming Techniques." *Cultic Studies Journal* 3:3-24.

Okorocha, Cyril C. 1987. *The Meaning of Religious Conversion in Africa.* Aldershot, U.K.: Avebury.

Ownby, Ted. 1990. *Subduing Satan: Religion, Recreation, and Manhood in the Rural South, 1865-1920.* Chapel Hill:

University of North Carolina Press.
Peel, J. D. Y. 1977. "Conversion and Tradition in Two African Societies: Ijebu and Buganda." *Past and Present: A Journal of Historical Studies* 77:108-41.
Perry, John Weir. 1976. *Roots of Renewal in Myth and Madness.* San Francisco: Jossey Bass.
Pettifer, Julian, and Richard Bradley. 1990. *Missionaries.* London: BBC Books.
Pettit, Norman. 1989. *The Heart Prepared: Grace and Conversion in Puritan Spiritual Life.* 2d ed. Middletown, Conn.: Wesleyan University Press.
Pitt, John E. 1991. "Why People Convert: A Balanced Theoretical Approach to Religious Conversion." *Pastoral Psychology* 39:171-83.
Post, Stephen G. 1991. "Psychiatry, Religious Conversion, and Medical Ethics." *Kennedy Institute of Ethics Journal* 1:207-23.
Poston, Larry. 1992. *Islamic Da'wah in the West: Muslim Missionary Activity and the Dynamics of Conversion to Islam.* New York: Oxford University Press.
Preston, David L. 1981. "Becoming a Zen Practitioner." *Sociological Analysis* 42:47-55.
——. 1982. "Meditative Ritual Practice and Spiritual Conversion-Commitment: Theoretical Implications Based on the Case of Zen." *Sociological Analysis* 43:257-70.
Proudfoot, Wayne, and Phillip Shaver. 1975. "Attribution Theory and the Psychology of Religion." *Journal for the Scientific Study of Religion* 14:317-30.
Pruyser, Paul W. 1974. *Between Belief and Unbelief.* New York: Harper and Row.
Rafael, Vicente L. 1987. "Confession, Conversion, and Reciprocity in Early Tagalog Colonial Society." *Comparative Studies in Society and History* 29:320-39.
——. 1988. *Contracting Colonialism: Translation and Christian Conversion in Tagalog Society under Early Spanish Rule.* Ithaca, N.Y.: Cornell University Press.

Rambo, Lewis R. 1981. "Education and Conversion." *Christian Teaching*. Edited by Everet Ferguson. Abilene, Tex.: Abilene Christian University Press.

——. 1982. "Current Research on Religious Conversion." *Religious Studies Review* 13:146-59.

——. 1982. "Charisma and Conversion." *Pastoral Psychology* 31:96-108.

——. 1983. *The Divorcing Christian*. Nashville: Abingdon Press.

——. 1987. "Conversion." *Encyclopedia of Religion*. Edited by Mircea Eliade. New York: Macmillan. Pages 72-79.

——. 1987. "Reflections on Conflict in Israel and the West Bank." *Pacific Theological Review* 21:48-56.

——. 1989. "Conversion: Toward a Holistic Model of Religious Change." *Pastoral Psychology* 38:47-63.

——. 1990. "Congregational Care and Discipline in the San Francisco Church of Christ: A Case Study." Unpub. paper, Christian Theological Seminary, Indianapolis, 3 March 1990.

——. 1992. "Psychology of Conversion." *Handbook on Conversion*. Edited by H. Newton Malony and Samuel Southard. Birmingham, Ala.: Religious Education Press.

Rambo, Lewis R., with Lawrence A. Reh. 1992. "Phenomenology of Conversion." *Handbook on Conversion*. Edited by H. Newton Malony and Samuel Southard. Birmingham, Ala.: Religious Education Press.

Reese, Jack Roger. 1988. "Routes of Conversion: A Sociopsychological Study of the Varieties of Individual Religious Change." Ph. D. diss., University of Iowa, Iowa City.

Richardson, Don. 1974. *Peace Child*. Glendale, Calif.: Regal Books.

Richardson, James T. 1985. "The Active vs. Passive Convert: Paradigm Conflict in Conversion/Recruitment Research." *Journal for the Scientific Study of Religion* 24:163-79.

——. 1989. "The Psychology of Induction: A Review and Interpretation." *Cults and New Religious Movements*. Edited by Marc Galanter. Washington, D.C.: American Psychiatric Association. Pages 211-38.

Ring, Kenneth. 1984. *Heading toward Omega*. New York: William Morrow.

Robbins, Thomas. 1984. "Constructing Cultist 'Mind Control.'" *Sociological Analysis* 45:241-56.

Robertson, Roland. 1978. *Meaning and Change: Explorations in the Cultural Sociology of Modern Societies. New York:* New York University Press.

Rochford, E. Burke, Jr. 1982. "Recruitment Strategies, Ideology, and Organization in the Hare Krishna Movement." *Social Problems* 4:399-410.

____. 1985. *Hare Krishna in America.* New Brunswick, N.J.: Rutgers University Press.

Rogers, Everett M. 1983. *Diffusion of Innovations.* 3d ed. New York: The Free Press.

Roof, Wade Clark, and William McKinney. 1987. *American Mainline Religion.* New Brunswick, N.J.: Rutgers University Press.

Rotenberg, Mordechai. 1986. "The 'Midrash' and Biographic Rehabilitation." *Journal for the Scientific Study of Religion* 25:41-55.

Rounds, John C. 1982. "Curing What Ails Them: Individual Circumstances and Religious Change among Zulu-Speakers in Durban, South Africa." *Africa* 52:77-89.

Rouse, Ruth. 1936. "The Missionary Motive." *International Review of Missions* 25:250-58.

Rubenstein, Richard L, ed. 1987. *Spirit Matters: The Worldwide Impact of Religion on Contemporary Politics.* New York: Paragon House.

Ruthven, Malise. 1984. *Islam in the World.* New York: Oxford University Press.

Sahay, Keshari N. 1968. "The Impact of Christianity on the Uraon of the Chainpur Belt in Chotanagpur: An Analysis of Its Cultural Processes." *American Anthropologist* 70:923-42.

____.1986. *Christianity and Culture Change in India.* New Delhi: Inter-India Publications.

Sales, Stephen M. 1972. "Economic Threat as a Determinant of Conversion Rates in Authoritarian and Nonauthoritarian Churches." *Journal of Personality and Social Psychology* 23:420-28.

Sanneh, Lamin. 1983. *West African Christianity: The Religious Impact.* Maryknoll, N.Y.: Orbis Books.

____. 1989. *Translating the Message: The Missionary Impact on Culture.* Maryknoll, N.Y.: Orbis Books.

———. 1983. "The Horizontal and the Vertical in Mission: An African Perspective." *International Bulletin of Missionary Research* 7:165-71.

———. 1987. "Christian Missions and the Western Guilt Complex." *The Christian Century* 104:330-34.

Sarbin, Theodore R., and Nathan Adler. 1970. "Self-Reconstitution Processes: A Preliminary Report." *The Psychoanalytic Review* 57:599-616.

Scheiner, Irwin. 1970. *Christian Converts and Social Protest in Meiji Japan*. Berkeley: University of California Press.

Scroggs, James R., and William G. T. Douglas. 1967. "Issues in the Psychology of Religious Conversion." *Journal of Religion and Health* 6:204-16.

Segal, Alan F. 1990. *Paul the Convert*. New Haven: Yale University Press.

Selengut, Charles. 1988. "American Jewish Converts to New Religious Movements." *The Jewish Journal of Sociology* 30:95-110.

Shiner, Larry. 1968. "Six Meanings of 'Secularization.'" *Journal for the Scientific Study of Religion* 6:207-20.

Shirer, William L. 1960. *The Rise and Fall of the Third Reich*. New York: Simon and Schuster.

Silverstein, Steven M. 1988. "A Study of Religious Conversion in North America." *Genetic, Social, and General Psychology Monographs* 114:261-305.

Simensen, Jarle. 1986. "Religious Change as Transaction: The Norwegian Mission to Zululand, South Africa, 1850-1906." *Journal of Religion in Africa* 16:82-100.

Simmonds, Robert B. 1977. "Conversion or Addiction: Consequences of Joining a Jesus Movement Group." *American Behavioral Scientist* 20:909-24.

Singer, Margaret T. Interview with author. Berkeley, 19 November 1989.

Singer, Merrill. 1978. "Chassidic Recruitment and the Local Context." *Urban Anthropology* 7:373-83.

———. 1980. "The Use of Folklore in Religious Conversion: The Chassidic Case." *Review of Religious Research* 22:170-85.

Snow, David A., and Richard Machalek. 1983. "The Convert as a Social Type." *Sociological Theory 1983*. Edited by

Randall Collins. San Francisco: Jossey-Bass.

——. 1984. “The Sociology of Conversion.” *Annual Review of Sociology* 10:167-90.

Snow, David A., and Cynthia L. Phillips. 1980. “The Lofland-Stark Conversion Model: A Critical Reassessment.” *Social Problems* 27:430-47.

Snow, David A., Louis A. Zurcher, Jr., and Sheldon Ekland-Olson. 1980. “Social Networks and Social Movements: A Microstructural Approach to Differential Recruitment. *American Sociological Review* 45:787-801.

——. 1983. “Further Thoughts on Social Networks and Movement Recruitment.” *Sociology* 17:112-20.

Spilka, Bernard, Phillip Shaver, and Lee A. Kirkpatrick. 1985. “A General Attribution Theory for the Psychology of Religion.” *Journal for the Scientific Study of Religion* 24:1-20.

Staples, Clifford L., and Armand L. Mauss. 1987. “Conversion or Commitment? A Reassessment of the Snow and Machalek Approach to the Study of Conversion.” *Journal for the Scientific Study of Religion* 26:133-47.

Stark, Rodney, and William Sims Bainbridge. 1980. “Networks of Faith: Interpersonal Bonds and Recruitment to Cults and Sects.” *American Journal of Sociology* 85:1376-95.

“Statistical Report 1988.” *The Ensign* 18 (May 1988):20.

Stein, Edward V. 1968. *Guilt: Theory and Therapy*. Philadelphia: Westminster Press.

Stone, Olive M. 1962. “Cultural Uses of Religious Visions: A Case Study.” *Ethnology* 1:329-48.

Straus, Roger A. 1976. “Changing Oneself: Seekers and the Creative Transformation of Life Experience.” *Doing Social Life*. Edited by John Lofland. New York: John Wiley and Sons.

——. 1979. “Religious Conversion as a Personal and Collective Accomplishment.” *Sociological Analysis* 40:158-65.

——. 1981. “The Social Psychology of Religious Experience: A Naturalistic Approach.” *Sociological Analysis* 41:57-67.

Stromberg, Peter G. 1985. “The Impression Point: Synthesis of Symbol and Self.” *Ethos: Journal of the Society for Psychological Anthropology* 13:56-74.

——. 1981. “Consensus and Variation in the Interpretation of Religious Symbolism: A Swedish Example.” *American Ethnologist*

8:544-59.

——. 1986. *Symbols of Community: The Cultural System of a Swedish Church*. Tucson: University of Arizona Press.

——. 1990. "Ideological Language in the Transformation of Identity." *American Anthropologist* 92:42-56.

Susumu, Shimazono. 1986. "Conversion Stories and Their Popularization in Japan's New Religions." *Japanese Journal of Religious Studies* 13:157-75.

Taylor, Brian. 1976. "Conversion and Cognition: An Area for Empirical Study in the Microsociology of Religious Knowledge." *Social Compass* 23:5-22.

——. 1978. "Recollection and Membership: Converts' Talk and the Ratiocination of Commonality." *Sociology* 12:316-24.

Taylor, John V. 1963. *The Primal Vision: Christian Presence amid African Religion*. London: SCM Press.

Thumma, Scott. 1991. "Seeking to be Converted: An Examination of Recent Conversion Studies and Theories." *Pastoral Psychology* 39:185-94.

Tiebout, Harry M. 1944. *Conversion as a Psychological Phenomenon*. New York: National Council on Alcoholism.

——. 1944. "Therapeutic Mechanisms of Alcoholics Anonymous." *American journal of Psychiatry* 100:468-73.

——. 1946. "Psychological Factors Operating in Alcoholics Anonymous." *Current Therapies of Personality Disorders*. Edited by Bernard Glueck. New York Grune and Stratton.

——. 1949. "The Act of Surrender in the Therapeutic Process, with Special Reference to Alcoholism." *Quarterly journal of Studies on Alcohol* 10:48-58.

——. 1953. *Surrender versus Compliance in Therapy*. Center City, Minn.: Hazelden.

——. 1961. "Alcoholics Anonymous — An Experiment of Nature." *Quarterly journal of Studies on Alcohol* 22:52-68.

——. 1963. "What Does 'Surrender' Mean?" *Grapevine* April: 19-23.

Tippett, Alan R. 1977. "Conversion as a Dynamic Process in Christian Mission." *Missiology* 2:203-21.

Tipton, Steven M. 1982. *Getting Saved from the Sixties: Moral Meaning in Conversion and Cultural Change*. Berkeley: University of California Press.

Travisano, Richard V. 1970. “Alternation and Conversion as Fundamentally Different Transformations.” *Social Psychology through Symbolic Interaction.* Edited by Gregory P. Stone and Harvey A. Farberman. Waltham, Mass.: Ginn-Blaisdell.

Tremmel, William C. 1971. “The Converting Choice.” *Journal for the Scientific Study of Religion* 10:17-25.

Turner, Harold W. 1978. “The Hidden Power of the Whites.” *Archives de sciences sociales de religions* 46:41-55.

Turner, Paul R. 1979. “Religious Conversion and Community Development.” *Journal for the Scientific Study of Religion* 18:252-60.

——. 1984. “Religious Conversion and Folk Catholicism.” *Missiology* 12:111-21.

——. 1991. “Evaluating Religions.” *Missiology* 19:131-42.

Turner, Victor W. 1969. *The Ritual Process: Structure and Anti-Structure.* Chicago: Aldine.

Ullman, Chana. 1982. “Cognitive and Emotional Antecedents of Religious Conversion.” *Journal of Personality and Social Psychology* 43:183-92.

——. 1988. “Psychological Well-Being among Converts in Traditional and Nontraditional Religious Groups.” *Psychiatry* 51:312-22.

——. 1989. *The Transformed Self: The Psychology of Religious Conversion.* New York: Plenum Press.

Vanauken, Sheldon. 1977. *A Severe Mercy.* San Francisco: Harper and Row.

Van Butselaar, G. Jan. 1981. “Christian Conversion in Rwanda: The Motivations.” *International Bulletin of Missionary Research* 5:111-13.

Van Gennep, Arnold. 1960. *The Rites of Passage.* Translated by Monika B. Vizedom and Gabrielle L. Caffee. Chicago: University of Chicago Press.

Verhoeven, F. R. J. 1962. *Islam: Its Origins and Spread in Words, Maps, and Pictures.* New York: St. Martin’s Press.

Von Laue, Theodore H. 1987. *The World Revolution of Westernization: The Twentieth Century in Global Perspective.* New York: Oxford University Press.

Wach, Joachim. 1962. "Master and Disciple." *Journal of Religion* 42:1-21.

Wallace, Anthony F. C. 1956. "Mazeway Resynthesis: A Biocultural Theory of Religious Inspiration." *Transactions of the New York Academy of Sciences,* 2d series, 18:626-38.

———. 1956. "Revitalization Movements." *American Anthropologist* 58:264-81.

———. 1957. "Mazeway Disintegration: The Individual's Perception of Socio-Cultural Disorganization." *Human Organization* 16:23-27.

Wallace, Ruth A. 1975. "A Model of Change of Religious Affiliation." *Journal for the Social Scientific Study of Religion* 14: 345-55.

Wallis, Jim. 1981. *The Call to Conversion.* San Francisco: Harper and Row.

Watt, W. Montgomery. 1979. "Conversion in Islam at the Time of the Prophet" *Journal of the American Academy of Religion Thematic Issue* 47:721-32.

Weininger, Benjamin. 1955. "The Interpersonal Factor in the Religious Experience." *Psychoanalysis* 3:27-44.

Weiss, Arnold S., and Richard H. Mendoza. 1990. "Effects of Acculturation into the Hare Krishna Movement on Mental Health and Personality." *Journal for the Scientific Study of Religion* 29:173-84.

Weiss, Robert F. "Defection from Social Movements and Subsequent Recruitment to New Movements." *Sociometry* 26:1-20.

Whaling, Frank. 1981. "A Comparative Religious Study of Missionary Transplantation in Buddhism, Christianity, and Islam." *International Review of Mission* 70:314-33.

———, ed. 1984. *The World's Religious Traditions: Current Perspectives in Religious Studies.* New York: Crossroad.

———, ed. 1987. *Religion in Today's World: The Religious Situation of the World from 1945 to the Present Day.* Edinburgh: T. and T. Clark.

Whitehead, Harriet. 1987. *Renunciation and Reform: A Study of Conversion in an American Sect.* Ithaca, N.Y.: Cornell University Press.

Wilber, Ken. 1980. "The Pre/Trans Fallacy." *ReVISION* 3:51-72.

Wilson, Bryan. 1966. *Religion and Secular Society.* Harmondsworth, U.K.: Penguin Books.

——. 1976. *Contemporary Transformations of Religion.* London: Oxford University Press.

Wilson, Stephen R. 1982. "In Pursuit of Energy: Spiritual Growth in a Yoga Ashram." *Journal of Humanistic Psychology* 22:43-55.

——. 1984. "Becoming a Yogi: Resocialization and Deconditioning as Conversion Processes." *Sociological Analysis* 45:301-14.

Wimberly, Edward P., and Anne Streaty Wimberly. 1986. *Liberation and Human Wholeness: The Conversion Experiences of Black People in Slavery and Freedom.* Nashville: Abingdon Press.

Wimberley, Ronald C., et al. 1975. "Conversion in a Billy Graham Crusade: Spontaneous Event or Ritual Performance?" *The Sociological Quarterly* 16:162-70.

Wolf, Eric R. 1982. *Europe and the People without History.* Berkeley: University of California Press.

Wright, Stuart A. 1987. *Leaving Cults: The Dynamics of Defection.* Washington, D.C.: Society for the Scientific Study of Religion.

Wulff, David M. 1991. *Psychology of Religion: Classic and Contemporary Views.* New York: John Wiley and Sons.

Yamamori, Tetsunao. 1974. *Church Growth in Japan.* South Pasadena, Calif.: William Carey Library.

Yeakley, Flavil Ray, Jr. 1975. "Persuasion in Religious Conversion." Ph. D. diss., University of Illinois, Urbana.

——. 1979. *Why Churches Grow.* 3d ed. Broken Arrow, Okla.: Christian Communications.

Yearley, Lee. 1985. "Teachers and Saviors." *Journal of Religion* 65:225-43.

Zaleski, Carol. 1987. *Otherworld Journeys: Accounts of Near-Death Experience in Medieval and Modern Times.* New York: Oxford University Press.

Zelliot, Eleanor. 1966. "Background on the Mahar Buddhist Conversion." *Studies on Asia 1966.* Edited by Robert K. Sakai. Lincoln: University of Nebraska Press.

——. 1966. "Buddhism and Politics in Maharashtra." *South Asian Politics and Religion.* Edited by Donald E. Smith. Princeton: Princeton University Press.

——. 1968. "The Revival of Buddhism in India." *Asia* 10:33-45.
Zetterberg, Hans L. 1952. "Religious Conversion and Social Roles." *Sociology and Social Research* 36:159-66.
Ziller, Robert C. 1971. "A Helical Theory of Personal Change." *Journal for the Theory of Social Behavior* 1:33-73.
Zurcher, E. 1962. *Buddhism: Its Origin and Spread in Words, Maps, and Pictures.* London: Routledge and Kegan Paul.

邦訳文献目録

『聖書』旧約聖書続編つき、新共同訳、日本聖書協会、一九九一年。

クリフォード・ギアツ『文化の解釈学(1・2)』吉田禎吾・柳川啓一・中牧弘允・板橋作美訳、岩波書店、一九八七年。

エドワード・ギボン『ローマ帝国衰亡史』一―十一巻、別冊、中野好夫訳、一九七六―一九九三年。

ウィリアム・ジェイムズ『宗教的経験の諸相』上下、桝田啓三郎訳、岩波文庫、一九六九―一九七〇年。

J・W・ジョーンズ『聖なるものの精神分析』渡辺学訳、玉川大学出版部、一九九七年。

ピーター・L・バーガー『聖なる天蓋――神聖世界の社会学』薗田稔訳、新曜社、一九七九年。

ピーター・L・バーガー『異端の時代――現代における宗教の可能性』薗田稔、金井新二訳、新曜社、一九八七年。

ピーター・L・バーガー、トーマス・ルックマン『日常世界の構成――アイデンティティと社会の弁証法』山口節郎訳、新曜社、一九七七年。

スティーヴン・ハッサン『マインドコントロールの恐怖』浅見定雄訳、恒友出版、一九九三年。

ヴィクター・ターナー『儀礼の過程』冨倉光雄訳、思索社、一九七六年。

ファン・ヘネップ『通過儀礼』綾部恒雄・綾部裕子訳、岩波文庫、二〇一二年。

ロバート・リフトン『だれが生き残るか――プロテウス的人間』外林大作訳、誠信書房、一九七一年。

C・S・ルイス『喜びのおとずれ――C・S・ルイス自叙伝』早乙女忠・中村邦生訳、ちくま文庫、二〇〇五年。

【著者略歴】
ルイス・R・ランボー（Lewis Ray Rambo）
1943 年生。アメリカ合衆国テキサス州生まれ。エール大学大学院（神学修士）、シカゴ大学大学院（文学修士）、シカゴ大学大学院（哲学博士）。現在、サンフランシスコ神学院研究教授。神学大学院連合（GTU）でも教鞭をとる。専攻は心理学と宗教。
著書　『キリスト教教育』（共著、1981 年）『離婚するクリスチャン』（1983 年）、『回心ハンドブック』（共著、1992 年）『宗教的回心の研究』（1993 年）（本書）、共編『オクスフォード宗教的回心ハンドブック』（2014 年）、など。

【訳者略歴】
渡辺学（わたなべ・まなぶ）
1956 年生。千葉県生まれ。文学博士。南山大学文学部専任講師、ハーバード大学世界宗教研究センター上級研究員、同大学ライシャワー日本研究所客員研究員を経て、現在、南山大学人文学部教授。専攻は宗教学、宗教心理学。
著書　『ユングにおける心と体験世界』（春秋社、日本宗教学会賞受賞）、『ユング心理学と宗教』（第三文明社）、『宗教心理の探究』（共著、東京大学出版会）、『カルトとスピリチュアリティ』（共著、ミネルヴァ書房）など。

高橋原（たかはし・はら）
1969 年、東京都生まれ。文学博士。国際宗教研究所研究員、東京大学文学部宗教学研究室助教を経て、東北大学大学院文学研究科実践宗教学寄附講座准教授。研究分野は宗教心理学、近代日本の知識人宗教。
主な著書に『ユングの宗教論』（専修大出版局）、論文に「新佛教徒とは誰か」（科研報告書『近代日本における知識人宗教運動の言説空間』新佛教研究会編）、「誰が話を聴くのか？——被災地における霊の話と宗教者」『死生学年報 2014』（東洋英和女学院大学死生学研究所）など。

堀雅彦（ほり・まさひこ）
1967 年、北海道美幌町生まれ。南山宗教文化研究所非常勤研究員、北星学園大学ほか非常勤講師。研究分野は主に欧米の哲学者の宗教思想。
共著として鶴岡賀男・深澤英隆編『スピリチュアリティの宗教史・上巻』（リトン社）、櫻井義秀・三木英編『よくわかる宗教社会学』（ミネルヴァ書房）など。

宗教的回心の研究

2014年9月3日 初版第1刷発行

著者　ルイス・R・ランボー
訳者　渡辺学
高橋原
堀雅彦
発行者　野村敏晴
発行所　株式会社 ビイング・ネット・プレス
〒252-0303 神奈川県相模原市南区相模大野 8-2-12-202
電話 042（702）9213
FAX 042（702）9218
装幀　岡崎幸恵
印刷・製本　株式会社シナノ

ISBN 978-4-904117-98-9 C3014